Introduction to Early Childhood Education

제5판 유아교육개론

지옥정 김수영 정정희 고미애 조혜진 지음

창지사

:: 머리말

유아교육개론은 유아교사가 되고자 하는 학생들이 처음 대학에 들어와서 배우게 되는 전공 입문서이다. 그런 만큼 유아교육 전반에 대한 기본적인 내용을 잘 안내해 주어야 하는, 중요한 의미를 갖는 과목이라고 생각한다.

본서는 유아교육 전반에 대한 내용을 개괄적으로 조망해 보고자 총 10장의 내용으로 구성하였다. 집필자들은 현재 대학교에서 유아교육개론을 직접 강의하고 있는데, 각각 2장씩 맡아 집필하였다. '제1장 유아교육의 개념 및 중요성' 과 '제2장 유아교육사상' 은 고미애, '제3장 유아교육과 발달 이론' 과 '제7장 유아교육과 교사' 는 조혜진, '제4장 유아교육과 유아교육과정' 과 '제10장 우리나라 유아교육의 변천 과정' 은 지옥정, '제5장 유아교육 환경의 구성' 과 '제6장 유아교육과 놀이' 는 김수영, '제8장 유아교육과 부모' 와 '제9장 유아교육의 주요 문제' 는 정정희가 각각 맡아 한 것이다.

집필의 공통 원칙은 다음과 같은 세 가지였다. 첫째, 본서에 소개되고 있는 거의 대부분의 장들은 다음 학년에서 전공과목들로 세분화되면서 심도 있게 배우게 되므로 기초 입문 과목이라는 성격에 맞게 기본적이고 핵심적인 내용 위주로 다룬다. 둘째, 본문 내용과 관련된 학자, 교육 환경 및 활동들의 사진이나 삽화를 가급적 많이 삽입하여 학생들의 이해를 높인다. 셋째, 한 주 내지 두 주 정도에 한 장씩을 다룰 수 있도록 하여 한 학기에 모두 다룰 정도의 분량으로 조절한다. 이런 원칙 아래에 작성되었기 때문에 본서는 유아교육과 1학년 학생들에게 유아교육 전반을 쉽고 재미있게 안내해 줄 수 있으리라고 생각한다.

마무리하면서 집필 기획할 초기 단계를 되돌아보니 만족감보다 아쉬움이 크다. 처음 의도는 유아교육을 전공하는 학생들뿐만 아니라 기타 유아교육에 관심을 갖고 공부해 보고자 하는 모든 학생들에게 실질적 도움을 주고 싶었는데 바쁜 일정에 쫓겨 검토와 분석을 충분히 하지 못했다는 생각이 들기 때문이다. 이런 아쉬운 점들을 보완하여 다음에 좀 더 충실한 자료로 내놓을 것을 다짐해 본다.

끝으로 여러 장의 관련 사진을 제공해 준 김영수 원장님을 비롯한 여러 유아교육기관 원장님들, 그리고 촉박한 일정 속에서도 꼼꼼한 내용 검토로 책의 완성도를 높여 주신 창지사 여러분들께 깊은 감사를 드린다.

2022년 1월

저자 일동

차례

제10장 우리나라 유아교육의 변천 과정

부 록

제 1 장

유아교육의 개념 및 중요성

학습목표

1. 유아교육의 개념 및 중요성을 이해한다.
2. 유아교육기관의 유형과 특성을 안다.
3. 아동관의 변화, 연구 결과, 현대사회의 특징에 따른 유아교육의 중요성을 안다.

유/아/교/육/개/론

01 유아교육의 개념

어떤 사실에 대해 안다고 하는 것은 그 사실에 대한 개념(concept)이 정립되어 있다는 뜻이다. 그래서 유아교육에 대해 알고자 하는 사람은 먼저 유아교육의 개념을 정립할 필요가 있다. 개념이란 어떤 사물이나 현상에 대한 일반적인 지식을 일컫는 것, 또는 사상(事象)이 갖고 있는 공통성을 정리·추상화해서 하나의 범주로 묶는 것이다. 즉, 개념은 하나의 특정 사물이 아니라 많은 사상들의 공통된 특징들을 대표한다. 개념과 유사한 의미를 가진 것으로 상징(象徵)이 있는데 상징은 특수한 사물이나 사건을 뜻하는 반면, 개념은 여러 가지의 사물이나 사건에 공통되는 것을 뜻한다(한국유아교육학회, 1996).

이렇게 풀이해 보면 유아교육의 개념은 유아교육이 갖고 있는 공통성을 정리·추상화해서 하나의 범주로 정리한 것이라고 할 수 있겠다. 유아교육이 갖고 있는 공통성을 정리하기 위해서는 유아, 교육의 의미를 각각 생각해 보고 이를 토대로 유아교육의 의미를 정리해 보는 것이 필요할 것이다.

1) 교육의 개념

'교육' 의 개념을 정의하기 전에, 일상에서 사용하는 '교육' 이라는 단어를 연상해 보면 매우 다양하게 사용되고 있음을 알 수 있다. 운전실기교육, 자동차정비교육, 태내교육, 시민교육, 평생교육, 재교육, 수학교육, 음악교육, 미술교육, 부모교육, 가정교육, 유아교육, 초등교육, 중등교육, 대학교육, 교통안전교육, 교사교육 등이 그 예이다. 심지어는 긍정적인 내용이 아닌 소매치기교육, 폭력교육 등과 같이 일상 언어로 사용되는 '교육' 의 의미는 전달되는 내용의 질이나 기준에 관계없이 대체로 '전달' 이라는 의미로 사용되기도 한다. 대상이나 어떤 행위를 달성하기 위해 교육한다는 의미이다. 즉, 가정교육은 가정에서 배우고 가르쳐야 할 내용을 익힌다는 의미이고, 부모교육은 부모로서의 역할을 수행하기 위해 배우고 가르친다는 의미이다.

교육(敎育)은 '가르칠 교(敎)' 와 '기를 육(育)' 으로 구성되어 있다. 특정 대상에게 목적하는 바를 위해 가르치고, 가르친 것을 잘 이해하여 행위로 나타날 수 있도록 꾸준히 기르는 것을 의미한다. 하지만 경험상으로 볼 때, 우리는 주로 가르친다는 의미에서 교육을 이해하고 있는 경우가 많다. 가르친다는 것과 기른다는 것의 의미는 일시적인 행위가 아니라 목적한 바를 이룰 때까지 가르치는 자의 수많은 노력이 수반되어야 함을 뜻한다고 할 수 있다.

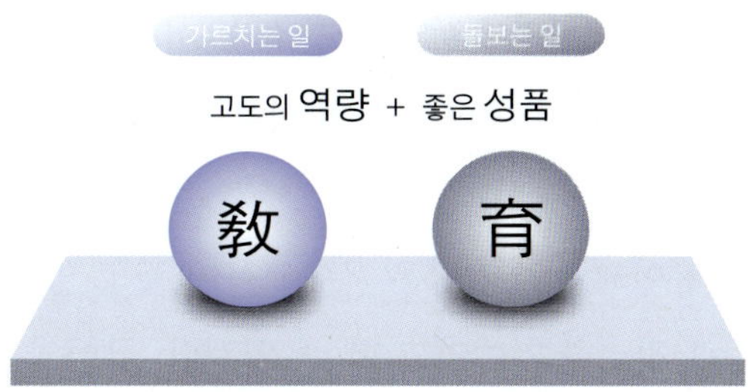

영어로 'education' 은 라틴어 educo, educare, educatio에서 나온 것으로 e(out, 밖으로)와 duco, ducare, ducatio(lead up or bring up, 끌어내다)의 합성어로서 '밖으로 끌어낸다' 라는 뜻이 된다(한미라 외, 2005).

유아교육 관련 서적의 대부분은 'education' 으로 교육을 풀이하고 있는 경우가 많지만 다른 어원을 찾아보면 '교육' 이라는 말의 그리스어는 파이데이아(paideia)로, 이 말의 어원은 어린이라는 의미인 'pais' 이다. 'paideia' 는 어린이를 양육·교육한다는 의미를 가지고 있다(신득렬, 2003).

또한 옥스퍼드 영어 사전에서는 '교육' 에 대해 다음과 같이 기술하고 있다.

① 아동, 청소년, 동물을 양육하거나 기르는 과정

② 청소년을 '성장' 시키는 과정: 한 사람이 '성장' 되어 온 방식

③ 삶의 준비를 위해 청소년에게 주어진 체계적인 수업, 학교교육, 훈련

④ 단순한 지식 또는 기능의 전수와는 대조되는 것으로서 교양 또는 능력의 발달,

인격 형성

이 사전은 교육이라는 말의 발달사를 보여 주는 것으로 ①항은 동물을 기르는 것까지도 교육이라는 말을 사용했음을 보여 준다. 이러한 용법은 19세기까지 사용되었다(신득렬, 2003).

교육에 대한 개념 정의는 시대나 사회, 학자들에 의해 다양하게 정의되고 있는데, 이는 다음과 같이 요약될 수 있다.

표 1-1 교육에 대한 정의

학자	교육에 대한 정의
정범모 (1974)	• 교육은 인간 행동의 계획적인 변화 – 인간 행동: 인간의 외현적 행동뿐만 아니라 내면적 행동 포함 동작, 지식, 사고, 가치관, 성격 특성, 자아 개념 등 – 계획적: 인간 행동의 변화 중에서 계획적인 것을 교육이라고 표현 – 변화: 육성, 계발, 개선, 성숙, 발달 등의 바람직하고 긍정적인 변화
안인희 (1982)	• 교육이란 사람을 사람답게 만드는 작용 – 사람이 되도록 양육하여야 하고 사람답게 살 수 있도록 도와주어야 함 – 길러 주고 도와주는 것이 교육
양옥승 (1987)	• 교육은 '인간 삶의 바람직한 변화' – 관찰 가능한 수량적 측정과 평가에서 탈피 – '인간 행동'→'인간 삶'으로 변화 – 교사보다는 학습자의 가치나 의도 고려, '계획적인'→'바람직한' 표현이 적절
이연섭 외 (1996)	• 교육은 인간 행동의 계획적이며 긍정적인 변화 – 변화의 방향성을 강조

이 외에도 『교육학 사전』(서울대학교 교육연구소, 1994)에서는 교육을 '인간의 정신적, 신체적 성장과 발달을 어떤 이상이나 목적, 혹은 가치 기준에 의하여 통제하거나 조력하는 일련의 인위적 과정'이라고 정의하고 있다. 이상과 같이 '교육'에 대한 다양한 정의를 살펴보았는데, 교육의 대상, 목적, 방향 등의 관점에 따라 교육의 개념이 달라짐을 알 수 있다.

2) 유아의 개념

'유아'는 어린이, 아동이라는 용어와 혼용되고 있다. 이러한 용어의 혼용은 유아교육기관인 유치원, 어린이집 등에서 학급을 구분함에 있어서도 혼용되고 있는 실정이다. 예를 들면, 만 1세, 2세를 영아로 표현하는 기관이 있는가 하면 만 3세까지를 영아로 지칭하는 기관이 있어 부모, 교사, 기관에서 원활한 의사소통이 이루어지지 못하는 경우도 있다. 연령에 대한 정확한 용어의 필요성에도 불구하고 현재 정부의 각 기관이나 참고서적에서 밝히고 있는 용어 역시 혼재되고 있는 실정이다.

참고로 다음의 표는 우리나라의 법률에서 규정하는 유아와 그 유사 명칭을 정리한 것이다.

표 1-2 국내 법률에서 규정하는 유아와 그 유사 명칭

법률	호칭	용어의 뜻
유아교육법	유아	만 3세부터 초등학교 취학 전까지의 어린이
영유아보육법	영유아	6세 미만의 취학 전 아동
민법	미성년자	19세 미만인 자
도로교통법	영유아	6세 미만인 사람
모자보건법	영유아	출생 후 6세 미만인 사람

출처: 법제처.

현재 유아교육기관에서 일반적으로 널리 사용되는 유아의 연령에 대한 정의는 영아는 출생~만 2세까지를 지칭하며, 만 3~5세까지를 유아로 지칭하고 있다. 하지만 좀 더 광범위한 뜻으로 영아를 포함해서 유아라고 사용되기도 한다. 또한 우리나라의 전통교육에 따르면 태교의 중요성을 들어, 태내기도 유아의 개념에 넣어야 한다는 의견이 있다.

일반적으로 유아교육 대상 연령의 범위는 국가가 어떤 교육제도를 채택하고 있는가에 따라 차이가 있다. 출생에서부터 만 8세까지를 유아교육 대상 연령으로 규정하는 국가가 있는가 하면, 만 6세까지의 유아를 유아교육의 대상으로 보는 국가도 있다(양옥승 외, 2003). 우리나라의 경우에는 어린이집은 6세 미만의 취학 전 아동이, 유치원은 만 3세부터 취학 전 어린이가 이용할 수 있으므로, 각 기관(어린이집, 유치원) 관련 법(어린이집은 영유아보육법, 유치원은 유아교육법)*에서 정의하듯이, 유아는 출생에서 초등학교 취학 전 연령을 의미한다고 볼 수 있다.

사진 1-1 서울 신정 3동 어린이집(구립) 영아반/유아반 아이들

3) 유아교육의 개념

앞서 교육의 개념, 유아의 개념을 살펴보았다. 이를 토대로 유아교육의 개념을 정리해 보면 '유아교육은 출생에서 초등학교 취학 전 유아의 정신적·신체적 성장과 발달을 도와주는 일련의 과정' 으로 규정할 수 있다. 여기서의 일련의 과정에는 많은 것이 내포되어 있다. 어떠한 철학을 가지고(교육 목적), 어떤 것을(교육 내용), 어떻게(교육 방법) 지원하며, 이러한 과정이 적절하였는가(교육 평가)를 내포하고 있다는 의미이다. 물론 '누가, 누구에게' 와 같은 교사와 학습자의 관계 역시 일련의 과정에 포함된다고 할 수 있다.

---

* 영유아보육법과 유아교육법의 자세한 내용은 법제처 http://www.moleg.go.kr 참조

유아교육의 개념은 유아교육의 특성 분석을 통해서, 유아교육의 의미를 통해서 살펴볼 수도 있으며 유아교육의 목적을 무엇으로 보느냐에 따라 다양하게 정의할 수 있다. 다음은 유아교육을 연구하는 학자들이 준거에 따라 유아교육의 개념을 정의한 것을 표로 제시한 것이다(양옥승 외, 2003; 문미옥 외, 2003; 이기숙 외, 2003).

표 1-3 학자들이 제시한 유아교육의 개념

준거	내용	출처
유아교육의 특성	• 대상 연령의 모호성 – 취학 전 연령 – 유치원에 다니는 만 3~5세 – 어린이집에 다니는 0~만 5세 – 초등학교 저학년까지의 0~만 8세 • 교육기관의 다양성 – 어린이집(국공립, 민간, 직장, 가정어린이집) – 유치원(국공립, 사립유치원) • 교육과 보호의 역할 – 조기교육에서 적기교육으로 제역할 수행 모색 필요	양옥승 외
유아교육의 목적	• 국가의 발전 수단으로 보는 관점 – 미래 시민 양성을 통해 국가 발전 이룰 수 있음 – 개인의 잠재 가능성 실현이라는 유아교육의 본질이 왜곡될 우려가 있음 • 가정 기능의 대행이나 단순한 육아로 보는 관점 – 육아의 관점에서 질적 탁아로 관점 전환 – 취업모의 증가세로 인한 통합 개념의 교육, 보육 • 초등학교 준비교육으로 보는 관점 – 초등학교 학습을 위한 기초 능력에 대한 기대감 – 인간 발달의 과정에서 어느 시기도 이후 발달의 준비 단계로 규정할 수 없음 • 조기교육, 재능교육으로 보는 관점 – 선천적 능력과 가능성을 조기에 발견하여 지도한다는 관점 – 음악, 미술 등 특별한 기예를 가르쳐 재능 개발 – 유아교육은 조기교육, 재능교육이 아닌 전인적·통합적 발달을 돕는 적기교육으로 보아야 함	이기숙 외

준거	내용	출처
유아교육의 의미	• 내재되어 있는 본성을 발현시키는 것이다. – 타고난 소질 및 능력을 자연스럽게 발현시킴 – 유아에게 같은 능력을 요구하는 획일성에서 탈피 • 사람의 길과 덕을 가르치는 것이다. – 단순한 정보 전달이 아닌 깊고 넓게 생각하여 지혜를 가질 수 있도록 가르치는 것 • 공부하는 법을 가르치는 것이다. – 스스로 공부하는 법을 익히도록 교육하는 것 – 여유를 가지고 깊이 사색할 수 있도록 교육하는 것 – 아는 것은 반드시 실천하도록 하는 것 • 현재와 미래의 삶에 필요한 지식과 문화를 가르치는 것이다. • 성인과 사회가 모범을 보이는 것이다.	문미옥 외

양옥승(2003)은 「21세기 바람직한 유아교육에 대한 한국유아교육학회의 입장」에서 유아교육의 목적을 다음과 같이 정리하고 있다.

첫째, 유아 개개인이 가지고 있는 잠재 능력을 최대한으로 계발하여 전인으로 성장하도록 돕는다. 전인 교육은 유아의 신체발달, 정서발달, 사회성발달, 언어발달, 인지발달이 균형을 이룰 때에 이루어진다.

둘째, 부모가 가정에서 유아를 전인으로 기를 수 있도록 다양한 방법으로 가족을 지원한다.

셋째, 유아들이 민주시민으로서의 소양을 갖출 수 있도록 다양한 사회적 경험을 제공한다.

넷째, 국가의 인적 자원이 될 수 있도록 유아의 잠재 능력을 최대한 계발한다.

학자들에 따라, 준거에 따라 유아교육의 개념은 다양하게 정의되고 있으나, 이상에서 살펴본 내용을 종합해 볼 때, 유아교육의 개념은 '유아가 행복한 삶을 영위할 수 있도록 부모, 교사, 사회 구성원들이 가정과 사회에서 유아의 발달에 적합한 교육 목적과 교육 내용, 교육 방법을 통해 전인적 발달을 이룰 수 있도록 교육하는 것'

이라고 정의할 수 있을 것이다. 또한 유아교육은 유아가 중심이 되는 교육이어야 한다. 즉, 유아교육이란 유아가 신체적·정신적으로 안정감을 가지고 즐겁게 활동할 수 있는 교육 내용과 방법을 수반해야 함을 의미한다.

02 유아교육기관의 유형과 특성

유아교육기관의 종류와 그 설립 배경은 나라마다 다른데, 유아에 대한 관점, 유아교육기관의 성립에 영향을 미친 학자, 자녀 양육에 대해 국가와 가정의 역할을 보는 관점, 각 사회의 사회·문화 및 경제적인 배경에 따라 다른 경향을 나타낸다. 현재 우리나라의 유아교육기관은 유치원과 어린이집의 이원체제로 유치원은 교육부, 어린이집은 보건복지부가 소관부처로 되어 있다. 이들의 유형과 특성을 자세히 살펴보면 다음과 같다.

1) 우리나라 유아교육기관의 유형과 특성

(1) 유치원

유치원의 설치 및 운영은 「유아교육법」에 의거하여 행정적으로 운영 및 관리되고 있다. 「유아교육법」 제2장 제7조에서는 유치원을 다음과 같이 구분하고 있다.

① 국립유치원: 국가가 설립·경영하는 유치원
② 공립유치원: 지방자치단체가 설립·경영하는 유치원(설립 주체에 따라 시립유치원과 도립유치원으로 구분할 수 있다)
③ 사립유치원: 법인 또는 사인(私人)이 설립·경영하는 유치원

2018년 4월 1일 현재, 우리나라 유치원 현황은 다음과 같다(교육통계서비스(http://kess.kedi.re.kr)).

구분	국립	공립	사립	계
유치원 수(개)	3	4,798	4,220	9,021
원아 수(명)	249	172,121	503,628	675,998
교원 수(명)	22	15,847	39,023	53,951

출처: 교육통계서비스(http://kess.kedi.re.kr).

「유아교육법」에서 정의하는 용어의 뜻은 아래와 같다.

① "유아"란 만 3세부터 초등학교 취학 전까지의 어린이를 말한다.

② "유치원"이란 유아의 교육을 위하여 이 법에 따라 설립·운영되는 학교를 말한다.

③ "보호자"란 친권자·후견인 그 밖의 자로서 유아를 사실상 보호하는 자를 말한다.

④ "방과후 과정"이란 제13조 제1항에 따른 교육과정 이후에 이루어지는 그 밖의 교육 활동과 돌봄 활동을 말한다.

「유아교육법」에는 이 외에도 유치원의 설립, 교직원, 비용 등에 관한 사항이 포함되어 있다(법제처, 유아교육법 참고).

(2) 어린이집

어린이집은 「영유아보육법」에 의거하여 보건복지부의 행정적 지원을 받고 있으며, 어린이집의 종류는 다음과 같이 구분하고 있다.

① 국공립어린이집: 국가나 지방자치단체가 설치·운영하는 어린이집

② 사회복지법인어린이집: 「사회복지사업법」에 따른 사회복지법인(이하 "사회복지법인"이라 한다)이 설치·운영하는 어린이집

③ 법인·단체등어린이집: 각종 법인(사회복지법인을 제외한 비영리법인)이나 단체 등이 설치·운영하는 어린이집으로서 대통령령으로 정하는 어린이집

④ 직장어린이집: 사업주가 사업장의 근로자를 위하여 설치·운영하는 어린이집 (국가나 지방자치단체의 장이 소속 공무원을 위하여 설치·운영하는 어린이집

을 포함한다)

⑤ 가정어린이집: 개인이 가정이나 그에 준하는 곳에 설치·운영하는 어린이집

⑥ 부모협동어린이집: 보호자들이 조합을 결성하여 설치·운영하는 어린이집

⑦ 민간어린이집: 제1호부터 제6호까지의 규정에 해당하지 아니하는 어린이집

또한 「영유아보육법」에서 사용하는 용어의 뜻은 다음과 같다.

① "영유아"란 6세 미만의 취학 전 아동을 말한다.

② "보육"이란 영유아를 건강하고 안전하게 보호·양육하고 영유아의 발달 특성에 맞는 교육을 제공하는 어린이집 및 가정양육 지원에 관한 사회복지서비스를 말한다.

③ "어린이집"이란 보호자의 위탁을 받아 영유아를 보육하는 기관을 말한다.

④ "보호자"란 친권자·후견인, 그 밖의 자로서 영유아를 사실상 보호하고 있는 자를 말한다.

⑤ "보육교직원"이란 어린이집 영유아의 보육, 건강관리 및 보호자와의 상담, 그 밖에 어린이집의 관리·운영 등의 업무를 담당하는 자로서 어린이집의 원장 및 보육교사와 그 밖의 직원을 말한다.

「영유아보육법」에는 이 외에도 보육교직원의 직무, 임면과 원장 및 보육교사의 자격에 대한 사항 등이 명시되어 있다.

이상에서 살펴본 우리나라 유아교육기관의 유형 및 특성, 유치원과 어린이집 기관 수 추이를 표로 나타내면 다음과 같다.

표 1-4 우리나라 유아교육기관의 유형 및 특성

구분		취원 연령	관련 법령	교육과정	소관부처
유치원	국립유치원	만 3~5세	유아교육법	2019 개정 누리과정	교육부
	공립유치원				
	사립유치원				
어린이집	국공립어린이집	0~만 5세 · 초등방과후	영유아보육법	표준보육과정 (0~2세) · 2019 개정 누리과정	보건복지부 · 직장 어린이집은 보건복지부 및 고용노동부
	사회복지법인어린이집				
	법인·단체 등 어린이집				
	직장어린이집				
	가정어린이집				
	부모협동어린이집				
	민간어린이집				

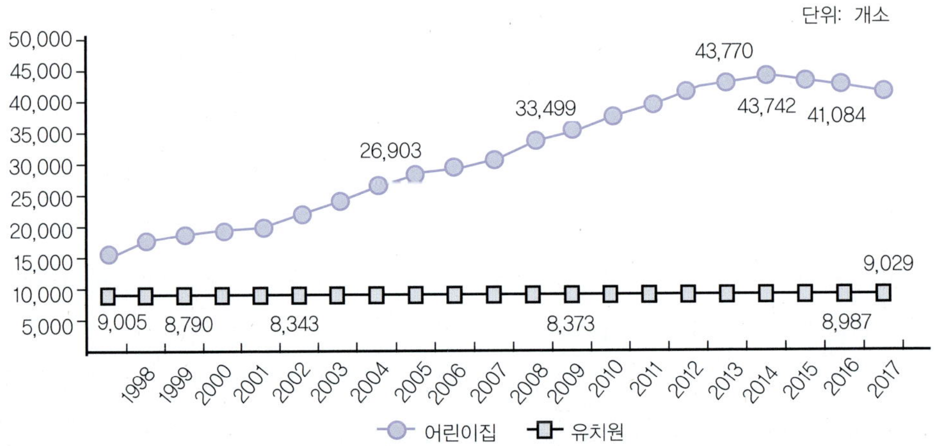

자료: 1) 한국교육개발원(2017). 교육통계연보.
2) 보건복지부(2017). 보육통계(2017년 12월말 기준)

출처: 1) 한국교육개발원 교육통계서비스 http://kess.kedi.re.kr/index. 2018. 4. 21. 인출.
2) 보건복지부 홈페이지. www.mohw.go.kr. 2018. 4. 21. 인출.

그림 1-1 유치원 및 어린이집 기관 수 추이(1997~2017)

2) 외국 유아교육기관의 유형과 특성

외국의 유아교육기관의 유형은 국가마다 다른데, 우리나라와 같이 일본, 미국, 영국, 캐나다 등은 보육시설과 교육기관이 분리·병행되고 있으며, 스웨덴과 핀란드 등은 교육기관과 보육시설이 통합되어 일원화되어 있다. 최근 많은 나라들이 유아를 위한 교육과 보육을 구분하지 않고 통합하여, 운영상의 효율성을 높이고자 하는 움직임이 있다(이기숙 외, 2003).

여기에서는 외국의 유아교육기관 중에서 유아원과 유치원, 유아학교, 보육기관의 설립과 운영에 대해 살펴보고자 한다. 기관에 대한 자료는 유아교육사전(한국유아교육학회, 1996)의 내용을 참고로 하였다.

(1) 유아원(nursery school)

3, 4세 유아의 교육을 담당하는 곳이다. 그러나 2~5세의 유아를 포함하는 곳도 있다. 유아원의 목표는 유아들의 성장발달에 필요한 적절한 환경을 조성하고 교육적 프로그램을 운영하여 이 시기 유아의 전인적 발달을 도와주는 데 있다.

최초의 유아원은 1911년 맥밀란 자매(M. McMillan & R. McMillan)에 의하여 영국에서 창시되었다. 맥밀란 유아원은 2세에서 7세까지의 유아를 위한 교육기관이며, 가난한 환경 속에서 자라는 유아들에게 좋은 환경에서 교육받을 기회를 주어 환경의 결함을 보충하는 것이 주 임무다.

미국 최초의 유아원은 1915년, 시카고 대학에서 몇몇 교직원 부인에 의해서 창시되었는데, 이렇게 초기에 창설된 유아원은 대학의 실험적 유아원이었다. 최근의 유아원은 대학교의 연구센터 역할을 하는 유아원, 시설 유아원, 교회나 아동복지기관 또는 주택단지 등에서 주민과 협력하여 이루어지는 협력 유아원(cooperative nursery school) 등 세 가지 형태로 분류된다.

우리나라 최초의 유아원은 유아학교라 불린, 1968년 창설된 대전여자 초급대학(현재 배재대학)의 유아원이다. 유아원이란 정식 명칭을 갖추어 개원한 곳은 1971년 이화여자대학교 인간발달연구소에서 부설로 설립한 유아원이다.

(2) 유치원(Kindergarten)

만 3세부터 초등학교 취학 전까지의 유아를 교육하고 적당한 환경을 주어 심신의 발육을 조장하는 교육기관이다. 최초의 유치원은 1840년 독일의 프뢰벨(Fröbel)이 세운 일반 독일 유치원이다. '어린이의 정원' 이라는 뜻으로 전통적 학교 개념과 달리 하였다. 현재 각국은 유치원 교육을 공교육제도에 편입하여 초등학교와의 연계를 고려한 교육을 하고 있는 곳이 많다. 예를 들어 미국은 K-6와 K-9제를 운영하여 유치원과 초등학교와의 연계를 실시하고 있다.

사진 1-4 일본 유치원의 입구와 전경

사진 1-5 뉴질랜드 엔비로 유치원의 실외 모습

(3) 유아학교(Infant school)

Infant의 의미에 있어서 우리나라의 경우에는 사전적 의미, 의학 분야에서의 의미, 교육에서 의미하는 시기가 다르며, 국가마다 정의하는 연령이 달라 혼돈을 가져올 수도 있으나, 우리나라 유아교육 분야에서는 출생에서 6세까지의 유아를 대상으로 교육하는 기관을 유아학교라 일컫는다(심성경 외, 2009: 재인용). 즉, 출생에서 취학 전까지의 연령을 아우르는 통합적인 교육기관으로 볼 수 있다.

영국에서는 5세부터 7, 8세에 이르는 유아를 위한 교육기관으로, 우리나라의 유치원과 같은 교육기관이다. 영국의 오웬(R. Owen)이 1816년과 1824년 사이에 방직공장에 세운 성격 형성 학원을 그 시초로 보고 있다. 그 후 오웬의 뜻을 받든 후원자들이 런던을 비롯한 각지에 유아학교를 설립하였다.

(4) 보육기관(Day care center)

직장 여성의 자녀를 대상으로 보호와 교육을 담당하는 기관으로서 초창기에는 우리나라에 '탁아소'라는 명칭으로 번역되어 사용되어 왔으나 최근에는 보육이라는 용어로 사용되고 있다. 나라마다 사용되는 용어에는 차이가 있으나 이를 종합해 보면 다음과 같이 분류할 수 있다(이기숙 외, 2003).

① 시간제 보육: 부모의 요구에 따라 시간만큼 유아를 돌보아 주는 보육

② 학교 수업 전·방과 후 보육: 취업모의 초등학교 저학년 자녀들을 대상으로 오전 8시 이전이나 오후 1시 이후부터 6시경까지 이루어지는 보육

③ 직장 보육: 근로자의 복지정책의 일환으로 운영되는 보육 형태로 대개 직장 근처나 직장과 연결되어 운영됨

④ 부모협동 보육: 자녀의 양육 문제를 해결하기 위해 부모들이 중심이 되어 운영하는 보육

03 유아교육의 중요성

유아교육의 개념을 통해 바람직한 유아교육은 유아가 행복한 삶을 영위할 수 있도록 부모, 교사, 사회 구성원들이 가정과 사회에서 유아의 발달에 적합한 교육 목적과 교육 내용, 교육 방법을 통해 전인적 발달을 이룰 수 있도록 교육하는 것임을 살펴보았다. 유아가 사회에 잘 적응하고 그 사회의 미래 주역이 될 수 있도록 사회 구성원들이 적합한 교육 환경을 조성해 나가야 한다는 필요성이 그 어느 때보다도 중요하게 인식되고 있다.

한국유아교육학회는 유아교육이 중요한 이유를 다음의 네 가지로 설명하고 있다(양옥승, 2003).

첫째, 유아교육은 인간 교육의 기초를 형성한다.

유아기는 인성의 기초가 형성되며 기본 생활 습관, 표현 능력, 의사결정 능력, 문제해결 능력, 창의성 등이 길러지는 매우 중요한 시기이다. 또한 도덕성의 기초가 형성되는 시기이기도 하다.

둘째, 유아교육은 가정의 행복에 기여한다.

가정은 한 나라의 기초 단위다. 가정이 건전할 때 사회가 건전해질 것이며, 나아가 국가의 기반이 튼튼해질 수 있을 것이다. 유아교육기관이 가정과 연계한 교육의 중요성에 관심을 가지고 가족지원체계를 확립해야 하는 이유이기도 하다.

셋째, 유아교육은 민주시민으로서의 소양을 기른다.

민주시민은 상대방의 인격이나 의견을 존중할 뿐 아니라 서로 개성이 다른 존재임을 인정하고 의견이 다를 때는 합의점을 도출할 줄 아는 사람을 일컫는다. 발달적, 사회 문화적으로 적절한 환경에서 성장하는 유아는 바른 인성, 기본 생활 습관, 정직함과 책임감, 다른 사람들과 원만하게 지낼 수 있는 능력을 가진 민주시민으로 성장할 수 있을 것이다.

넷째, 유아교육은 국가의 인적 자원을 길러 낸다.

유아교육의 효과에 관한 연구에 의하면 유아교육에의 재정 투자는 청소년 범죄를 감소시키는 효과가 있어 교육 투자의 효과를 극대화할 수 있으며, 유아기에 유아 개개인의 잠재 능력을 다양하게 길러 낸다면 다양한 분야에서 창의적으로 일할 국가의 인적 자원이 길러지는 기초가 될 것이다.

유아교육의 중요성은 여러 측면에서 강조될 수 있다. 20세기 이전의 유아교육이 철학적이고 관념론적인 측면에서 그 중요성이 이해되었다면 그 이후의 유아교육은 인간의 성장과 발달에 대한 과학적인 연구 결과를 근거로 한 심리학적인 측면에서 강조되었다. 현재의 유아교육은 이 기반 위에 사회적인 상황이 강조되어 유아를 위해서뿐만 아니라 부모와 사회의 필요에 의해서 그 중요성이 강조되고 있다(양옥승 외, 2003).

1) 아동관의 변화에 따른 유아교육의 중요성

유아를 어떤 존재로 인식하는가는 한 사회의 정치적·문화적·사회적 요인에 기인한다. 역사적으로 볼 때, 고대와 중세에는 아동에 대한 인간 본연의 이해가 이루어지기보다 사회나 국가의 유용성의 도구로 인식되었다. 중세에는 기독교문화의 전파로 인간에 대한 평등, 박애 등의 개념이 확립되기는 했지만 현대사회에서와 같은 개념의 아동관은 정착되지 않았다. 즉, 아동기는 성인기를 위한 준비기로 인식되었다(정미라, 1993).

아동기가 본연의 고유한 시기로 인식되기 시작한 것은 16세기 르네상스 시대의 사상가들에 의해 아동의 교육, 양육에 대한 개념이 새롭게 대두되기 시작했을 때부터였다. 코메니우스(Comenius)는 아동의 내재적 가능성을 인정하였고, 로크(Locke)는 '백지설(Tabula Rasa)'을 주장하며 아동은 선하지도 악하지도 않은 상태이기 때문에 교육에 의해 후천적으로 본성이 변할 수 있음을 주장하여 경험론적 관점에서 아동을 이해하는 계기를 만들었다.

루소(Rousseau)의 『에밀』(1762)에 의해 성립된 근대적 아동관은 유아교육의 발달 측면에서 유아교육의 필요성에 대한 철학적 근거를 제공하였다. 즉, 유아의 특성, 욕구에 대한 이해를 통해 유아교육의 필요성이 부각될 수 있었다.

이러한 긍정적인 변화에도 불구하고 조기교육에 대한 잘못된 인식은 진정한 의미의 '아동기'를 상실하게 하는 원인으로 작용한다. 이는 1960년대 이후의 발달심리학 분야의 연구들로 인해 영유아기에 지적 발달이 급속도로 이루어진다는 사실을 지나치게 확대 해석한 현상이다. 즉, 조기에 많은 경험을 제공해 주기만 하면 선천적 능력을 더 향상시킬 수 있다는 생각이 급속히 팽배해졌다. 고대, 중세 때와는 또 다른 측면에서 아동기의 상실을 염려하게 된 것이다.

우리나라의 경우, 2013년 3월부터 시행되는 3~5세 연령별 누리과정과 표준보육과정에서는 영유아의 심신의 건강과 조화로운 발달을 도와 행복을 도모하며 민주시민의 기초를 형성하는 것을 목적으로 명시하여, 유아의 본성과 특성에 적합한 교육을 하도록 하여 진정한 의미의 아동관을 확립하도록 하고 있음을 알 수 있다.

2) 심리학적 연구 결과로 본 유아교육의 중요성

(1) 결정적 시기

로렌츠의 각인 연구

유아기의 경험이 성장과 발달에 지속적인 영향을 미친다는 사실은 많은 학자들을 통해 꾸준히 제시되어 왔다. 특히 인간이 발달해 나가는 과정에서 결정적 시기가 있다는 사실로 인해 유아교육의 중요성이 더 부각되기 시작했다. 결정적 시기(critical period)란 유기체가 생애의 어떤 시점에서 특정한 행동을 가장 확실하게 학습하는 최적의 시기를 일컫는 것으로 생의 초기에 오리가 자신을 돌봐준 대상에게 강한 애착을 느낀다는 로렌츠(Lorentz)의 각인(imprinting) 연구, 3주에서 12주 사이에 사람과 접촉하지 못한 개는 야생견처럼 행동하면서 사람을 두려워한다는 스코트(Scott)의 연구를 예로 들 수 있다(한국유아교육학회, 1996). 프로이트(Freud)에 의하면 인간의 생후 초기 5년은 가장 역동적이고 유동적이므로 성격 형성의 결정적 시기라고 할 수 있다. 조복희(2008)는 결정적 시기에 얻어진 행동은 한평생 지속되지만 이 시기를 놓치면 그 기능이 다시 습득되기 어렵다고 주장하면서 결정적 시기의 중요성을 강조한다.

로렌츠의 연구에서 드러난 것처럼, 인간에게도 발달에 있어서 결정적 시기가 있다는 것이 여러 학자들에 의해 개념화되어 왔다. 이를 실제로 증명해 준 것은 인도에서 발견된 늑대소녀였다. 1920년 인도의 늑대 굴에서 발견된 한 소녀는 처음 발견되었을 때 약 8세 정도였는데 걸음걸이와 식성 등이 늑대를 그대로 닮았고 늑대 울음과 비슷한 소리를 내었다. 학자들은 이 소녀에게 인간의 말을 가르치려 노력했으나 8년 동안 50단어 정도밖에 가르칠 수 없었다. 언어학자들은 이 소녀가 인간의 언어를 배울 수 있는 결정적 시기인 2세에서 6세까지의 기간 동안 인간의 언어를 배울 수 있는 기회를 놓쳤기 때문에 아무리 가르쳐도 인간의 언어를 습득할 수 없었을 것으로 보고 있다(이은화 외, 2001).

(2) 두뇌 발달에 관한 연구

두뇌 발달 역시 유아기에 급속도로 이루어진다는 연구들은 유아교육의 중요성을 강조하는 요인이 되고 있다. 헌트(Hunt)는 『지능과 경험』에서 지능이란 대뇌에서 위계적으로 정돈된 중추적 과정에 기초를 둔 지적 능력으로 이 과정은 컴퓨터의 정보처리 과정과 흡사하다고 보았다. 따라서 유아의 지적 발달을 높이기 위해서 발달 초기에 접하는 환경을 고려해야 한다고 주장했다(양옥승 외, 2003).

이에 대해 모리슨(Morrison, 1997)은 다음과 같은 중요한 의미를 도출하였다.

첫째, 지적 성장은 8세 이전에 가장 빨리 이루어진다. 즉, 유아에게 초기의 풍요로운 가정환경과 교육이 필요하다는 것을 뜻한다.

둘째, 개인의 지능 발달은 경험, 사회적 배경, 양육 방법, 경제적 요인, 영양, 출생

전후의 환경 등의 변인에 달려 있다. 그러므로 지능은 고정된 것이 아니라 발달한다는 발달적 지능을 지지한다는 생각이 점점 분명해지고 있다.

셋째, 풍요로운 환경에서 발달할 기회를 갖지 못한 유아는 지적으로 뒤떨어지기 쉽다.

넷째, 유아에게 있어서 8세까지의 기간 동안 지적 발달의 80%가 이루어진다면 이 8년 동안의 환경이 인간의 두뇌 발달에 가장 큰 영향을 미칠 것이다.

결정적 시기의 중요성과 두뇌 발달에 있어서의 유아기의 중요성을 입증하는 일련의 심리학적 연구 결과들은 유아교육의 중요성을 다시 한 번 강조하는 계기를 마련했다고 할 수 있다.

3) 현대사회의 변화 및 특징에 따른 유아교육의 중요성

교육은 사회상을 반영한다. 사회가 추구하는 가치는 교육에 있어서 추구하는 인간상으로 반영된다. 이는 사회가 가지는 특징과 변화는 곧 교육 현장의 변화를 요구하고 유아교육 역시 이에 부응하는 체제로 변화함을 의미한다. 왜냐하면 유아는 이 사회의 일원이고 미래 사회를 이끌어 나갈 주역이므로 사회의 변화와 무관할 수 없는 것이다.

이에 현대사회의 몇 가지 특징을 살펴봄으로써 유아교육의 중요성을 알아보고자 한다.

첫째, 가족 구성 형태의 변화이다.

예전에는 부모를 비롯하여 (외)조부모, 친척들의 지원을 받아 가정에서의 영유아 보살핌이 가능했으나 현대사회에서는 다양한 가족 구성 형태로 인해 영유아 보호 및 교육에 대한 유아교육기관의 역할 및 지원이 더욱 중요해졌다.

둘째, 교육의 기회 균등에 대한 요구이다.

교육의 기회 균등은 성별, 종교, 계층, 능력, 정치 혹은 경제적인 조건 등의 차이에 관계없이 교육을 받을 수 있는 기회가 누구에게나 보장되어 있다는 말이다. 이러한 교육의 기회 균등은 일반적으로 무상 공교육을 통해 실현된다. 공교육은 역사적으로 초등교육을 중심으로 발전하여 왔으나 교육 선진국에서는 유아교육의 가치, 사회적 필요성 및 교육에의 복지적 개념 도입 등으로 인하여 유아교육으로까지 그 범위가 확대되었다(이은화, 2001). 교육이 공공성을 가지기 위해서는 저소득층의 혜택받지 못하는 유아를 먼저 배려해야 한다. 미국의 경우 헤드 스타트(Head Start)를 통해 교육뿐 아니라 건강 진단, 영양, 사회봉사, 부모 참여, 교사와 부모를 위한 진로 지도 등의 포괄적인 프로그램을 실시하여 교육의 기회 균등을 실천하려고 노력한 점은 우리에게 많은 시사점을 준다고 할 수 있다.

셋째, 유아 권리에 대한 인식의 변화이다.

유아의 권리를 옹호한다는 것은 다양한 측면에서 생각해 볼 필요가 있다. 유아기를 유아답게 보내야 할 권리, 교통사고의 위험에 노출된 채 놀이 공간의 제약에 따른 사고의 위험 및 체벌과 성폭력으로부터 보호받아야 할 권리, 각종 유해한 환경이나 상품으로부터 안전하게 생활할 수 있도록 보호받아야 할 권리 등은 유아교육에서 좀 더 적극적으로 기능을 확대시켜야 할 필요가 있는 부분이다. 「유엔아동권리협약」은 아동(유아)이 누려야 할 기본요소를 생존권, 보호권, 발달권, 참여권으로 명시하고 있다.

이상에서 살펴보았듯이 현대사회의 변화에 따라 유아교육의 범위가 확대되고 그 역할이 매우 중요해졌음을 알 수 있다. 이는 한국유아교육학회가 밝힌 유아교육의 중요성과 그 맥을 같이 한다고 볼 수 있겠다. 이 외에도 많은 부분에서 유아교육의 중요성을 입증하는 연구들이 행해졌으며, 그 결과들을 볼 때, 국가, 사회, 개인이 유아교육의 발전을 위한 노력을 함께 해 나가야 할 것이다.

:: 참고문헌

교육과학기술부 · 보건복지부(2012). 3~5세 연령별 누리과정. 보도자료.

교육과학기술부 · 한국교육개발원(2011). 교육통계연보.

문미옥 · 이혜상(2003). 동서양이 만난 유아교육개론. 서울: 교육아카데미.

법제처 홈페이지(http://www.moleg.go.kr)

서문희, 조애저, 김유정, 최은영, 박지혜, 최진원(2005). 보육 · 교육 이용 및 욕구 실태 조사 보고. 서울: 한국사회보건원, 여성부.

서울대학교 교육연구소 편(1994). 교육학 용어사전. 서울: 도서출판 하우.

신득렬(2003). 현대교육철학. 서울: 학지사.

심성경 · 조순옥 · 이정숙 · 이춘자 · 이선경 · 이효숙(2009). 유아교육개론. 서울: 창지사.

안인희(1982). 교육 원리: 교육 목표 설정을 위한 철학적 접근. 서울: 이화여자대학교 출판부.

양옥승(1987). 유아교육과정연구의 재개념화. 유아교육연구, 7, 5-23.

양옥승, 이원영, 이영자, 이기숙(2003). 21세기 바람직한 유아교육에 대한 한국유아교육학회의 입장. 서울: 정민사.

양옥승 · 김미경 · 김숙령 · 김영연 · 김진영 · 박선희 · 서현아 · 오문자 · 장혜순 · 조성연 · 조은진 · 최양미 · 현은자(2003). 유아교육개론. 서울: 학지사.

이기숙 · 장영희 · 정미라 · 엄정애(2003). 유아교육과정. 서울: 양서원.

이연섭 외(1996). 유아교육개론. 서울: 정민사.

이은화 · 이정환 · 이경우 · 이기숙 · 홍용희 · 박은혜 · 김희진(2001). 유아교육개론. 서울: 이화여자대학교 출판부.

정미라(1993). 서구사회에서의 아동관의 변화. 양옥승(편), 탁아연구 II, 194-224.

정범모(1974). 교육과 교육학. 서울: 배영사.

조복희(2008). 아동발달. 경기: 교육과학사.

한국유아교육학회(1996). 유아교육사전(용어편). 서울: 한국사전연구사.

한미라 · 전예화 · 신혜영 · 서현아 · 천희영 · 최미현 · 안부금(2005). 현대유아교육의 이해. 서울: 양서원.

Morrison, G. S.(1997). *Early childhood education today*(3rd ed). Culumbus: A Bell & Howell Company.

제 2 장

유아교육사상

학습목표

1. 유아교육사상의 개념 및 중요성을 이해한다.
2. 한국 유아교육에 영향을 미친 서양 유아교육사상의 특성을 시대별로 이해한다.
3. 우리나라 교육과정의 이론적 근거가 된 교육사상가의 교육사상을 안다.

01 유아교육사상의 개념 및 중요성

인류는 바람직한 교육을 통해 이상적인 국가를 건설하고자 꾸준히 노력해 왔다. 그 가운데 수많은 교육사상가들이 자신의 신념에 대해 연구하였고 이를 통해 인간의 삶이 더욱 고귀해질 수 있도록 노력해 왔다. 유아교육사상을 연구하는 목적 또한 교육에 대해 교육사상가들이 꾸준히 연구해 온 주제들을 시대를 초월하여 함께 공유하고, 이를 통해 유아교육을 폭넓은 견지에서 바라볼 수 있도록 하는 것이다.

사상(思想, Thought)은 사람들이 생활하면서 지니게 되는 세계관을 총칭해서 부르는 역동적인 개념이다. 즉, 넓은 의미에서 정신 속에 일어나는 모든 현상을 일컫는다. 세계에 대한 여러 가지 견해, 일상생활에서 어떤 일에 처하게 될 때 가지는 사물에 대한 견해 등을 의미한다고 할 수 있다. 철학자인 데카르트(Descartes)와 칸트(Kant)는 사상을 가리켜 명확한 체계적 질서를 가진 이론 과학설이라고 했다. 흔히 '그 사람의 사상은 어떤 거야?' 라고 말할 때, 일반적인 의미로 개인의 생각 혹은 특정 분야에 대한 신념으로 해석될 수도 있다. 예를 들어 정치사상이라고 하면 정치에 대한 생각, 신념, 정치를 바라보는 견해로 풀이할 수 있다는 것이다. 그러므로 교육사상이라고 하면 교육에 대한 신념, 생각, 교육을 바라보는 견해로 풀이할 수 있다. 유아교육사상 역시 유아교육에 대한 신념, 생각, 유아교육을 바라보는 견해를 포괄적으로 일컫는 말이다.

유아교육사상에 대해서만 연구한 교육사상가를 떠올리기는 쉽지 않다. 왜냐하면 유아교육은 교육의 범주에 속해 있고, 교육은 삶의 일부로 존재하기 때문이다. 그래서 수많은 철학자 중 교육에 대해 특별히 언급을 한 사람이나 교육에 영향을 미친 업적이 있는 사람의 사상과 업적들이 주로 교육사상에서 다루어진다. 이들의 교육사상은 유아교육에도 영향을 끼쳐 그 시대의 독특하고도 괄목할 만한 유아교육사상으로 자리매김하게 되는 것이다.

여기서 우리는 하나의 의문점을 갖게 된다. 역사적으로 과거의 교육사상, 유아교육사상을 현재의 교육에 적용할 수 있는가 하는 문제이다. 현대적 안목으로는 당시의 유아교육사상이 때로는 불합리하거나 모순되어 보일 수 있다. 하지만 역사는 시간적으로는 직선적 시간이기도 하지만 어떤 의미에서는 순환적 시간이라고도 볼 수 있기에 각 시대의 상황 분석을 통해 지혜로운 통찰력을 가진다면 현대의 상황에 적용 가능한 중요한 자료가 될 수 있다. 그렇지 않다면 고대에서부터 근대에 이르는 수많은 교육사상을 연구할 이유가 없기 때문이다. 우리의 정신적 활동, 유아교육을 포함한 대부분의 활동들은 과거의 유산과 깊이 결부되어 있다. 유아교사로서 행하게 되는 일련의 많은 결정, 행위들은 우리가 인식하지 못하지만 사회·문화적 가치와 역사적 의미의 영향을 받고 있다. 과거를 모르는 사람들은 현재의 유행이나 시류에 따라 무비판적으로 살아가기 쉽다(신득렬, 2002). 산타나야(G. Santayana)는 "과거를 기억하지 못하는 사람들은 과오를 되풀이한다"라는 말로 과거 사상 연구의 중요성을 피력하고 있다(신득렬, 2002).

우리는 많은 문학작품, 시나 소설 등을 통해 삶을 간접 경험하고 때로는 그 상황에서의 가장 적절한 판단을 하는 경험을 갖게 된다. 그러한 과정을 통해 삶에 대한 개인의 안목이 넓어지고 문제해결력이 다양해질 수 있다. 이와 같이 유아교육사상 연구도 이러한 관점에서 그 필요성이 이해되어야 할 것이다.

대부분의 사람들, 특히 교육에 몸담고 있는 사람들은 교육에 대한 나름대로의 신념과 생각을 지니고 있다. 이를 교육사상이라고 할 수 있다. 일반적으로 교육사상의 연구는 일차적으로는 교육사상가의 학문적 업적인 저작을 중심으로, 그것들이 미친 사상들과 학문적 가치를 분석함으로써 이루어진다. 위대한 사상가들은 모두 이전 시대의 사상을 공부하고 비판하는 과정을 거쳐 독자적인 교육사상을 제시하였다(신득렬, 2002). 이들 교육사상을 공부함으로써 교육, 나아가 유아교육의 제반 문제를 찾아내고 해결하는 방식에 대한 통찰력을 기르게 된다. 이러한 과정을 통해 예비 유아교사로서 교육에 대한 신념, 유아교육을 바라보는 관점, 교육과 삶이 분리되지 않는 실천력을 갖게 될 것이다.

본 장에서는 현재의 유아교육에 대한 신념, 교육관, 아동관에 영향을 준 우리나라의 교육사상 및 교육사상가와, 서양의 교육사상가를 중심으로 살펴보고 시대별로 어떤 아동관을 가졌는지를 제시하고자 한다. 이후부터는 교육철학 및 교육사를 통해 동양과 우리나라의 교육사상을 포함하여 좀 더 넓고 깊게 학습하게 될 것이다. 그러므로 시대별 유아교육사상에서는 고대, 중세, 문예부흥기의 전체적인 흐름을 살펴보고, 유아교육에 직접적으로 영향을 준 17세기 실학주의부터는 주요 사상가를 중심으로 살펴보고자 한다.

02 우리나라의 유아교육사상

현재 우리나라 유아교육의 이론적 기초 혹은 사상적 기초를 논할 때 우리는 주로 서양의 교육사상을 언급하고 있는 실정이다. 이는 유치원이나 어린이집이라는 용어가 외국으로부터 들어온 연유에서 비롯된 것이기도 하다. 그러나 우리나라 유아교육 학자들과 현장에서는 이러한 현상에 대해, 즉 서양 이론에 기초한 유아교육에 대해 새롭게 조명해 보아야 한다는 움직임이 일기 시작하고 있다. 우리나라 유아들의 건강한 삶과 교육에 대해 연구하고 실천하는 변화의 시점에서 우리나라의 유아교육사상에 대한 연구는 중요한 과업이라 할 수 있다. 그러나 우리나라 유아교육사상은 서양의 유아교육사상에 비교해 볼 때 질적·양적인 측면에서 더 많은 연구가 이루어져야 할 것으로 보인다.

특히 서양의 유아교육사상과 맥을 같이 하기 위해서는 시대별로, 즉 원시, 고조선, 삼국 시대, 고려 시대, 조선 시대, 근대로 나누어 기술하여야겠으나 우리나라 유아교육에 관해 언급된 자료가 불충분함으로 인해, 본 장에서는 우리나라 유아교육에 영향을 끼친 유교, 불교, 천도교를 중심으로 간단하게 그 흐름을 살펴보고자 한다.

1) 유교

유교 사상은 기원전 5~4세기경 중국의 공자와 맹자의 사상을 기초로 발전된 사상이다. 삼국 시대와 고려 시대에는 불교를 국교로 삼았으나 교육 이념과 형식 교육의 틀은 유교 사상을 따랐다. 이후 고려 말에 신유교 사상이 받아들여져 조선 시대에는 정치이념으로 활용되었으며, 이황과 이이에 의해 조선 성리학으로 발전되었다(문미옥 · 이혜상, 2003).

유교 사상에서는 교육을 중시했는데, 이는 공자의 논어 학이편(學而編)의 '배워서 때에 맞추어 익히니 이 또한 기쁘지 아니한가(학이시습지 불역열호: 學而時習之 不亦說乎)에서도 잘 나타나 있다. 즉, 배우고 익히는 과정에서 즐거움을 느낀다는 것은 삶에서 개인의 배움이 얼마나 중요한가를 일컫는 것이라고 할 수 있겠다.

유교적 입장에서는 인간을 자연과 마찬가지로 불완전한 존재로 본다. 인간의 부족함을 천지자연이 보충해 줄 수 있고 천지의 부족은 인간이 대행할 수 있다고 보는 것이다(임재택, 2005). 그러므로 교육을 통해 인간이 하늘로부터 받은 성품을 잘 보존하고 기르도록 하며 이를 통해 성인군자가 됨을 제시하고 있다(이기숙 외, 2003).

또한 아동의 본성은 인 · 의 · 예 · 지 · 신(仁 · 義 · 禮 · 智 · 信)으로 대표할 수 있으며, 이는 감수성, 예술성, 인지와 도덕성에 해당한다(문미옥 · 이혜상, 2003)고 할 수 있겠다. 이러한 본성은 하늘이 부여한 스스로 그러함이라고 하여 인위적인 외부적 힘에 의해 만들어지는 것이 아님을 강조한다. 그러므로 유교에서의 유아교육에 관한 내용은 자기 몸과 주변을 청결하게 하는 바른 생활습관, 부모와 형제자매 등의 사람 관계에서의 예의와 신의를 주로 다루었다.

유교에서 행한 유아교육 방법은 성인의 모범을 통한 교육, 앎과 행함의 일치를 통한 교육으로, 교육 내용이나 지식의 전달보다는 깊이 생각하고 문답법을 활용하도록 했다.

2) 불교

불교 사상은 삼국 시대 고구려(372년) 시기에 우리나라에 들어왔다. 불교의 핵심 사상은 '모든 존재는 항상 변화하므로 실체가 없다' 는 것이다(문미옥 · 이혜상, 2003).

교육은 깨달음의 과정이며, 깨달은 것을 실천하는 것으로 보았다. 그러므로 진리에 대해 깨닫고 그에 따라 행동하는 것은 선(善)이며, 진리에 어긋나는 행동은 악(惡)이라고 하여 교육받은 자는 깨달음을 통해 마음과 삶의 태도를 선한 방향으로 이끌어 갈 수 있어야 한다고 했다.

유아는 우주 만물을 인식하는 존재이며 맑고 참되고 변치 않는 마음과 어둡고 변화하는 마음을 동시에 가진 존재로 인식하였으므로, 교육을 통해 자아와 세계에 대해 바르게 이해할 수 있도록 해야 하며 평상심을 얻을 수 있도록 해야 한다고 강조하고 있다. 불교의 유아교육 원리는 깨달음과 생명 존중의 원리이다.

불교의 원리인 팔정도(八正道)에서는 깨달음의 원리를 다음과 같이 풀이한다.

① 바른 견해(正見: 정견): 유아에게 사물의 이치를 바르게 볼 줄 아는 안목을 키워 주는 것이다.

② 올바른 생각(正志: 정지, 혹은 正思: 정사): 올바른 뜻과 생각으로 바르게 사유하는 것으로 정견과 깊은 연관성이 있다.

③ 올바른 말(正語: 정어): 거짓말이나 나쁜 말을 삼가고 진실되고 고운 말을 사용한다.

④ 올바른 행동(正業: 정업): 모든 행동을 바르게 하는 것으로 바른 예절과 태도를 일컫는다.

⑤ 올바른 생활(正命: 정명): 불교 정신에 입각한 생활 태도를 말한다.

⑥ 올바른 노력(正精進: 정정진): 깨달음을 위해 쉬지 않고 노력하는 태도를 말한다. 힘들어도 인내하며 노력하는 태도를 말한다.

⑦ 올바른 기억(正念: 정념): 잡념을 가지지 않고 몸과 마음을 잘 관리하여 독창적이고 창의적인 사고를 발전시켜 나갈 수 있도록 하는 것을 말한다.

⑧ 올바른 안정(正定: 정정): 마음을 집중할 수 있는 태도를 말하는 것으로 명상을 통해 정신을 집중하는 것이다.

이상의 여덟 가지 원리는 어느 것 하나라도 소홀히 할 수 없는 것으로 유기적으로 연관되어 있다. 생명존중의 원리 역시 우주의 삼라만상과 자신을 존중하는 태도로 현재 행해지는 생태유아교육의 주요 원리이기도 하다.

이러한 교육 원리 및 내용을 위한 교육 방법은 다양하게 이루어질 수 있다. 불교 경전 읽기나 스승들의 교훈 듣기나 문답을 통한 방법, 감화를 통한 교육 방법, 실천을 통한 방법이 사용되어졌다.

이와 같은 불교 유아교육사상은 유아들뿐만 아니라 오늘날 가르치는 교사들에게도 시사하는 바가 크다고 할 수 있겠다. 인지적인 발달에 앞서 사람의 근본을 먼저 생각해 보게 하는 교육사상이기 때문이다.

3) 천도교

동학이라고도 불리는 천도교는 최제우(1824~1864)에 의해 조선 시대 말기 1860년에 일어난 사상이다. 동학 사상은 1906년 손병희에 의해 명칭이 천도교로 변경되었다. 동학혁명과 3·1운동의 사상적 기초가 되었으며 우리나라 유아교육사상의 큰 획을 긋기도 했다. 소파 방정환 등에 의해 어린이 문화운동이 전개되었고, 색동회 단체가 설립되었으며, 어린이날이 제정(1922)되었고, 동화와 동요가 보급되었다.

동학에서 바라보는 교육의 의미는 인간 존중의 인식과 이의 실천이다. 그래서 사람을 한울이라고 하는데, 이는 사람을 뜻하는 동시에 어린이를 일컫는다. 이는 어린이를 어른과 같이 다 함께 조화를 이루고 존중받으며 살아가야 할 존재로 인식하고 있는 것이다. 즉, 동학에서는 유아를 한울, 자유로운 존재로 보고 있다는 것이다. 그러므로 교육의 목적 역시 유아가 끊임없이 변화하고 성장하며 이를 받아들이는 일련의 과정을 통해 자신의 본성을 자각하고 그 본성을 발휘하도록 돕는 것이다. 결국 이러한 과정을 통해 자아가 확립되고, 바른 자아 확립을 통해 공동선을 향해 노력하여 협동하는 조화로운 세상을 만들어 가는 것이다.

이를 위해 동학 경전을 통해 인간 존엄성의 중요성을 알도록 하고 있다. 교육 방법으로는 스스로 혹은 타율에 의해서 깨우쳐 알도록 하며 깊이 생각하여 잊지 않도록 하며 경전을 암송하도록 하였다(문미옥 · 이혜상, 2003).

천도교, 즉 동학 사상에서 소파 방정환을 언급하지 않을 수 없다. 특히 우리나라 전통 유아교육에 있어서 체계적인 유아교육사상 자료가 부족한 상황으로 볼 때 방정환의 유아교육에 대한 업적은 오늘날 외국의 프로그램과 서양 교육사상가의 영향이 큰 가운데 시사하는 바가 크다고 할 수 있다. 임재택과 조채영(2000)은 소파 방정환의 유아교육사상이 갖는 현대적 의의를 다음과 같이 언급하고 있다.

① 소파의 유아교육사상은 아동 중심 교육사상으로, 이는 우리나라에서 자생한 천도교의 영향을 받은 것으로 교육사적 의의가 있다고 하겠다.

② 소파의 교육 목적이 현대 유아교육에 주는 시사점이다. 일제치하에서 민족의식 고취를 교육 목적으로 삼았지만 이와 함께 지(智) · 덕(德) · 체(體) · 정(情)을 고루 갖춘 전인적 인간을 키우고자 하였다. 오늘날의 유아교육이 특기교육, 영재교육, 조기교육 등으로 유아의 진정한 행복을 고려하지 않은 면이 점차 부각되어 가는 상황에서 소파의 교육 목적을 새삼 생각해 볼 필요가 있다는 점이다.

③ 교육 내용 측면에서 애국교육, 예술교육, 도덕교육을 강조하여 우리의 문화와 전통에 기반을 둔 전인적인 사람을 양성하고자 했다는 점이다.

④ 교육 방법이 주는 시사점을 들 수 있다. 자발성과 흥미를 통한 교육 방법, 실물과 감각을 통한 교육 방법, 놀이를 통한 교육 방법, 어른의 칭찬과 대화를 통한 교육 방법, 유아의 발달 수준에 맞는 교육 방법, 표현을 통한 교육 방법 등은 오늘날에도 강조되고 있는 교육 방법이다.

⑤ 부모와 교사의 역할이 주는 시사점이다. 소파가 살았던 시대는 성인 중심의 사회였음에도 유아를 위한 성인의 조력자, 안내자로서의 역할을 강조하였다. 오늘날은 아동 중심을 외치면서도 부모와 교사의 역할은 여전히 권위적이고 과

한 욕심으로 인해 유아의 전인적 발달에 걸림돌이 되고 있음을 소파의 사상을 통해 반성하는 계기가 되고 있다.

⑥ 소파의 출판물, 운동단체 및 예술문화운동을 통한 적극적인 실천이 현대 유아교육에 주는 의의이다. 내 아이뿐만이 아니라 우리 사회의 모든 유아들을 위한 사회적 운동은 공동체 의식이 옅어져 가는 현대사회에 시사하는 바가 크다고 하겠다.

이상과 같이 우리나라 유아교육사상의 큰 흐름을 살펴보았다. 이러한 고찰은 우리나라 유아교육의 정체성을 확립하는 데에 일조할 수 있을 것으로 보인다. 이미 생태유아교육에 대한 관심과 연구, 실천이 이를 잘 나타내고 있음을 보여 준다. 다만 세계화가 되어 가는 사회의 흐름 속에서, 유아들을 어떤 사람으로 양성할 것인가를 다각적으로 고민함에 있어서 우리나라와 서양의 유아교육사상을 면밀히 검토하는 노력은 꼭 필요한 일이다.

03 서양의 유아교육사상

1) 고대, 중세의 유아교육사상

고대에는 성별과 계층에 따라 다른 교육을 받았다. 이 시대에는 개인과 개인의 관계성이 매우 연대감 있게 형성되어 있어 공동체의 중요성이 강조되었다. 고대 그리스의 유아교육은 독립성이 강하고 엄격한 연대감으로 유아를 교육했던 스파르타 교육과 조화롭고 놀이가 중시되었던 아테네의 유아교육, 정치·경제의 안정으로 아이들의 인격 형성에 좋은 영향을 미친 로마의 유아교육으로 나누어 볼 수 있다. 이 시대의 교육사상가로는 우리가 자주 언급하는 고대 그리스의 소크라테스(Socrates),

플라톤(Platon), 아리스토텔레스(Aristoteles)를 들 수 있다.

중세는 서로마 제국이 멸망하던 때(476년)부터 르네상스 운동이 전개되기 전까지를 일컫는다. 로마의 쇠퇴 속에서 많은 로마인들은 중세의 기독교 사상에서 정신적 위안을 받고자 했고, 이러한 사회적 배경은 모든 지식은 신으로부터 온다는 믿음에 기반을 두고 유아교육 역시 신을 중심으로 전개되었다. 교회와 수도원을 중심으로 유아의 교육이 행해졌으며 기사도 정신을 배양하는 것이 교육 내용이 되기도 했다. 팽영일(2003)은 중세의 유아교육에 나타난 아이들을 신의 아이들, 기사의 아이들, 시민의 아이들과 같이 표현하고 있다.

중세에는 유아기 인간 형성의 시기에 성직자에 의한 신앙 교육을 바탕으로 한 교육이 주로 행해졌다. 당시의 아이들은 빈부의 차이에 구애받지 않고 당시 최고의 교양인이었던 성직자들로부터 가장 이상적인 신앙 교육과 일반 교육을 받을 수 있었다(팽영일, 2003). 성가와 라틴어를 읽고 쓰는 교육이 이루어졌는데 이에 대해서는 순수한 인간 형성을 위한다는 긍정적인 평가가 있는 반면, 아동에 대한 이해가 없고 아동을 성인의 축소판으로 여기고 있다는 부정적 평가의 관점도 있다.

중세에는 아이들의 놀이에도 기사도 정신이 가미되었다. 아이들을 신사·숙녀 교육에로 인도하여 천국과 지상에서 봉사할 수 있는 경건하고 용기 있는 인간을 기르고자 했던 것이다(팽영일, 2003). 또한 중세에는 상업 교역이 활발해지면서 시민생활이 다양해졌고 이에 따라 읽기, 쓰기, 셈 등의 소양이 요구되어, 신흥 시민 계층의 아이들은 매우 현실적인 교육 환경을 갖게 되었는데, 유아교육에도 현실주의나 합리주의가 반영되지 않을 수 없었다(팽영일, 2003).

2) 근세 실학주의에서의 유아교육사상

실학주의(realism)는 실생활에 유용한 인물을 양성하려는 움직임이다. 이의 교육사상적 특징은 현실 생활에 필요한 구체적이고 실제적인 학습을 중시하는 것이다. 실학주의가 대두되게 된 사회적 배경은 코페르니쿠스(Copernicus)와 갈릴레이

(Galilei)가 지동설(地動說)을 입증함으로써 새로운 세계관이 성립되었고 이로써 자연과학과 경험주의 사상이 발달하게 된 점을 들 수 있다.

실학주의에서는 교육의 목적을 실용성에 두고 합리적인 인간을 길러 내는 것을 중요시하였다. 교육 내용 역시 인간과 관계되는 구체적 사물과 실물 교육을 강조하였다. 시청각 교육이 사용되어 새로운 교수법이 실시되기도 했는데 이는 교육 방법에 있어서도 관찰하고 실험하는 등 경험을 중시하게 되었기 때문이었다.

르네상스 시대와 종교개혁 시대를 거쳐 나타난 것이 실학주의이다. 실학주의는 실용성을 교육의 목표로 하며, 구체적인 사물에 대한 지식을 다루고 자연과학을 중시하고 시청각 교재를 활용한 교수 방법과 학습자 능력에 적합한 교육과정 운영을 주장했다. 이에 대표되는 교육사상가는 코메니우스(Comenius)와 로크(Locke)이다.

(1) 코메니우스

J. A. Comenius

코메니우스(Comenius, 1592~1670)는 지금의 체코슬로바키아에서 태어나 16세에 라틴어 학교에 입학, 헬보른 대학에서 학업을 했다. 대학 졸업 후 라틴어 교사가 되었으며 1616년에는 보헤미아 동포 교단의 목사로 임명되었다. 스페인과의 전쟁, 종교적 박해로 코메니우스는 폴란드의 한 도시 리사(Lissa)로 망명하여 이 무렵부터 교육학에 관해 연구하기 시작하였다.

코메니우스의 대표적인 저서로는 『대교수학』(1632)과 『세계도회』(1658)가 있다. 『대교수학』은 교육에 관하여 조직적으로 논술된 '세계 최초의 교육학 저서'이다. 『대교수학』에는 '모든 사람에게 모든 것을 가르치는 보편적인 기술'이라는 부제가 붙어 있다(이은화 외, 2001). 이 책에는 인간의 교육 기간을 출생에서부터 24세까지로 잡고, 이를 유아기(출생~6세), 아동기(7~12세), 소년기(13~18세), 청년기(19~24세)의 네 단계로 나누어 시기별 교육 내용을 제시하였다(교육고전문헌연구회 편, 1973). 이 중 유아기를 어머니의 무릎학교라고 칭하며, 일상생활이나 사물에 관한 기초 지식, 도덕적 습관, 신앙에 관한 기초 지식을 주요 교육 내용으로 하였다.

코메니우스의 교육 방법은 크게 세 가지로 요약된다.

첫째는 합자연의 원리로, 자연의 질서에 따라 학습하는 원리이다. 이는 가르치는 일은 자연과 같이 적절한 시기를 고려하라는 의미로 아동 발달 단계를 따라야 함을 말한다. 또한 쉬운 것에서 어려운 것으로 가르치고, 사물을 먼저 보이고 언어적 사용은 그 후에 이루어지도록 하는 것, 그리고 자연은 비약하지도 중단하지도 않으므로 학습 역시 기초 학습이 다음 학습에 영향을 끼치는 점을 유념하도록 했다.

둘째는 직관의 원리이다. 즉, 직접적 사물을 통한 교육이 이루어지도록 했다.

셋째는 훈육의 원리이다. 이때의 훈육은 객관적 자연주의 정신에 입각한 훈련으로 스스로 이겨내는 힘을 기르는 것을 의미한다. 교사는 사랑과 온정으로 아동을 대하되 충고와 질책이 필요함을 강조하였다.

코메니우스는『대교수학』이외에도『세계도회』를 저술하였는데, 이는 세계 최초의 그림이 든 교과서로 시청각 교육의 선구적 역할을 하였다.

(2) 로크

J. Locke

로크(Locke, 1632~1704)는 영국에서 태어나 옥스피드, 그라이스트 처어치 칼리지(Christ Church College)에 입학하여 철학, 정치, 종교를 배웠다. 그는 다양한 경력을 가진 인물로서 외교관 비서, 가정교사, 의사로 일했고, 정치인, 저술가로도 활동했다. 대표적 저서로『교육에 관한 고찰』,『인간 오성론』등이 있다. 그의 사상은 경험주의로, 지식은 일차적으로 인간의 감각 경험으로부터 나오는 것이라는 견해로 요약될 수 있다(양옥승 외, 2003: 재인용). 지성을 백지(tabula rasa)로 묘사하고 있으며 이러한 백지설은 인간 본성의 선함 또는 악함이 출생시에 결정되어 태어나는 것이 아니라 후천적인 경험을 통해 형성된다는 학설이다. 따라서 인간의 지식 획득은 외부세계, 즉 물리적·사회적 환경으로부터 오는 것이지 선험적인 정신이나 영혼으로부터 유래하는 것이 아니라는 것이다(한국유아교육학회,

1996). 학습과 경험에 대한 로크의 이러한 생각은 유아기 교육의 중요성을 강조하는 데 많은 영향을 주었고, 인간 학습에서 유전적 요인보다 환경적 경험을 더 강조하게 하였다.

로크는 교육의 궁극적인 목적을 사회적으로 유능한 신사를 키워 내는 것으로 보았다. 그러기 위해서는 지·덕·체 모두 중요하다고 보았고, 그중에서도 체육을 중요하게 여겨, 라틴어 속담을 인용해 "건전한 신체에 건전한 정신이 깃든다"(신득렬 외, 2005: 재인용)라고 주장했다. 이는 신체가 마음과 정신건강의 기초가 됨을 의미하는 것이라 할 수 있다. 또한 신사가 되기 위해 덕과 지혜, 예의, 학문을 겸비해야 한다고 주장했는데 특히 덕을 제1요소로 생각했다. 덕을 성취하게 되면 다른 요소들을 성취하기 쉽다고 생각했기 때문이다. 이 외에도 신사가 되기 위한 교과로 읽기, 쓰기, 그리기, 언어, 시 짓기와 감상, 산수, 지리, 역사, 논리학, 수공예, 레크리에이션, 부기, 여행 등을 제시하였으나 이러한 교과목을 모든 계층에서 배울 필요는 없다고 생각했다. 즉, 부유한 계층의 자녀들을 염두에 두었던 것이다. 그리하여 로크의 교육사상은 귀족주의적이며 교사 중심적이라는 비판을 받기도 했다.

유아의 교육에서는 심신의 조화로운 발달을 강조하여 유아기의 바른 습관을 통해 바른 정신이 형성된다고 보았다. 그러기 위해 부모는 이성적인 사랑을 지니고 일상생활에서 모델링을 해 주고 엄격한 규율하에 유아를 훈련시켜야 한다고 했다. 보상과 벌에 대해서도 주의할 것을 당부하였는데, 특히 물질적 보상, 체벌, 협박 등은 노예적 근성을 키우므로 절대로 사용해서는 안 된다고 하였다(이은화 외, 2001).

또한 지식교육은 정신 훈련이 이루어진 후에 하도록 하고 고전(그리스어나 라틴어 등)에 편중되지 않고 장래에 필요한 지식을 주어야 하며, 유아가 글자가 적힌 주사위나 놀잇감을 가지고 놀면서 읽기를 배울 수 있도록 권유함으로써 오늘날 학습이론의 기초를 제공하기도 했다.

3) 계몽주의의 유아교육사상

계몽주의는 17~18세기에 걸쳐서 군주 권력이 강대해지면서 전제정치, 절대주의가 확립된 사회제도에 절대왕정의 구속과 억압을 제거하고 민주주의를 확립하기 위해 전개된 정치적·사회적·교육적 운동을 일컫는다. 계몽(啓蒙)이란 '꿈에서 깨어난다'는 의미이다. 구태의연한 관습, 무지, 편견, 권위와 같은 모든 전통의 구속이나 속박에서 벗어나서 이성과 지성을 통한 지적 수준을 고양시키려는 사상이다. 학문, 종교, 도덕 등을 비판하고 개선하기 위해, 신앙을 탄압한 종교적 권위주의에 도전하였고, 자유와 인권 회복을 위해 사회적 불평등을 야기시키는 잘못된 제도와 정치적 전제주의에 저항했다. 이러한 계몽주의는 정치적 혁명 운동과 사회개혁 운동으로 나타났다.

계몽주의 사상은 크게 두 가지로 특징을 요약할 수 있다(신득렬 외, 2005). 첫째, 계몽주의사상은 합리주의를 추구한다. 합리주의는 이치에 맞게 생각하고, 이치에 맞게 생각하게 하는 이성을 중시한다. 이성 또는 지성의 힘으로 사회 발전을 도모하고 역사를 발전시킬 수 있다고 믿는 것이다.

둘째, 계몽주의 사상은 자연주의를 지향한다. 계몽주의 사상가들은 자연법사상에 따라 인간은 본디 자유롭고 평등한 존재라고 주장하였다. 그리하여 한 개인이 타인에 의해 부당한 처우를 받거나 인권에 반하는 일은 없어야 한다고 주장한다. 몽테스키외(Montesquieu)는 『법의 정신』에서 삼권(입법, 사법, 행정) 분립의 근거를 마련하고자 했다. 루소(Rousseau)는 『사회계약론』에서 국민이 최고의 주권자로서 이 주권은 양도될 수 없음을 천명하기도 했다.

계몽주의는 교육에도 많은 영향을 주었는데, 교육을 통해 계몽정신을 깨우칠 수 있을 것으로 믿었다. 교육을 통한 이성, 지성의 힘을 길러 앞서 언급한 그릇된 일련의 제도를 비판하고 합리적으로 생각하고 행동할 수 있을 것이라 믿었기 때문이다. 그리하여 이성적 인간을 양성하는 것을 교육의 목적으로 생각했다. 이러한 이성, 지성의 능력을 키우기 위해서는 철학, 자연과학, 경제, 미술, 문학, 예법을 배울 것을 주장했다. 철학은 가장 중요한 학문으로 합리적인 능력을 기르기 위해 적합한 것으로 보았다.

계몽주의 교육사상에 영향을 준 사상가로는 볼테르(Voltaire), 흄(Hume), 칸트(Kant), 루소(Rousseau) 등을 들 수 있다. 칸트는 철학자로 널리 알려져 있지만 교육에 대한 관심도 컸다. 칸트는 계몽주의 사상을 대표하는 철학자로서, 자율성을 강조한 사상가이다. 자율성이란 인간은 자신의 이성에 의해 외부의 도움 없이도 지식과 행동의 원리들에 의해 살아갈 수 있음을 의미한다. 칸트 자신이 평생 경건하고 성실하게 살았기 때문에 '근대의 소크라테스' 라고 불리기도 한다(신득렬 외, 2005). 칸트는 전문적인 교육사상가는 아니었지만 1803년에 『교육론』을 집필함으로써 교육에 관한 관심을 드러내기도 했다. 이 외에도 『순수이성 비판』, 『실천이성 비판』, 『판단력 비판』과 같은 저서가 있다.

우리가 계몽주의 교육사상에서 관심 깊게 연구해야 할 사상가는 루소이다. 자연주의로 대표되는 루소의 사상, 교육사상, 그리고 그의 대표 저서인 『에밀』을 소개하면 다음과 같다.

(1) 루소

J. J. Rousseau

18세기는 철학적으로는 이성과 합리성이 지배한 시대였으며, 교육사적으로는 자연주의 교육사상이 주류를 이룬 시기이다. 자연주의 교육은 자연에 일치하는 교육으로, 자연의 법칙을 교육에 적용·응용한다는 것이다. 또한 인위적인 교육이 아닌 자연에로 돌아감을 의미하며, 인간의 자연스런 본성을 최대로 드러내게 하는 교육을 의미한다. 그러기 위해 성인의 간섭은 최소화되어야 한다고 생각했다. 루소(Rousseau, 1712~1778)는 교육의 중심을 교육자, 교과, 지식에서 학습자, 생활, 경험으로 전환하려고 노력하였다. 루소는 인간의 내면에 잠재되어 있는 자연적인 감정을 중요시하고 인간의 선천적 본성을 사회의 모든 악으로부터 보호하는 자연주의 교육을 강조하여 이를 통한 이상사회를 건설하고자 하였다. 그래서 교육을 어떤 외적인 것에 의해서 어떠한 형의 인간을 형성해 가는 조형적 교육이나 주입식 교육으로 보지 않을 뿐만 아니라 교육을 무(無)에서 유(有)로 변화하는 과정으로도 보지 않았다. 혹자는 이러한 루소의 교육을 소극적 교육 이론으로 평가하기도 한다.

루소는 스위스 태생으로, 18세기를 대표하는 위대한 교육사상가로 손꼽힌다. 정치사상을 담고 있는 『사회계약론』(1762)과 교육소설 형식의 『에밀』(1762)은 루소의 주요 작품이다. 특히 『에밀』은 루소의 교육사상을 거론할 때 자주 인용되곤 한다. 그는 이 책을 통해 교육개혁을 통한 사회개혁의 의지를 표하고 있다. 『사회계약론』과 『에밀』을 통해 볼 때, 루소는 사회의 악한 요소로부터 인간을 해방하기 위해서는 아동을 타락한 사회보다는 자연 속에서 키워야 한다고 생각했다. 그래서 자연, 인간, 사물에 의한 교육으로 학습자의 천부적인 능력을 자연적으로 발달시킨 자연인을 형성하려고 하였다(박준영, 1999). 이러한 교육 목적을 달성하기 위해 루소는 다음과 같이 말하였다.

> 우리는 누구나 자연, 인간, 사물, 이 세 스승에 의해서 교육된다. 이 세 가지의 각각 다른 가르침이 서로 모순된다면 제자는 그릇된 교육을 받을 것이며 … 이 세 교육이 모두 일치되어 같은 목표를 지향할 때, 그 학생은 자기 목표를 향해 정진할 수 있고 그 결과 원만한 삶을 살아가게 된다(박준영, 1999: 재인용).

루소가 말하는 좋은 교육의 본질은 학습자의 자연성과 자주성을 바탕으로 한 교육이다. 그러므로 교육은 진리나 지식을 가르치는 일로 보는 것이 아니라 그것들을 발견할 수 있도록 도와주는 일이며 발견하는 방법을 알 수 있도록 하는 일이다. 즉, 교육의 목적은 앞서 언급한 자연인, 인간성의 완성을 의미한다. 여기에서의 자연인, 인간성의 완성은 다음과 같이 구체적으로 해석될 수 있다(박준영, 1999).

첫째, 개인이 타고난 권리가 유지되는 자연적 상태이다.

둘째, 개인의 소박한 취미와 욕구가 보존되는 자연적 상태이다.

셋째, 개인의 선천적 욕망과 흥미가 제한되거나 방해받지 않은 자연적 상태이다.

넷째, 개인의 자유가 상실되지 않은 자연적 상태이다.

다섯째, 상류 사회의 인위적인 학문에 물들지 않은 자연적 상태이다.

또한 자연인은 사회인의 반대적 개념이기도 하다. 여기서 사회인은 전통적 사회에서 관습이나 특수 목적을 위해 교육받은 제약된 사람을 의미한다.

루소는 자연인 양성을 교육의 목적으로 두면서 이를 위한 교육 내용 역시 전통적인 서적 대신 감각, 신체와 관련된 활동에 중점을 둘 것을 주장했다. 유아에게 강조하는 교육 역시 달리기, 뛰기, 등산, 수영 등의 신체적 활동과, 학습자의 감각적 분별력을 위해 실제로 사물의 수를 세고 무게를 달아 보는 것, 거리를 측량하고 그림을 그려 보며, 직접 노래를 불러 보는 것 등이었다. 언어와 그림의 내용도 유아가 자신의 생각을 자유롭게 표현하는 방법으로 중요하게 생각했다. 그의 교육사상을 대표하는 『에밀』은 총 5부로 구성되어 있다. 이를 표로 나타내면 다음과 같다.

표 2-1 『에밀』의 구성

발달 단계별 시기	연령	교육 내용 및 강조점
제1부 유아기	0~5세	• 주변 사물과 사람들을 모방하고 반응하는 법을 배우는 시기임 • 가능한 한 많은 자유를 주도록 할 것 • 신체교육에 중점을 둠 • 어머니의 역할 중요: 타인에게 맡기지 말고 어머니의 직접 교육 강조 • 유아의 조기 언어교육 반대
제2부 아동기	6~12세	• 감각기관의 훈련에 주력: 감각과 지각은 이성과 도덕성 발달의 기초가 됨 • 체벌, 위협, 칭찬 등을 통한 인위적인 교육에 반대 • 지나친 관대함이나 엄격함 모두 피할 것을 주장함 • 언어 습득과 오감 발달의 주요 시기: 책을 통해서가 아닌 직접 경험을 통한 배움 강조

발달 단계별 시기	연령	교육 내용 및 강조점
제3부 소년기	13~15세	• 지식을 배우는 시기 • 스스로 사물을 접해서 발견하고 판단력 배양하도록 함: 자기 활동의 학습법 강조 • 학문은 배우는 것이 아니라 창조하는 것이므로 많은 것을 가르치기보다 정확하고 명백한 관념들을 깨우치도록 함
제4부 청소년기	16~20세	• 인간관계와 사회제도에 대해 배우기 시작하는 시기 • 정열이 발달하는 시기로 적절히 통제하지 않으면 합리적 판단과 자제력을 잃기 쉬움 • 따라서 종교교육과 도덕교육이 이루어져야 함
제5부 성인기	21세~	• 에밀의 배우자가 될 소피(Sophie)의 교육과정과 결혼생활에 대해 다룸 • 루소의 이상적인 여성관과 여성교육관이 드러나 있음 • 이상적 여성상: 건강한, 근면한, 온유한, 아름다운, 존경받는, 미덕을 사랑하는 여자를 말하며, 기지, 통찰력, 섬세한 관찰력도 겸해야 한다고 보았음

『에밀』에서 유념해서 볼 부분은 유아기와 아동기이다. 루소는 유아가 출생하는 순간부터 교육이 이루어져야 함을 다음과 같이 언급한다.

> 인간의 교육은 태어나면서부터 시작된다. 말하고 알아듣기 전에 이미 교육은 시작된 것이다. 경험은 배움에 앞선다. 아이가 자기 유모를 알아볼 때는 이미 많은 것을 배운 뒤이다(박준영, 1999: 재인용).

그리하여 루소는 유아 때부터 자유로운 신체교육을 통해 만져 보고 접촉하는 교육을 중요시한다. 그렇게 하기 위해 유아의 활동을 중요하게 여겨야 하며 유아의 활동에 방해되지 않도록 해야 한다. 강한 신체교육을 하되 그 방향은 자연의 원리를 따르면서 해야 하는 것이고, 그렇게 할 때 앞으로의 삶에서 어려움을 만나도 대처할 수 있다고 주장한다. 즉, 루소는 유아의 생명이나 건강을 위태롭게 하지 않는 범위 내에서 신체를 단련시킬 것을 강조했다(박준영, 1999).

6~12세에 이르는 아동기 교육의 과정 역시 감각적 흥미를 중요시했다. 특히 감각과 지각은 이성과 도덕성 발달의 기초가 된다고 보았고, 사물에 대한 감각은 모든 지식의 자료이며, 사물을 지각함으로써 관념을 형성하는 것이라 하였다. 그래서 눈과 손, 발이 최초의 교사라고 하였다. 또한 아동기에는 말을 통한 교훈보다도 경험을 통한 교훈을 받도록 해야 한다고 주장했는데 처벌, 질책, 명령과 같은 인위적인 벌보다 자연적인 벌을 사용할 것을 권한다. 아래의 글은 자연적인 벌에 대한 개념을 잘 설명해 주고 있다(박준영, 1999).

> 아이가 좋아하는 가구를 부수었을 때는 서둘러 다른 가구를 갖다 주지 말고, 그것이 없어져서 받는 불편을 깨닫도록 해야 한다. 아이가 자기 방의 창문을 깨뜨리거든, 바람이 밤낮으로 들이치도록 내버려 두라. 아이가 당신에게 끼치는 불편에 대해 투덜대지 말고, 아이가 먼저 불편을 느끼게 해 주라(박준영, 1999: 재인용).

아이를 존중하되 어른은 더 큰 안목으로 볼 수 있어야 함을 의미한다. 교사나 부모의 역할에 대한 태도를 엿볼 수 있는 대목이기도 하다. 그렇다면 이러한 교육 내용을 어떤 방법으로 실천할 수 있는가? 루소의 교육 방법에 대해 살펴보자.

루소가 주장하는 교육 방법은 크게 다섯 가지로 요약된다.

첫째, 자연 중심 교육 방법이다. 합자연의 원리라고도 하는데, 인간의 발달 단계에 맞는 교육으로 인간 내부의 자연성에 맞는 교육을 해야 한다는 것이다. 그래서 교사의 임무는 유아를 억지로 교육시키는 것이 아니라 유아가 자연의 질서를 따르도록 지도하는 것이다.

둘째, 소극적 교육 방법이다. 이 원리는 교사 활동의 적극성을 최대한 줄이고 유아의 자연적 활동을 최대화하라는 것이다. 그래서 학습자의 입장에서 보면 오히려 적극적인 교육 방법이라 할 수 있다.

셋째, 유아 생활 중심 교육 방법이다. 유아에게 미래를 위한 준비가 아닌 현재 생활 그 자체를 위한 생활교육을 해야 함을 의미한다. 올바른 교육은 올바른 유아교육에서 출발해야 한다는 것으로 유아기 매 순간의 생활 그 자체가 절대적 가치와 의미를 지닌다는 것을 강조한 것으로 볼 수 있다.

넷째, 직관 중심 교육 방법이다. 실물을 통한 감각교육을 통해 학습자 내부의 자발적인 발달을 도모할 수 있다. 직관은 외부세계와 접촉하여 감각적 경험을 통해 지식을 획득하는 방법이다. 이는 감각을 우선시하고 사실과 사물을 중요시함으로써 현재의 경험, 실제의 경험, 나아가 생활의 경험을 존중하는 입장으로 발전하게 된다. 그러므로 직관 중심 교육에서는 경험이 중요시된다.

다섯째, 사회 중심 교육 방법이다. 루소는 궁극적으로 문명 상태의 자연인을 기르고자 했다. 즉, 사회 속에 살면서 사회의 속박을 받지 않고 자주적으로 생활할 수 있는 인간을 만드는 것이다. 자연인이라고 해서 원시 시대의 야만 상태로 돌아가는 자연인을 의미한 것은 아니라는 것이다. 자기 자신만의 자유와 행복을 추구하는 자연인이 아니라 새로운 문화에 의해 길러진 자연인이 사회의 일원으로 임무를 다하여 이상사회를 건설하고자 했던 것이다.

이상으로 루소의 교육사상을 살펴보았다. 그의 교육사상은 오늘날의 유아교육에 많은 시사점을 주고 있다. 인간성 회복을 위해 유아기 그 자체에 절대적 가치를 부여하는 것, 지식 중심의 유아교육에서 진정한 자연인으로 유아를 바라볼 필요성을 제기한 점, 주입식 방법이 아닌 유아의 적극적·자발적 교육을 강조하는 소극적 교육 방법 등은 한국의 유아교육 현장을 다시금 돌아보게 한다.

4) 신인문주의의 유아교육사상

신인문주의는 19세기 철학과 문학의 낭만주의적 사조가 교육에 반영된 사상체계이다. 신인문주의자들은 18세기의 합리적인 교육론이 이성과 지성의 계발 및 도야를 지나치게 강조함으로써 절름발이 인간을 길러 냈다고 비판하면서, 지(知)·정(情)·의(意)를 고루 겸비한 전인을 길러 내야 한다고 주장했다(신득렬 외, 2005). 신인문주의자들은 인간 발달에 적합하도록 교육과정을 개혁하였는데, 그들에게 있어서 교육이란 외부에서 성인의 표준에 아동을 맞추는 것이 아니라, 내부에서 아동의 내면세계를 계발해 내는 것이었다.

신인문주의 교육사상가로는 페스탈로치(Pestalozzi), 헤르바르트(Herbart), 프뢰벨(Fröbel) 등이 있다. 여기서는 자세히 다루지 않지만 헤르바르트는 당시 주변 학문으로 푸대접받아 온 교육학을 근대적 의미의 학문으로 체계화한 교육학자로서 그 공헌을 인정받고 있는 저명한 철학자이다.

(1) 페스탈로치

J. H. Pestalozzi

페스탈로치(Pestalozzi, 1746~1827)는 교육이론가라기보다는 교육실천가이다. 고아들의 아버지로 널리 알려져 있는 그는 스위스에서 태어나서 과보호로 자라 부끄럼이 많고 내성적이었다고 전해지고 있다. 루소가 『에밀』에서 주장한 인간의 선한 본성을 믿었으며, 이를 평생 그의 신념으로 지킬 만큼 큰 감명을 받았다. 1774년 노이호프(Neuhof)에 학교를 세워 운영하였는데, 학생의 대부분은 고아와 가난한 이들의 자녀들이었으며, 이후에 학교 운영은 실패하였으나 어린이는 집단 속에서 효과적으로 학습해야 한다는 것을 발견했다(신득렬 외, 2005).

그는 교육의 본질은 인간의 본성을 계발하는 데 있다고 보았다. 그래서 모든 교육활동은 인간의 본성을 전개해 가는 것에 집중되어야 한다고 보았으며, 루소의 자연주의, 직관주의에 영향을 받아 모성애에 의한 유아기의 교육을 중요하게 생각하였다. 페스탈로치가 생각한 교육 목적은 전인교육이다. 특히 3H의 조화로운 발달을 주장했는데, 머리(정신: Head)·가슴(마음: Heart)·손(기술: Hand)이 바로 그것이다. 머리의 발달을 위해서는 실물학습이 필요하다고 보았고, 손을 발달시키기 위해서는 노작교육이 필요하며, 가슴을 발달시키기 위해서는 가정교육이 필요하다고 생각했다(신득렬, 2005). 가정은 사랑을 실천할 수 있는 가장 중요하고도 적합한 장소라고 보았다. 아울러, 좋은 교육 내용과 체계적인 교육 방법이 있다 하더라도 사랑이 없으면 참된 교육을 할 수 없다고 보았다.

페스탈로치가 실천한 교육 원리는 합자연(合自然)의 원리이다. 나토르프(Natorp)는 합자연의 원리를 5가지 원리로 발전시켰다(심성경 외, 2009: 재인용).

첫째, 자발성의 원리이다.

주입식의 교육이 아니라 학습자 내부에 깃든 자연적인 힘을 스스로 잘 발전시켜 나가도록 하는 것이다. 자기 활동적인 방법, 자율적인 교육 방법을 중시하게 된다.

둘째, 단계의 원리이다.

인간의 발달은 일정한 단계를 거치는데, 교육 역시 이러한 단계를 거쳐서 이루어져야 한다. 도덕성의 발달 단계도 규범적 의식 없이 행동하는 무율의 단계, 타인의 명령이나 관습 제도에 의해 행동하는 타율의 단계, 마지막으로 스스로의 규범에 의해 행동하는 자율의 단계를 거친다. 교육을 한다는 것은 이 마지막 단계에 이르게 돕는 것이다.

셋째, 직관의 원리이다.

교육에 있어서 구체적 사물을 접하고 실제로 일을 행하고 효과를 거둘 수 있는 솔선수범, 작업, 노동 등을 중시하는 직관교수의 노작교육을 강조했다.

넷째, 조화의 원리이다.

인간은 정신, 마음, 기술력의 기본적인 세 가지가 상호 균형과 조화적 발달을 도모해야 한다.

다섯째, 개인과 사회의 조화의 원리이다.

개인의 도야는 사회에서 이루어지고 사회의 개선은 개인의 향상을 통해 이루어질 수 있다. 개인과 사회는 주종관계가 아닌 협동의 관계여야 함을 의미한다.

페스탈로치는 학교 운영에 있어서는 실패했지만, 그럼에도 불구하고 그의 교육에 대한 열정과 신념은 유럽과 미국의 교육사상가 및 실천가들에게 많은 영향을 주었다. 특히 보통교육에 대한 열정, 즉 빈민학교, 가정교육, 노작교육, 고아교육 등의 발전에 많은 영향을 주었고, 교사가 되려는 이들에게는 사랑을 기반으로 한 교육행위의 중요성을 일깨워 주었다고 할 수 있다.

(2) 프뢰벨

F. W. A. Fröbel

프뢰벨(Fröbel, 1782~1852)은 1782년 독일의 오버바이스바흐(Oberweissbach)에서 태어났다. 아버지는 학식과 덕망이 높은 목사였으나, 출생 후 9개월 만에 어머니를 여의었던 탓에 우울한 어린 시절을 보냈다. 10세 때에 외삼촌의 집에서 거주하면서 안정을 되찾기 시작했다. 주로 자연을 벗삼아 지낸 유년 시절은 이후 그의 교육사상에 많은 영향을 주었다. 예나 대학에서 자연과학과 공학을 전공했고 건축을 공부하던 중 페스탈로치를 만나 2년간 많은 것을 배웠다. 페스탈로치의 높은 인격과 교육정신에 감명을 받고 자신도 교육자가 되기로 결심하고 괴팅겐 대학에서 화학, 물리학, 광물학, 자연철학 등을 배우고 다시 베를린 대학에서 광물학을 공부했고(이은화 외, 2001) 그곳에서 교육에 대한 꿈을 키우게 된다.

1816년 '일반 독일연구소'를 세우고, 페스탈로치에게서 배운 '합자연' 교육을 실천하고자 했다. 1826년에는 이 기관을 알리기 위해 『인간의 교육』을 저술했다. 프뢰벨은 스위스의 부르크도르프 고아원장을 지내는 동안 유아기의 교육에 대한 중요성을 깨닫고 1836년 '자기교수 자기교육으로 이끄는 직관교수 학원'을 설립했다. 이곳에서는 유아 교구를 제작하기도 했고 '유희와 작업 교육소'를 세워 유아들을 가르쳤다. 1840년 숲 속을 산책하던 중 '어린이 정원(Kindergarten)'이라는 말이 떠올라 '유희와 작업 교육소'를 '어린의 정원', 즉 유치원으로 이름을 바꾸었다(이은화 외, 2001). 이곳에서 프뢰벨은 유아들이 사용할 많은 교구를 제작했는데, 기하학적인 형태를 이용해 은물(恩物: Gift)을 개발하였다. 1852년 프러시아 교육장관 라우머는 이 유치원이 전통적인 가치를 무시한다는 이유를 들어 폐쇄하기에 이른다. 프뢰벨은 그해 타계했다(신득렬 외, 2005). 이후 프뢰벨의 교육사상은 미국에 전해져 1855년 숲

츠(Schurtz)에 의해 위스콘신 주 워터타운에 미국 최초의 유치원이 세워졌다.

프뢰벨 교육사상의 기본 개념은 통일성이다. 프뢰벨은 만물에는 하나의 법칙이 있다고 생각했고 이 법칙이 삶에 작용하고 지배한다고 믿었다. 이렇게 하나의 법칙으로 설명되는 통일성의 근원은 바로 신이다. 모든 것은 신에게서 나왔고 신에 의해 제약받는다. 그래서 프뢰벨이 생각하는 교육이란 인간으로 하여금 사고하고 이성적으로 행하며 스스로 인식하도록 이끌어 주는 내재적 법칙, 즉 신적인 통일성을 자유롭게 표현하도록 방법과 수단을 가르치는 것이라고 보았다. 그러므로 교육의 목표는 신의 존재를 받아들이고 이를 표상하고, 신과 인간의 통일·통합을 이루는 것이라고 생각했다.

프뢰벨은 페스탈로치의 이론을 발전시킨 교육사상가로서 청소년보다 유아들의 교육에 관심을 더 가졌는데, 이는 인간의 선천적 능력은 유아기에 더 잘 계발될 수 있다고 판단했기 때문이다. 교육 내용은 자기 표현 활동을 할 수 있는 유희, 공작, 노래, 언어, 율동, 그림 등을 강조하였으며 수공과 유희를 자기표현의 가장 가치 있는 교육으로 보았다. 자기 활동은 놀이를 의미한다. 놀이는 유아가 자신의 신성을 표현하는 창조적이고 자발적인 활동이므로 교육적 가치를 인정하고 그 기능과 중요성을 강조했다.

프뢰벨의 교구는 은물과 작업(occupation)으로 나눌 수 있다. 은물 중 제1은물에서 제5은물까지는 프뢰벨의 생전에, 제6은물에서 제10은물까지는 프뢰벨의 사후에 나타났다. 프뢰벨은 은물에 많은 의미를 부여했는데, 은물의 구성과 추구하는 의미는 다음과 같다(이기숙 외, 2003).

① 제1은물

- 통일성과 완전성을 상징
- 색 털실로 입힌 6개의 공(빨강, 노랑, 파랑, 주황, 초록, 보라)

② 제2은물

- 나무로 만든 공, 원기둥, 정육면체로 구성
- 구, 원주, 입방체는 모든 형태의 기본으로서 기본적인 사물의 특성 이해에 도움을 줌
- 평면, 측면, 꼭지점, 각 등의 지식과 형태, 위치, 크기 등에 의한 상호 간의 차이 이해

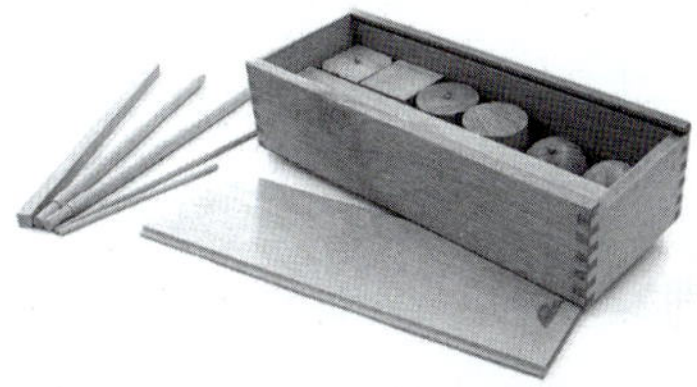

③ 제3은물

- 8개의 작은 정육면체(각 변의 길이 3㎝)
- 사고력, 상상력, 수 개념, 미적 감각, 창의력 신장을 목적으로 함

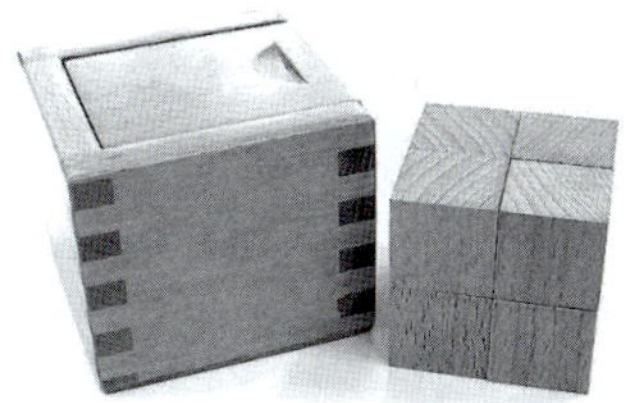

④ 제4은물

- 8개의 직육면체(각 변의 길이 3㎝, 6㎝, 1.5㎝)
- 서로 다른 면과 모서리를 가졌고 쌓는 방법에 따라 다양한 형태를 만들 수 있음
- 사고력과 상상력을 기르게 함

⑤ 제5은물

- 작은 정육면체(각 변 3㎝) 21개, 큰 삼각기둥(정육면체를 대각선으로 자른 것) 6개, 작은 삼각기둥(큰 삼각기둥 밑면을 직각으로 이등분) 12개
- 홀수와 짝수가 섞여 있음
- 지적·정신적 발달을 도모하는 데 적절함

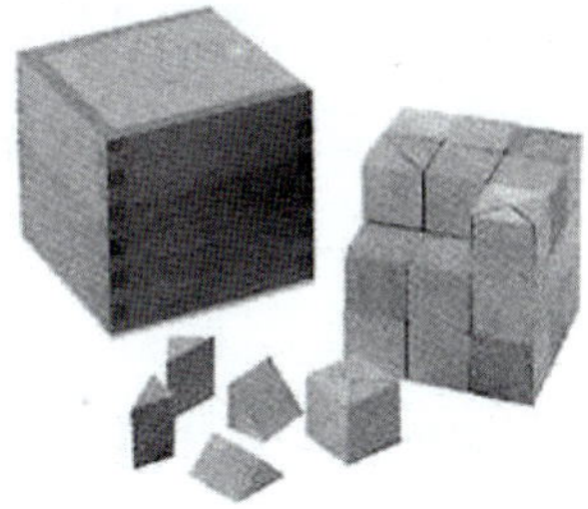

⑥ 제6은물

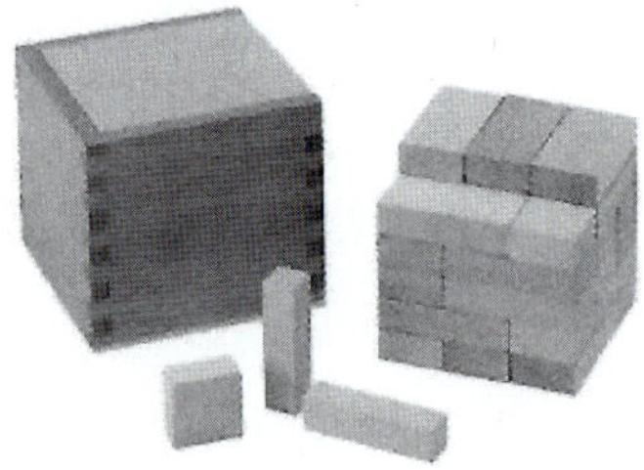

- 36개 직육면체로 구성
  큰 직육면체(각 변 3㎝, 6㎝, 1.5㎝) 18개, 가로·세로 2등분한(각 변 1.5㎝, 높이 6㎝ 기둥) 6개, 받침(각 변 3㎝, 높이 1.5㎝) 12개, 상자 1개
- 단순과 복잡, 부분과 전체, 다양성과 통일성 원리 내포

⑦ 제7은물

- 8가지 도형의 색판으로 한 변이 3㎝ 기준인 원, 반원, 정사각형, 정삼각형, 직각이등변삼각형, 직각부등변삼각형, 둔각이등변삼각형, 마름모
- 제6은물까지는 면을 입체의 한 성질로 다루었으나 제7은물은 독립된 면을 다룸
- 추상적 활동 전개를 통해 창의적 활동 격려

⑧ 제8은물

- 3㎝, 6㎝, 9㎝, 12㎝, 15㎝의 가느다란 막대기 각각 300개
- 관찰력, 수리력, 창의력을 기를 수 있음

⑨ 제9은물

- 세 가지 크기(지름 3㎝, 4.5㎝, 6㎝)의 원고리와 같은 세 가지 크기의 반고리
- 제1, 2은물의 곡선을 기초로 하여 원과 반원을 구체화한 것
- 아름다운 모양과 형태 구성

⑩ 제10은물

- 지름 1cm, 높이 0.5cm인 작은 알갱이
- 추상적인 점을 입자로 구체화한 것
- 점은 미세한 구의 형태를 취하고 있어 순환적인 자연의 질서를 의미하는 통합의 원리 내포

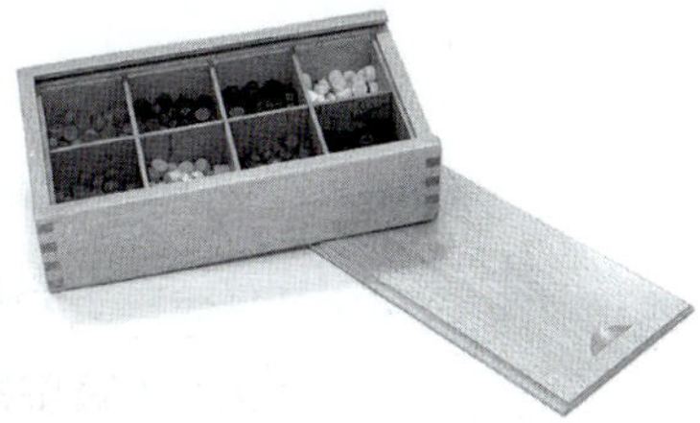
출처: (주)지원교육.

프뢰벨은 은물과 함께 작업을 고안하여 구체적 자료로 교육적 활동을 하도록 하였는데, 이는 유치원의 일과 중에서 '작업'이라는 용어를 사용하는 근거가 되기도 했다. 작업의 종류는 다음과 같다(이기숙 외, 2003).

- 제1작업: 구멍 뚫기
  두꺼운 종이에 눈금을 그려 준 후 바늘이나 송곳으로 뚫어 여러 가지 형태를 표현하는 활동
- 제2작업: 바느질하기
  제1작업에서 한 구멍을 실로 꿰어 보는 활동
- 제3작업: 그리기
- 제4작업: 색칠하기
- 제5작업: 종이끈으로 형태 만들기
- 제6작업: 매트 짜기
- 제7작업: 종이접기
- 제8작업: 종이 오리기
- 제9작업: 콩 작업
  콩을 막대기에 끼우면서 구성하는 활동
- 제10작업: 상자 만들기
- 제11작업: 점토로 만들기

프뢰벨의 교육에는 은물과 작업 활동 외에도 노래, 이야기, 동시, 율동, 게임, 정원 가꾸기, 동물 돌보기, 산책 등의 활동이 포함되어 있는데, 프뢰벨이 지향하는 교육 방법은 다음과 같다.

- 통일의 원리

  신성에 기초하여 정신, 자연, 개인과 사회는 분리될 수 없다는 통일성을 지향하고 있다. 그러므로 교육은 통일체의 근본인 신과 개인에게 내재된 신성을 계발하는 것이다.

- 자기 활동의 원리

  유아의 자발적 활동을 통해, 스스로의 힘에 의해 활동해야 한다는 것을 알게 하는 것으로 교육은 유아가 교육받을 준비가 되어 있을 때 행해져야 한다.

- 은물을 통한 유희의 원리

  유희와 작업은 유아기 교육의 중요한 원리로서 그 재료는 은물이다. 은물을 통해 감각기관을 훈련하고 신성을 인식하도록 해야 한다.

- 연속적 발달의 원리

  발달 과정은 연속적이다. 즉, 성장에는 비약이나 단절이 없으며 발달의 출발점은 유아기의 교육이다.

이상에서 살펴본 프뢰벨의 교육사상은 유아교육에 많은 시사점을 준다. 몸, 마음, 정신의 균형과 조화를 중시하는 전인교육사상의 바탕을 이루었고, 자기 활동을 강조함으로써 놀이의 중요성을 일깨웠다. 또한 근대교육에 있어서 개성 존중, 아동 중심의 교육사상이 좀 더 구체화되었다.

5) 현대의 유아교육사상

20세기 들어 교육의 민주화를 통한 교육의 기회 균등이 실시, 확대되기 시작했다. 신교육운동이 전개되었고 민주주의 교육사상이 확립된 시기이다. 신교육운동이란 교사 중심, 서적 중심, 암기 중심, 강의 중심에서 학생 중심, 생활 중심, 활동 중심, 참여식 교수법으로 변화를 시도한 것을 일컫는다.

이러한 교육에 동참한 학교는 여러 개가 있으나 타고르(Targore)의 평화의 집, 듀이(Dewey)의 실험학교, 몬테소리(Montessori)의 아동의 집 등을 들 수 있다. 또한 현대에 들어서서는 새로운 학습 지도법도 창안되기 시작한다. 유아교육에서는 구안법(Project Method), 문제해결법(Problem Solving Method) 등이 중요한 교수-학습법으로 소개되기 시작했다.

2차 세계대전 후(1945년 이후) 교육은 미국과 소련을 중심으로 재개편되어 갔고 이데올로기의 대립 구도 속에서 민주주의 국가들과 공산주의 국가들은 각기 다른 교육이념과 교육 목적으로 교육 개혁을 끊임없이 이루어 왔다. 자유민주주의 국가의 교육은 초등과 중등교육의 연계를 통해 학습 내용과 방법에서 교육의 질적인 민주화를 추구했고, 대학 입학 자격 완화를 통해 고등교육의 기회를 확대하고자 했으며, 새로운 교육과정 편성에 관한 연구와 실천을 도모하였다. 이러한 노력은 국가 경쟁력을 가지는 데 있어서 주요한 문제가 되었다.

20세기 현대사회의 유아교육에서 자세히 연구해야 할 교육사상가는 듀이와 몬테소리이다.

(1) 듀이

J. Dewey

듀이(Dewey, 1859~1952)는 20세기 미국을 대표하는 실용주의 철학자이다. 그의 교육 이론은 현재까지 교육 이론의 기초가 될 정도로 전통적인 교육 형태를 민주화하는 데 크게 기여하였다.

그는 1859년 미국의 동부 버몬트 주, 벌링톤에서 태어났다. 대학 졸업 후 3년간 고등학교 교사로 근무하고 철학 공부를 위해 1882년 존스 홉킨스 대학원에 진학하여 헤겔 철학으로 박사학위를 취득하였다. 미시간 대학, 시카고 대학의 교수로 철학, 심리학, 교육학을 폭넓게 연구하고 가르쳤다(신득렬 외, 2005).

듀이는 1896년 시카고 대학 내에 '실험학교'를 세워 그의 교육 이론을 적용하고자 했다. 이 학교에서의 활동을 통해『나의 교육신조』,『학교와 사회』,『아동과 교육과정』등을 저술하였다. 이후 듀이는 컬럼비아 대학으로 옮겨와 47년간 연구하고 후학을 양성했다. 그의 활발한 저술 활동을 일일이 언급할 수는 없으나 대표적인 것으로『교육의 도덕적 원리』,『사고하는 방법』,『내일의 학교』,『민주주의와 교육』,『경험과 교육』등을 꼽을 수 있다. 교육학 관련 저서 외에도『철학의 개조』,『인간성과 행위』,『경험과 자연』,『경험으로서의 예술』등을 저술하여 다방면에 걸쳐 연구물을 출간했다.

듀이는 헤겔의 사상에 큰 영향을 받았다. 즉, 문화와 사회는 끊임없이 변화 발전한다는 것에 동의했다. 듀이는 다윈의『종의 기원』에서 인간이 환경과의 상호작용을 통해 스스로를 갱신해 가는 과정에 있음을 발견하고, 교육 역시 학습자가 환경과의 상호작용을 통해 자신의 경험을 끊임없이 갱신해 가는 과정이라고 보게 되었다(신득렬 외, 2005).

듀이의 교육사상은 현대 교육의 이론적 근거 틀이 될 만큼 큰 영향을 끼쳤다. 특히 우리나라 유아교육과정의 이론적 밑바탕이 되고 있다. 그러나 듀이의 저서에 나타난 용어의 개념들이 유아교육 현장에서는 그 의미가 혼돈되어 나타나기도 한다. 이는 교육 방법이나 내용을 파악하기 이전에 교육사상가가 의미하는 바를 제대로 연구하는 작업이 현장에서 무난히 이루어지지 못하기 때문이라고 판단된다.

듀이의 기본 사상은 도구주의, 경험주의, 상대적 진리관으로 요약될 수 있다. 도구주의라 함은 진리와 지식은 인간생활에 도움을 주는 수단이며 도움을 줄 때에만 진리며 지식이라고 생각한다는 입장이다. 경험주의는 의미 그대로 경험을 중시하는 입장으로 경험은 인간과 환경과의 상호작용이라는 것이다. 상대적 진리관이란 듀이의 실용주의를 대표하는 말로서 모든 실체는 '변화'한다는 사실이다.

그리하여 교육은 생활 그 자체라고 말한다. 유아교육과정을 생활에서 경험할 수 있는 것 중심으로 구성해야 하는 것은 바로 이 때문이다. 교육은 그 자체가 교육 목적이며, 현실생활의 적응이 교육의 본질이며, 유아가 경험하는 것을 끊임없이 재구성하고 이를 통해 성장하는 것이 교육이라고 말한다. 그래서 듀이에게 있어 교육은 곧 성장을 일컬으며, 성장은 교육이다. 이러한 경험의 재구성을 통한 성장은 죽을 때까지 연속적으로 발전한다고 보고 있다. 유아들의 활동 속에서 우리는 이러한 경험의 재구성, 연속성, 성장을 자주 발견하게 된다. 어떤 활동을 하고자 할 때, 유아들은 지난 경험에 기초하여 새로운 어떤 것을 구성한다. 그것이 처음에는 미미한 것이었을지라도 연속적이고 새로운 경험의 재구성이 일어나면서 개념을 획득하고 성장하게 된다. 이것이 곧 교육이다. 이러한 교육이 되기 위해서는 유아의 자발적인 활동, 능동적인 참여가 있어야 한다. 듀이는 교사 혹은 성인은 이를 자세히 관찰하여 적절한 시기에 교육 내용으로 준비해 줄 것을 유념하라고 한다.

이에 대해서 그의 대표 저서 『민주주의와 교육』에서는 '성장', '흥미', '놀이', '경험' 등의 주제를 중심으로 자신의 견해를 자세히 설명하고 있다. 여기에서 한 가지 유념해야 할 사항은 듀이가 말하는 좋은 교육 목적이란 유아 개인의 내재적 활동과 관련되어야 하며, 그래서 고정된 교육 목적이 되어서는 안 된다. 즉, 유아 외부에서 부과된 일방적인 목적이 그대로 적용되어서는 안 된다는 의미이다. 유아의 내적 욕구, 흥미와 활동을 존중해 주어야 한다는 것이다.

듀이의 교육 방법은 행함으로써 배운다(learning by doing)이다. 그는 행하는 과정에서 발생하는 흥미를 중요시했으며 발견되는 문제 상황에서는 반성적 사고에 기초한 문제해결법을 강조했다. 반성적 사고란 문제에 있어서 유아가 성인과 같은 지성적 존재로서 자신의 판단을 스스로 평가해 나가는 과정을 말한다. 반성적 사고의 과정은 다음과 같다(이은화 외, 2001).

① 문제의 자각: 마음속으로 제시된 문제에 대한 가능한 해결 방법을 떠올린다.

② 문제의 명료화: 해결할 문제를 찾아 위치를 정하고 정의를 내린다.

③ 조사 단계: 생각, 관찰, 가설, 수집된 자료를 통하여 여러 가지 해결 방법을 찾는다.

④ 가설의 정리: 보다 넓은 범위에서 사실에 적합한 가설을 정확하고 일관성 있게

다듬는 일이다.

⑤ 가설의 검증: 채택된 가설을 문제 상황에 적용할 것인가를 결정하고 시도, 재검토하는 것이다.

이러한 반성적 사고를 거쳐 지성의 작용을 가능하게 하며 이는 충동이나 습관적 행동을 유목적적인 활동으로 전환할 수 있다고 보았다.

듀이의 교육사상은 현대의 많은 유아교육 프로그램들의 이론적 기초가 되었다. 그의 경험 중심, 흥미 중심, 활동 중심의 교육론은 유아교육기관에 활력을 불어넣었다. 현재, 유아가 교사와 함께 주제를 선택하는 과정, 이 주제가 유아의 일상생활과 관련 있는 활동으로 선정되는 것 등은 듀이의 교육사상에서 영향을 받은 것이라고 볼 수 있다.

(2) 몬테소리

M. Montessori

몬테소리(Montessori, 1870~1950)는 이탈리아 안코나 지방 카라발레의 부유한 가톨릭 집안에서 태어났다. 남학생들이 진학하는 공업학교와 공과대학을 졸업한 후, 의과대학을 지망하여 1896년 이태리 역사상 최초의 여성 의학박사가 되었다. 2년간 로마 대학 부속 정신클리닉에서 정신지체아를 치료하였는데, 이곳에서 정신지체아는 치료의 대상이 아니라 교육의 대상이 되어야 함을 확신했다(이은화 외, 2001). 이후 몬테소리는 정신지체아 교육을 위한 국립특수아동학교의 관리를 맡아 이를 성공적으로 운영하였다.

몬테소리는 프랑스의 의사이자 정신지체아 교육에 공헌한 이타르(Itard)와 세강(Seguin)를 사사하고 그들의 교수법을 연구하고, 그 과정에서 독특한 교육 방법 및 연구를 구상했다. 1907년에는 로마의 빈민 유아들을 위한 '어린이의 집(Casa dei Bambini)' 을 세워 2~7세 유아 50명에게 이타르와 세강이 사용한 특수 교구를 개량하여 사용하였다. 이후에는 7~10세 유아를 위한 교구도 개발하였는데, 이것이 몬테소리 교구이다.

몬테소리의 교육에 관한 기본 신념은, 아동은 스스로 성장할 수 있는 내적 생명력을 지닌 존재라는 것이다. 그러므로 아동에게 어떤 잘못이 있더라도 그것을 스스로 깨우치도록 유도하고 지나친 간섭을 하지 않도록 하라고 한다. 또한 교사는 길을 안내하는 사람의 역할을 해야 한다고 한다. 동기유발을 할 수 있도록 잘 정비된 환경 속에서 유아들이 자기 활동을 전개해 갈 수 있게 인도하고 자극을 줄 것을 요구한다. 그러나 유아가 일단 작업에 몰두하면 어떠한 경우에라도 방해하지 말 것을 당부한다. 그녀는 칭찬, 주의, 조력 등 일련의 모든 행동이 방해가 된다고 주장한다. 교사의 유아에 대한 사랑은 좀 더 높은 차원에서 발휘되어야 한다는 것이다.

몬테소리 교육의 중심 원리는 민감기(sensitive period)이다. 이는 유전적으로 계획된 기간으로 유아 스스로 특정 과제를 숙달하고자 강하게 집중하는 현상이 나타나고 결과적으로 과제를 숙달하여 정상화에 도달할 수 있는 단계이다(이은화 외, 2001). '민감기' 는 '집중기', '정상화' 로 설명되기도 한다. 몬테소리는 최적의 환경을 위한 방안으로 특별한 교구를 활용할 것을 제안했다. 몬테소리 교구는 거의 대부분 유아가 교사의 도움 없이도 교구와의 상호작용을 통해 스스로 과제의 성공과 실패를 확인하도록 되어 있어 자동교육이 가능하다. 교구 사용법이 엄격하게 규정되어 있어 정해진 방법 외에는 허용되지 않는다. 몬테소리 교육은 감각훈련을 통한 감각교육, 언어 지도와 셈하기, 실생활 훈련으로서의 얼굴 씻기, 닦기, 쓸기 등이다.

그러나 1920년대 이후 미국에서는 몬테소리 교육이 자취를 감추게 되었는데, 이는 진보주의 학자인 킬패트릭(Kilpatrick)이 몬테소리 교육이 시대적으로 뒤떨어진 것이며 기계적이고 형식적이며 제한적이라는 혹평을 하였던 것에서 기인한 것으로 보인다. 사실 몬테소리는 상상놀이나 동화를 금지함으로써 사회, 정서 및 창의성 발달을 경시하고 인지적인 활동만을 강조하였다는 비판을 받고 있다. 이는 21세기가 지향하는 인간상에 부합하지 않을 수도 있다고 생각하는 견해에서 비롯된다. 하지만 몬테소리는 루소, 피아제 등의 발달 이론을 교육 실제에 적용하고 교구를 직접 개발함으로써 유아교육에 큰 영향을 준 교육자로 평가받고 있다.

:: 참고문헌

교육고전문헌연구회 편(1973). 교육고전의 이해. 서울: 이화여자대학교 출판부.

문미옥 · 이혜상(2003). 동서양이 만난 유아교육개론. 서울: 교육아카데미.

박준영(1999). 교육의 철학적 이해. 서울: 경성대학교 출판부.

신득렬(2002). 교육사상사. 서울: 학지사.

신득렬 · 이병승 · 우영효 · 김회용(2005). 쉽게 풀어 쓴 교육철학 및 교육사. 서울: 양서원.

심성경 · 조순옥 · 이정숙 · 이춘자 · 이선경 · 이효숙(2009). 유아교육개론. 서울: 창지사.

양옥승 · 김미경 · 김숙령 · 김영연 · 김진영 · 박선희 · 서현아 · 오문자 · 장혜순 · 조성연 · 조은진 · 최양미 · 현은자(2003). 유아교육개론. 서울: 학지사.

이기숙 · 장영희 · 정미라 · 엄정애(2003). 유아교육개론. 서울: 양서원.

이은화 · 이정환 · 이경우 · 이기숙 · 홍용희 · 박은혜 · 김희진(2001). 유아교육개론. 서울: 이화여자대학교 출판부.

임재택(2005). 생태유아교육개론. 서울: 양서원.

임재택 · 조채영(2000). 소파 방정환의 유아교육사상. 서울: 양서원.

팽영일(2003). 유아교육의 역사와 사상. 서울: 양서원.

한국유아교육학회(1996). 유아교육사전(용어편). 서울: 한국사전연구사.

Dewey, J.(1986). *Democracy and Education: An introduction to the Philosophy of education*. (이홍우 역). 서울: 교육과학사.

Dewey, J.(1916). *Democracy and Education*. N. Y.: Macmillan.

Rousseau, J. J.(1993). 에밀(손정수 역). 서울: 배재서관.

제 3 장

유아교육과 발달 이론

학습목표

1. 각 발달 이론의 주요 개념을 알고, 교육적 시사점을 이해한다.
2. 각 발달 이론에서 인간의 발달을 보는 관점을 알고 차이점을 이해한다.

발달 이론가들은 인간 발달의 동인(動因)이 무엇인가, 인간이 어떻게 발달하고 학습하는가에 대한 관점에 따라 다양한 이론들을 제시해 왔다. 즉, 인간의 발달은 유전적 요인에 의해 결정되는가 아니면 환경적 요인에 의해 결정되는가, 인간의 내면에 초점을 두는가 아니면 인간의 외현적 행동에 초점을 두는가 등에 따라 각기 다른 이론들을 제시해 왔다. 발달에 관한 제 이론들은 유아의 행동과 발달을 이해하고 유아를 위한 교육과정을 설계하는 데 중요한 정보를 제공해 준다.

이러한 의미에서 본 장에서는 인간의 성장과 발달에 대한 대표적인 이론, 즉 성숙 이론, 정신분석 이론, 학습 이론, 인지발달 이론의 기본개념을 대표적인 학자의 이론을 중심으로 살펴보고 유아교육과 관련된 시사점을 알아보고자 한다. 각각의 이론이 인간 발달의 모든 측면을 설명하지는 못하지만 상호 보완적으로 인간 발달에 대한 이해의 폭을 넓혀 주고, 교육적 적용을 위한 심리학적 근거를 제공한다는 점에서 의의를 갖기 때문이다.

01 성숙 이론

성숙 이론은 '발달이란 정해진 스케줄에 따라서 전개된다'는 루소(Rousseau)의 자연주의 교육철학에 뿌리를 둔다. 자연주의 교육철학은 20세기 초 아동연구 운동의 중심에 있었던 홀(Hal)과 게젤(Gesell)에게 영향을 미쳤으며 이 과정에서 성숙 이론이 제시되었다.

성숙 이론에 의하면 인간 발달이란 환경이나 경험에 의해 이루어지는 것이 아니라 내적인 생물학적 시간표에 따라 이루어지는 것이다. 따라서 성숙주의자들은 아동 자신의 속도에 맞게 발달할 수 있도록 아동 중심의 양육 환경을 제공할 것을 강조한다.

1) 홀의 발달론

G. Stanley Hall

홀(Hall, 1844~1924)은 미국 최초의 심리학 박사이며, 1892년 미국심리학회를 창설하여 초대회장을 역임한 20세기 초 가장 영향력 있는 미국의 심리학자이다.

홀은 다윈의 생물학적 진화론의 개념을 인간 발달의 연구에 적용하여 인간의 모든 발달은 유전적 요인에 의해 결정된다고 보았다. 즉, '개체 발생은 계통 발생을 반복한다'는 진화론을 반영하여 인간의 발달은 예정된 단계를 거치며 인류가 걸어왔던 역사의 단계를 반복한다는 발달론(developmentalism)을 탄생시켰다(Kliebard, 1995).

홀은 인류의 발전 과정이 야만사회에서부터 문명사회로 발달하였듯이 개인의 발달 또한 유아기로부터 청년기를 거쳐 성인이 된다고 보았으며, 인간 발달 단계를 다음의 4단계로 구분하여 설명하였다(정옥분, 2003).

① 유아기: 출생 후 4년까지로 유아가 기어 다니는 것은 인간 종족이 네 발을 사용하던 무렵의 동물적 단계를 반복하는 것이다. 이 시기에 유아는 감각발달이 우세하며 자기보존에 필요한 감각운동 기술을 습득하게 된다.

② 아동기: 4~8세에 해당되며, 고기잡이와 사냥이 주요 활동이던 시대를 반영한다. 이 시기에 아동은 숨바꼭질이나 총 놀이, 활쏘기 놀이를 한다.

③ 전청년기: 8~12세에 해당되며, 수천 년 전 미개사회의 단조로운 삶을 반영한다. 이 시기에 아동은 읽기, 쓰기, 셈하기 등의 일상적인 훈련과 연습을 하게 된다.

④ 청년기: 사춘기에서 25세까지로 이 시기를 '질풍노도의 시기(A period of storm and stress)' 라고 하였다. 홀은 청년기가 혼란스러운 것은 인간의 진화과정에서 과도기적 단계를 반영하기 때문이라고 생각했다. 즉, 아동도 아니고 성인도 아닌 모호한 위치에서 청년은 자아의식과 현실 적응 사이에서 갈등을 경험하게 되고, 이로 인한 긴장과 혼란이 이 시기를 질풍노도의 시기로 만든다는 것이다. 그러나 청년기는 보다 높은 수준의, 그리고 보다 완전한 인간 특성이

새로이 탄생하는 시기로서 현대문명사회를 반영하는 청년 후기가 되면 성숙기에 도달하게 된다.

2) 게젤의 성숙론

Arnold Gesell

게젤(Gesell, 1880~1961)은 홀의 발달론을 계승하여 성숙 이론(maturation theory)을 발전시켰다. 게젤은 스탠리 홀의 지도하에 심리학 박사학위를 취득한 후에 생리학 연구를 위해 다시 의학을 전공하는 열정을 보였으며, 예일 대학 부설 '아동 발달 연구소'를 설립한 뒤 심리학과 의학을 통합한 실증적 연구에 전념하여 많은 연구 업적을 남겼다.

게젤은 성숙 이론의 주요 개념으로 성숙, 학습 준비도 등을 제시하였고 객관적이고 체계적인 연구를 통해서 이러한 개념들을 과학적으로 입증하였다.

게젤은 아동이 환경보다는 성숙에 의해 성장한다는 발달의 예정론을 주장하였다. 게젤 이론에서 '성숙'은 발달 과정을 방향 짓는 가장 중요한 기제이다. 성숙의 과정은 인간의 생이 시작하는 수정의 순간부터 예정된 발달의 순서에 따라 진행된다. 게젤은 유전자가 발달에 미치는 영향을 증명하기 위해 일란성 쌍생아를 대상으로 연구하였다. 타고난 유전적 형질이 동일하면서 서로 다른 환경에서 양육된 일란성 쌍생아는 인간의 발달에 영향을 미치는 유전과 환경의 요인을 설명해 주기 때문이다. 모든 연구 결과가 일치하지는 않지만, 많은 연구들이 환경이 달라도 같은 유전자를 보유한 개인들이 유사한 발달을 보임을 증명해 보였다. 결국 인간의 어떤 측면들은 환경보다 타고난 유전인자에 따라 결정된다는 것을 보여 준 것이다.

학습 준비도(learning readiness)란 유아에게 무엇을 가르치기 위해서는 유아가 성숙될 때까지 기다려야 한다는 학습의 시기에 관한 개념이다. 유아가 배울 준비가 되어 있지 않다고 여겨지면 유아가 준비를 할 때까지 기다려야 한다는 것이다. 즉, 인간의 내부에는 발달과 성숙을 위한 내적인 성장 시간표가 있어 이에 따라 신체적·정서적·사회적인 성장을 이루며, 이를 교육이나 다른 인위적 방법으로 앞당기거나 늦추려 하는 것은 의미가 없다고 보았다. 이러한 의미에서 게젤은 표준행동목록(normative data)을 제시함으로써 성인이 유아의 발달에 지나친 기대를 하거나 유아의 발달 수준을 넘어서는 성취를 강요하지 말 것을 경고하였다. 표준행동목록은 게젤이 오랜 기간 유아의 행동관찰과 부모면담을 통해 유아가 각 연령별로 할 수 있는 것과 할 수 없는 것을 밝혀 내어 연령별 유아행동의 표준이 되는 목록을 만든 것이다. 즉, 표준행동목록은 인간 발달의 규칙성과 보편성을 보여 주는 것이다.

3) 교육적 시사점

성숙주의 이론은 인간의 성장 및 발달의 가능성에 대한 믿음에서 출발하며 유아가 새로운 것을 배울 수 있는 준비가 되었을 때 적절한 환경을 구성해 주고 활동을 제공해 주어야 한다고 본다.

인간의 성장 및 발달에 대하여 내적인 성장 시간표와 학습 준비도를 강조한다. 따라서 교육을 통해 유아가 보다 빨리 성장하도록 기대하고 재촉하는 것이 아니라 스스로 성장할 기회를 주는 것이 바람직하다는 관점을 제시한다. 즉, 성장과 활동의 주도권은 유아 자신에게 있다고 본다. 성숙주의자들에게 있어서 '가르친다는 것' 의 의미는 유아가 갖고 있는 본질적인 욕구와 흥미를 반영하여 편안하고 허용적인 환경을 제공해 주는 것이다.

02 정신분석 이론

정신분석 이론은 정신이 모든 인간 행동의 기초가 된다는 가정하에, 인간에게 내재되어 있는 본능적 욕구와 사회적 관계에서 갖게 되는 갈등에 초점을 두고 이것이 성격 발달과 어떤 관계가 있는지 이해하고자 하였다.

정신분석 이론의 대표적 학자인 프로이트는 성격 발달에서 무의식, 성적 충동, 원초아(Id)를 강조하고 있어 그의 이론을 심리성적 이론(psychosexual theory)이라고 한다. 심리성적 이론은 인간이 타고난 성적 욕구와 본능을 해결하고자 노력하는 과정에서 발달이 이루어진다고 보는 입장이다. 프로이트 이론을 기초로 에릭슨은 성격 발달에 있어서 사회문화적 영향력을 강조하는 심리사회적 이론(psychosocial theory)을 발전시켰다.

1) 프로이트의 심리성적 이론(Psychosexual theory)

Sigmund Freud

프로이트(Freud, 1856~1939)는 체코 출신의 오스트리아 신경학자로서 비엔나 의대에서 신경학을 전공하고 신체적인 결함이 없으면서도 신경증적인 증상을 보이는 환자들을 치료하는 과정에서 정신분석 이론을 발전시키게 되었다. 대부분의 신경증적 증상의 원인이 부모와의 관계나 어린 시절 마음의 상처와 관련되어 있다는 것을 알아내면서 인간의 내적 세계에 관심을 갖게 되었고, 특히 유아기의 경험이 성격 발달에 미치는 역할에 대해 연구하게 되었다.

프로이트는 인간 발달에 영향을 미치는 무의식의 영역을 처음 소개한 정신분석 이론의 창시자로서, 표면적으로 드러난 행동 이면의 상징적 의미를 이해할 수 있는 이론적 근거를 제시했고 과학적 관점에서 유아기의 중요성을 밝힌 최초의 학자로 평가된다.

프로이트 이론의 주요 개념인 성격 구조와 성격 발달 단계를 살펴보면 다음과 같다.

(1) 성격 구조

프로이트는 인간의 성격이 원초아, 자아, 초자아의 세 가지 구조로 구성되어 있다고 주장하고, 이 세 가지 요소의 상호작용에 의해 인간의 행동이 결정된다고 설명한다(이숙재 · 이봉선, 2003).

① 원초아(Id)

무의식을 구성하는 핵심적 요소로서 비이성적이고 이기적인 본능을 의미한다. 출생할 때부터 가지고 태어나는 성격의 가장 원초적인 부분으로 식욕, 성욕, 공격욕 같은 본능적 충동을 주관하며 쾌락의 원리(pleasure principle)에 따라 움직인다. 따라서 원초아는 현실적으로 가능한 것과 불가능한 것을 판단하지 못하고 쾌락적 욕망만을 추구하게 한다.

② 자아(Ego)

출생 후 1년 정도가 지나면 유아는 자신의 본능적 충동이 현실적으로 항상 만족될 수 없다는 것을 경험하게 되고 현실적으로 가능한 것과 가능하지 않은 것을 깨닫게 되면서 자아를 발달시키게 된다. 자아는 원초아의 충동을 제지하는, 성격의 논리적 측면으로서 사회에 의해 설정된 한계 내에서 원초아의 욕구를 충족시키려고 노력한다. 자아는 현실원리(reality principle)에 따르며 현실을 정확히 지각하여 원초아와 초자아의 갈등을 적절히 해결해 주는 중재자의 역할을 한다.

③ 초자아(Superego)

초자아는 자아 이상이나 양심과 같은 도덕적·초월적인 가치로서 3~4세 이후에 점진적으로 발달한다. 초자아는 원초아처럼 선천적으로 가지고 태어나는 것이 아니고 학습되는 것으로서 가장 나중에 완성되는 성격 구조이다. 즉, 부모나 교사의 보상과 벌을 통해서, 또 부모나 타인과의 동일시를 통해서 사회적·문화적 규범 등이 내면화되는 것이다. 원초아의 욕구와 충동을 억제하고 자아의 현실적 목표 대신 도덕적 목표를 추구하도록 원초아와 자아의 검열자 역할을 한다.

위에서 살펴본 바와 같이 프로이트에 의하면 인간의 성격 구조는 원초아, 자아,

초자아로 구성되어 있으며, 인간의 성격은 자아의 현실원리가 원초아의 욕구와 초자아의 이상 사이에서 중재하는 구조로 이루어졌다고 하였다. 따라서 인간의 성격 이상이나 정신이상은 원초아와 초자아 사이의 갈등을 자아가 제대로 조절하지 못할 때 발생하는 것이라고 보았다. 프로이트는 인간의 정신을 빙산에 비유하여, 물 위에 떠 있는 작은 부분이 의식이고 물속에 잠겨 있는 훨씬 큰 부분이 무의식이며 파도에 의해 물 표면으로 나타나기도 하고 잠기기도 하는 부분이 전의식이라고 보았다. 이러한 무의식이 인간의 행동과 사고를 통제하는 보이지 않는 힘이며, 인간은 본래 성적으로 공격적이고 무의식적인 본능에 지배되는 존재로 보았다.

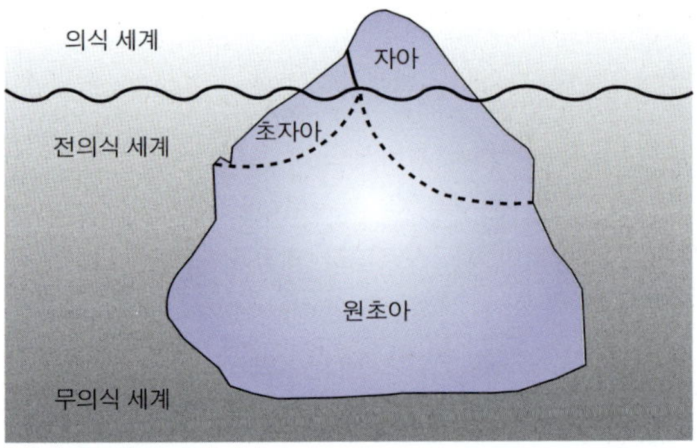

그림 3-1 **프로이트의 성격 구조와 정신세계**

(2) 성격 발달 단계

프로이트는 인간의 성적 에너지인 리비도(Libido)가 일생 동안 정해진 순서에 따라 신체 여러 부위에 집중되는데, 리비도가 집중되는 부위를 성감대라고 하였다. 성감대는 연령에 따라 변하며, 리비도의 집중 부위에 따라 성격 발달을 구강기(oral stage), 항문기(anal stage), 남근기(phallic stage), 잠복기(latent period), 생식기(genital period) 등 다섯 단계로 나누었다. 각 발달 단계마다 충족시켜야 할 욕구가 있는데 원하는 성적 충동이 충분히 만족되어야 다음 단계로 발달할 수 있다. 만일 각 단계의 성적 충동이 만족되지 않거나 과잉 충족되면 다음 발달 단계로 이행하지 못하고 고착(fixation) 현상이 생기게 된다고 하였다. 영유아기에 충족되지 못한 욕구는 인간의 무의식 속에 부정적인 정서로 잠재되어 영유아가 건전한 인성을 갖춘 성인으로 성장하는 데 방해 요소가 될 수 있다. 성격 발달은 태어나면서부터 청소년기까지 다섯 단계에 걸쳐 이루어지는데 이 중 초기 3단계가 성격 형성에 결정적 역할을 한다고 보았다. 프로이트의 성격 발달 단계를 살펴보면 다음과 같다(강문희 · 김매희 · 유정은, 2007; 이숙재 · 이봉선, 2003; Boyd & Bee, 2009).

표 3-1 프로이트의 성격 발달 단계

단계	연령	특징	고착 성격
구강기	0~1세	구강 주위의 자극을 통해 쾌감을 느끼는 시기	손가락 빨기, 과식, 흡연
항문기	1~3세	배설물을 보유하고 있다가 방출할 때 쾌감을 느끼는 시기	인색하고 완고하거나 난폭한 성격
남근기	3~6세	성기의 자극으로부터 쾌감을 느끼는 시기	과시적, 공격적이거나 자기 주장이 강한 성격
잠복기	6~12세	성적 에너지가 무의식 속에 잠복하는 시기	이성과의 성관계에 어려움
생식기	12~18세	남근기의 성적 관심이 다시 나타나 이성에 대한 성적 관심이 높아지는 시기	자살, 비행, 심각한 정신 이상

① 구강기(출생~1세)

리비도가 구강 주위에 집중하는 시기로서 입, 입술, 혀 등의 자극을 통해 감각적 만족과 쾌감을 느낀다. 구강기에 욕구가 적절히 충족되면 순조롭게 다음 단계로 발달되지만 충족되지 못하면 구강기에 고착되어 일생 동안 그 욕구를 충족시키려 하며 이후에 엄지손가락 빨기, 손톱 물어뜯기, 연필 깨물기의 행동을 보이거나 논쟁적인 성격으로 성장할 수 있다. 반면 구강기에 지나치게 만족을 얻은 아이도 역시 그 쾌감에 몰두하여 과음이나, 과식, 지나친 흡연 등의 특성을 나타낼 수 있다.

② 항문기(1~3세)

리비도가 항문 주위에 집중하는 시기로서 배설물을 보유하고 있다가 방출할 때 쾌감을 느낀다. 이때는 배변훈련이 이루어지는 시기로 부모가 배변훈련을 너무 엄격하게 시키거나 청결을 지나치게 강요하면 다음 단계로 원만히 발달하지 못하고 항문기에 고착 현상을 보여서 항문기적 성격을 가진 성인으로 성장하게 된다. 배설물의 보유를 통한 쾌감에 고착된 유아는 후에 지나치게 깔끔하고 인색하고 완고하고 융통성이 없는 성격 특성을 보이고, 배설의 쾌감에 고착되면 난폭하고 적개심이 많은 성격이 될 가능성이 있다.

③ 남근기(3~6세)

리비도가 성기 부위에 집중되며 성기의 자극으로부터 쾌감을 느끼는 시기로서 성별에 따른 신체적 차이와 이성의 성기, 출산 등에 대해서 강한 호기심을 보이는 시기이다.

프로이트는 오이디푸스 콤플렉스(Oedipus complex)와 엘렉트라 콤플렉스(Electra complex)를 통해서 이 시기의 남아와 여아가 가지는 성적 에너지와 성격 발달을 설명하였다. 오이디푸스 콤플렉스는 남아가 이성의 부모인 어머니에게 성적 매력을 느끼면서 아버지를 애정의 경쟁자로 생각하여 적대감을 느끼는 현상으로, 아버지가 적대시하는 자신의 성기를 없앨 것이라는 두려움으로 거세 불안을 느끼게 된다. 반면에 엘렉트라 콤플렉스는 남근이 없는 여아가 남근을 갖고 싶어 하는 남근 선망 현상을 보이며 아버지에게 성적 매력을 느끼고 어머니를 경쟁자로 적대시하는 현상이다. 이에 대한 방어적 책략으로써 자신의 감정을 억압하고 자신과 동성의 부모를 동일시하는 과정으로 승화시켜 초자아를 형성하게 된다. 남근기에 고착되면 성인이 되었을 때 과시적이고 공격적이거나 자기주장이 강한 성격이 된다.

④ 잠복기(6~12세)

리비도가 무의식 속에 잠복하므로 유아는 성적 욕구를 일시적으로 잊어버리고 그 사회가 요구하는 기본 기술을 획득하기 위하여 노력하는 시기이다. 사회적으로 가치 있는 학습이나 운동, 놀이, 또래 사귀기에 열중하게 됨으로써 사회적 기술을 발달시키게 되며 자신의 성역할을 수용하고 자아와 초자아가 확고한 형태를 갖추게 된다. 잠복기에 고착되면 나중에 이성과 원만한 성관계를 맺는 데 어려움을 겪게 된다.

⑤ 생식기(12~18세)

사춘기의 생리적 변화와 신체적인 성숙이 이루어짐에 따라 남근기의 성적 충동이 다시 표면에 나타나 이성에 대한 성적 관심이 높아지는 시기이다. 이 시기 자아와 초자아의 건강한 발달은 결혼, 자녀 출산, 양육으로 이어지지만 부적절한 발달은 청소년의 자살, 비행, 심각한 정신이상을 일으킬 수 있다.

2) 에릭슨의 심리사회적 이론

Erik H. Erikson

에릭슨(Erikson, 1902~1994)은 독일 프랑크푸르트에서 출생했으며 젊은 시절 안나 프로이트가 세운 비엔나의 학교에서 아동들을 가르치면서 안나 프로이트와 함께 아동 정신분석을 연구하였다. 그 후 예일 대학과 하버드 대학에서 심리학 연구자로서 일했으며, 1950년 그의 저서 『아동기와 사회(*Childhood and Society*)』를 통해서 전 생애에 걸친 성격 발달 과정을 8단계로 제시하였다.

신프로이트 학파의 한 사람인 에릭슨은 프로이트의 정신분석 이론에 기초하고 있으나 프로이트가 성격 발달에서 원초아와 성적 에너지를 강조했다면 에릭슨은 유아의 사회문화적 환경에 더 큰 중요성을 부여하여 심리사회적 이론을 발전시켰다.

프로이트의 심리성적 이론과 에릭슨의 심리사회적 이론의 차이점을 살펴보면 다음과 같다(강문희 외, 2007; 김태련 · 장휘숙, 1992; 이숙재 · 이봉선, 2003).

- 프로이트는 성격 발달에 있어 내적인 측면을 강조한 반면 에릭슨은 사회문화적

측면을 강조했다. 유아의 성격이 오로지 부모의 양육 방법에 의해 결정된다고 주장한 프로이트와는 대조적으로 에릭슨은 가족 구성원, 사회 및 문화적 유산 등에 의해 영향을 받는다고 보았다.

- 프로이트는 인간 행동의 기초로서 원초아를 강조한 반면 에릭슨은 자아를 더 강조했으며 인간을 합리적이고 논리적인 존재라고 보았다.
- 프로이트는 초기 아동기의 경험이 중요하고 그때의 영향이 개인의 일생 동안 지속된다고 가정하였기 때문에 남근기 이후의 발달에 관심을 보이지 않았으나 에릭슨은 성격 발달이 출생 이후부터 노인기까지 전 생애를 통해 이루어진다고 보았다.
- 프로이트는 무의식적인 욕구 좌절로 인한 심리적 장애에 집중했으나 에릭슨은 심리사회적 위기를 통해 자아정체감이 발달한다는 낙관적 시각을 가지고 있었다. 프로이트가 인생 초기의 병리적 부모-자녀 관계에 의해 형성된 유아의 성격은 고착된다고 본 반면 에릭슨은 한 단계에서 유아가 실패했다 하더라도 이후의 단계에서 적절한 환경 조건이 주어지면 건강한 성인으로 성장할 수 있다고 보았다.

이와 같이 에릭슨은 프로이트의 경험적 기초를 확장하여 정신분석 이론의 신뢰도와 적용 가능성을 증가시켰다. 에릭슨은 심리성적 단계에 심리사회적 단계를, 생물학적 영향에 문화적 영향을, 자아방어에 자아정체감을, 비정상적인 연구 대상에 정상적인 연구 대상을, 특정한 문화적 시각에 비교문화적 시각을, 아동기에 대한 성인의 회상에서 아동에 대한 관찰을, 그리고 아동 발달에 성인 발달을 첨가시켰다(Miller, 1993).

(1) 성격 발달 단계

에릭슨은 인간의 발달이 일생을 통해 진행된다고 보았고 출생에서부터 노년기까지 전 생애적인 성격 발달 단계를 제시하였다(〈표 3-2〉). 그가 제시한 발달의 8단계는 각 단계마다 갈등 상황 또는 심리사회적 위기를 가지고 있다. 확고한 자아정체감을 확립하기 위해서는 일생을 통해 8가지 위기를 성공적으로 해결해야 한다고 하였다. 위기(Crisis)란 개인이 각 발달 단계에서 환경적 요구에 적응하기 위한 심리적 노력으로서 눈에 보이는 특정한 사건이라기보다는 일상생활에서 겪게 되는 긴장이나 갈등을 의미한다. 매 단계마다 심리사회적 위기는 '신뢰감 대 불신감' 이나 '통합감 대 절망감' 에서처럼 긍정적인 결과와 부정적인 결과를 초래할 수 있다. 그러나 심리사회적 위기 상황에서 성공적인 해결이 반드시 긍정적인 측면만을 의미하는 것은 아니며 최상의 해결책은 긍정적인 측면과 부정적인 측면이 균형을 이루는 것이다. 즉, 건강한 자아 발달과 성장을 위해서는 불신감도 경험해야 하며 건강한 발달을 위해 중요한 것은 신뢰와 불신 사이의 적당한 비율인데, 물론 불신감보다는 신뢰감이 더 큰 비중을 차지해야 한다고 보았다. 각 발달 단계마다 직면하게 되는 심리사회적인 위기를 어떻게 극복하는가에 따라 각 개인의 독특한 성격이 형성된다. 에릭슨은 각 단계에서 각 위기를 성공적으로 해결했을 때 획득하게 되는 덕성(Virtues)에 대해 언급하였다(Erikson, 1963).

표 3-2 에릭슨의 성격 발달 단계

단계(연령)	심리사회적 위기	덕성	특징	프로이트 단계
1단계 (0~1세)	신뢰감 대 불신감	희망	양육자의 따뜻한 보살핌과 애정을 통해 자신과 세상에 대한 신뢰감을 형성한다. 잘 돌보아지지 못하고 방치되면 불신감을 형성한다.	구강기
2단계 (1~3세)	자율성 대 수치 및 회의감	의지력	걷기, 괄약근 통제 등 신체적 기술을 발달시키는 과정에서 스스로 하려는 욕구가 충족되면 자율성을 형성하나, 그렇지 못하면 자신의 능력에 대해서 수치심과 회의감을 갖는다.	항문기
3단계 (3~6세)	주도성 대 죄의식	목적	유아가 목표를 설정하고 계획을 세워 활동하는 과정에서 주도성을 발달시킨다. 반면에 부모가 지나치게 통제하거나 비난을 하면 자신감을 잃고 죄의식을 갖게 된다.	남근기

단계(연령)	심리사회적 위기	덕성	특징	프로이트 단계
4단계 (6~12세)	근면성 대 열등감	능력	학교생활을 성공적으로 해 나가고 사회적 기술을 충분히 익히면 근면성을 형성하나, 그렇지 못한 경우 열등감을 갖게 된다.	잠복기
5단계 청소년기	정체감 대 역할 혼미	충성심	자신이 누구이며 무엇을 하고 살 것인가 등에 대해 고민하고 가치를 선택하며 개인적 정체감을 형성한다. 그렇지 않으면 미래의 성인 역할에 대한 혼란을 느끼게 된다.	생식기
6단계 성년기	친밀감 대 고립감	사랑	배우자나 직장 동료와의 긴밀한 교류를 통해 친밀감을 형성하나 사회적 관계가 원만하지 못하면 고립감을 느낀다.	
7단계 중년기	생산성 대 침체감	배려	자녀를 낳아 부모 역할을 하거나 사회 활동을 하면서 생산성을 확립하나 이런 활동을 하지 못하면 침체감을 갖는다.	
8단계 노년기	자아 통합 대 절망감	지혜	생의 마지막 단계로서 지나온 자신의 삶이 가치 있었다고 느끼면 통합감을 느끼나 삶이 무의미했다고 느낄 경우 죽음에 대한 두려움으로 절망감에 빠진다.	

3) 교육적 시사점

정신분석 이론은 인간의 성격, 특히 내면세계를 이해하는 데 많은 도움을 준다. 프로이트와 에릭슨은 인간을 원칙적으로 본능과 사회적 제약 사이에서 갈등하는 존재로 파악하여 이를 토대로 심리성적 발달 단계와 심리사회적 발달 단계를 발전시켰다. 인간은 성장 과정에서 다양한 형태의 갈등구조를 경험하게 되며, 내적인 성적 충동이나 심리사회적 위기를 극복하는 가운데 건전한 성격 발달을 이루게 된다.

그러나 프로이트의 정신분석 이론은 발달의 과정을 지나치게 성적인 측면에 초점을 맞추었다는 점과 정신이나 성격 이상을 갖는 환자들을 치료하는 과정에서 도출된 이론이기 때문에 정상인의 성격 발달을 설명하는 데 무리가 있다는 비판을 받고 있다. 또한 에릭슨도 연구 방법에 있어서 지나치게 일상적인 접근에 의존하고 단계

이론에서 각 단계로의 전환이 어떻게 이루어지는지 그 기제가 명확하지 않다는 점에서 비판을 받고 있다(정옥분, 2003).

그럼에도 불구하고 정신분석 이론은 인간의 성격 발달을 이해하는 데 공헌을 했다는 평가를 받고 있는데, 그에 대한 교육적 시사점을 살펴보면 다음과 같다(이기숙 외, 2005; 이숙재 · 이봉선, 2003; Boyd & Bee, 2009).

첫째, 인간의 정신구조와 성격 발달에 대한 학문적이고 체계적인 이해의 틀을 제공한다. 특히 인간에게 잠재되어 있는 무의식 세계에 대한 깊이 있는 통찰을 통해 인간행동 이면에 얼마나 복잡한 정서적 의미가 담겨 있는지를 이해하는 데 도움을 주었다.

둘째, 영유아기의 경험이 성인기의 성격을 결정하는 중요한 요인이 됨을 밝힘으로써 유아교육의 중요성, 양육 방법 등에 대하여 부모와 교육자에게 시사하는 바가 크다. 따라서 유아를 돌보는 성인은 각 단계의 특성을 이해하고 이에 요구되는 적절한 성인의 역할을 수행함으로써 유아의 건강한 성격 발달을 도울 수 있을 것이다.

03 학습 이론

학습 이론은 아동 발달에서 생물학적 요인보다는 환경적 요인을 더 강조한다. 학습 이론가들은 아동의 발달을 이해함에 있어서 성숙 이론에서처럼 유전적 요인을 연구하거나, 정신분석 이론에서처럼 내면의 욕구나 본능을 연구하거나, 인지발달 이론에서처럼 인지적 사고를 연구하는 것보다 우리가 직접 관찰하고 측정할 수 있는 행동을 연구하는 것이 더 중요하다고 믿는다. 이런 의미에서 학습 이론을 행동주의라고도 한다(정옥분, 2003).

학습 이론에 의하면 인간의 발달은 학습에 의한 연속적인 과정이기 때문에 인간 발달에서 단계를 설정하지 않는다. 학습 이론은 프로이트 이론이 우세하던 시기에 아동 연구의 새로운 관점을 제시하였으며, 학습이 이루어지는 과정을 조건반사, 관찰학습을 이용하여 과학적으로 설명함으로써 조건형성과 모델링을 통해서 아동의 행동치료 프로그램을 만드는 데 기여하였다. 학습 이론은 파블로프와 왓슨의 고전적 조건형성 이론에서 스키너의 조작적 조건형성 이론으로, 그리고 반두라의 사회학습 이론으로 발전되었다.

1) 고전적 조건형성 이론

Ivann P. Pavlov

현대 학습 이론의 아버지로 불리는 러시아의 생리학자 파블로프(Pavlov, 1849~1936)는 개의 타액 분비에 관한 실험을 통해서 고전적 조건형성(classical conditioning) 이론을 제시하였다. 그의 이론에 따르면 유기체는 어떤 자극에 대해 선천적으로 반사반응을 보이는데 고전적 조건형성은 바로 이러한 반사를 유발시키는 자극을 그렇지 않은 일반 중립자극과 연결시킴으로써 이 중립자극에 의해서도 반응이 유발되게 하는 것을 말한다.

고전적 조건형성 실험을 구체적으로 설명하면, 개의 입 안에 음식이 들어가면 무조건 타액이 분비된다. 따라서 음식은 무조건 자극(unconditioning stimulus)이 되고 타액 분비는 무조건 반응(unconditioning response)이 되는데 이와 같은 반사적 연합은 학습된 것이 아니라 선천적인 것이다. 이에 비해 불빛과 음식을 연합하여 조건화하면 나중에는 불빛만 보고도 타액을 분비한다. 이때 불빛은 조건자극(conditioned stimulus)이고 이에 대한 타액 분비는 조건반응(conditioned response)이다. 이와 같이 개가 타액을 분비하지 않던 중립자극에 의해서도 타액 분비를 하게 되는 학습된 반응을 조건반응이라 하고 그 과정을 고전적 조건형성이라 한다.

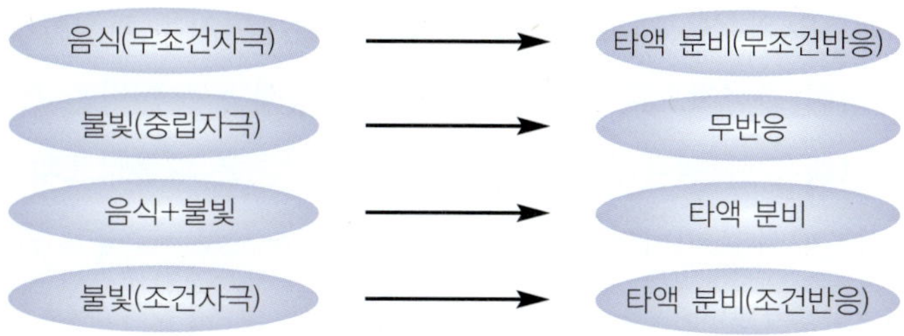

그림 3-2 고전적 조건형성 실험 모형

한편 고전적 조건형성 이론을 최초로 인간에게 적용하여 연구한 학자는 왓슨(Watson, 1878~1958)이다. 그는 유아들이 큰 소리에 공포를 느낀다는 것을 관찰하고 조건형성 실험을 하였다. 흰 쥐에 아무런 두려움도 없는 9개월 된 유아를 대상으로 이 유아가 흰 쥐를 만질 때마다 큰 소리가 나게 하여 공포심을 유발시켰다. 이러한 과정을 반복한 결과 유아는 흰 쥐만 보아도 울음을 터뜨리게 되었고 심지어 토끼 같이 흰 색의 동물만 보아도 두려움을 느끼게 되었다. 여기에서 왓슨은 중립자극이던 흰 쥐를 무조건 자극이던 큰 소리와 연합하여 조건 자극으로 만들어 유아가 두려움을 느끼도록 조건화 한 것이다. 왓슨은 인간의 반사행동을 주된 대상으로 하였던 파블로프의 조건형성 과정을 인간의 정서, 즉 공포에 적용함으로써 반사행동뿐만 아니라 인간의 정서도 조건형성이 가능하다고 주장하였다.

2) 조작적 조건형성 이론

B. F. Skinner

고전적 조건형성 이론은 타액 분비나 놀라서 우는 행동 등의 단순한 반응행동은 설명할 수 있으나 유기체가 스스로 조작하는 조작적 행동(operant behaviors)을 설명하기에는 부적합하다.

스키너(Skinner, 1905~1990)는 고전적 조건형성의 이러한 제한점을 인식하고 조작적 행동의 본질을 탐구하여 조작적 조건형성 이론을 발표함으로써 학습 이론의 범위를 넓힌 대표적인 미국의 행동주의 심리학자이다. 그의 행동수정 기법, 프로그램화된 교수법 등은 조작적 조건형성의 원리를 교육 실제에 적용한 방법으로 아동의 문제행동 지도 및 단계별 학습 지도에 기여한 바가 크다.

고전적 조건형성 이론은 유기체에게 주어지는 자극이 행동을 통제한다고 보는 반면, 조작적 조건형성 이론은 유기체의 반응 뒤에 나타나는 그 반응의 결과에 따라 행동이 조건화된다고 본다. 조작적 조건형성 이론은 스키너의 동물을 이용한 지렛대 실험을 통해 잘 알 수 있다.

스키너는 지렛대가 장치된 상자를 만들어서 그 안에 쥐를 넣고 실험을 하였다. 실험 결과 쥐가 스스로 지렛대를 눌렀을 때 먹이와 같은 보상을 받게 되면 그 행동을 계속한 반면 전기 충격 같은 벌을 받으면 지렛대를 누르는 행동을 하지 않았다. 이때 쥐가 지렛대를 누르는 행동을 조작적 행동이라고 하고 지렛대를 누름으로써 얻게 되는 먹이를 정적 강화인이라고 하며 반응 뒤에 주어지는 강화를 통해 행동이 증가하는 과정을 강화라고 하였다.

즉, 유기체가 스스로 어떤 반응을 했을 때 긍정적인 결과를 가져오면 그 반응을 계속할 확률이 높아지나 부정적인 결과를 가져오면 그 반응을 일으킬 확률이 낮아지는 조작적 조건형성이 이루어짐을 알 수 있다. 이를 통해 스키너는 인간의 조작적 행동이 예측 가능하고 강화와 벌을 통해서 통제될 수 있다고 보았다.

- 강화(reinforcement): 어떤 행동이 다시 발생하도록 만드는 과정 또는 어떤 행동이 발생할 가능성을 증가시키는 것을 말한다.
  - 정적 강화: 원하는 자극(보상)을 제시함으로써 조작적 행동을 증가시키는 것으로 자기 방 청소를 한 아동에게 용돈을 주거나 칭찬을 함으로써 그 행동을 증가시키는 것을 말한다.
  - 부적 강화: 혐오자극을 제거함으로써 조작적 행동을 증가시키는 것으로 공부를 하지 않는 아이에게 공부를 하면 하기 싫어하는 청소를 하지 않도록 해서 공부하는 행동을 증가시키는 것을 말한다.

- 벌(punishment): 어떤 행동이 발생할 가능성을 감소시키는 것이다.
  - 정적 벌: 혐오자극을 제시함으로써 어떤 행동의 빈도가 감소하는 것으로, 교실에서 떠드는 아이에게 화장실 청소를 시킴으로써 떠드는 행동을 감소시키는 것을 말한다.
  - 부적 벌: 긍정적 자극을 제거함으로써 어떤 행동의 빈도가 감소하는 것으로, 학원을 빠지는 아이에게 좋아하는 컴퓨터 게임 시간을 제한함으로써 학원에 빠지는 행동을 감소시키는 것을 말한다.
- 소거: 어떤 조작적 행동이 더 이상 강화되지 않을 때 사라지는 것으로 엄마의 관심을 끌기 위해 울거나 투정을 부릴 때 관심을 주지 않고 무시함으로써 그런 행동을 소거하는 것을 말한다.

이처럼 조작적 조건형성에서는 강화와 벌의 역할이 중요하다. 이 중 부적 강화는 벌과는 다른 개념이다. 즉, 벌은 어떤 행동이 발생할 가능성을 감소시키는 반면, 부적 강화는 정적 강화와 마찬가지로 어떤 행동이 발생할 가능성을 증가시키는 것을 말한다. 또한 강화와 벌에는 정적인 것과 부적인 것이 있는데, 여기서 '정적' 또는 '부적' 이라는 용어는 좋거나 나쁘다라는 가치판단과는 무관하며 '행동의 제시' 또는 '행동의 철회' 를 반영하는 용어이다(정옥분, 2003).

3) 사회학습 이론

Albert Bandura

캐나다의 심리학자인 반두라(Bandura, 1925~)는 실험실 연구나 동물 대상 연구에서 발전된 전통적인 학습 이론에서 벗어나, 사회 속에서 타인과 상호작용을 하는 아동에게로 그 관심을 넓힌 사회학습 이론의 대표적인 학자이다.

반두라의 사회학습 이론은 관찰학습(observational learning), 즉 다른 사람의 행동에 대한 관찰을 통해서 하는 학습에 초점을 맞추는데, 이것을 모방(imitation) 또는 모델링(modeling)이라고 한다. 관찰학습의 예를 들면 컴퓨터 게임을 통해 폭력적인 행동을 경험한 유아가 친구를 신체적으로 공격하는 경우나 십대들이 연예인들의 머리 모양이나 액세서리 등을 그대로 따라 하는 것 등이 될 수 있다.

반두라에 의하면 관찰학습의 과정은 주의, 기억, 운동재생, 동기유발의 네 가지 하위 인지 과정을 거치는데, 이 중 한 과정이라도 빠지면 사회학습 이론의 모형은 불완전한 것이 되며, 성공적 모방이 이루어지지 않는다고 보았다.

- 주의 집중(attentional process): 모델의 행동에 주의를 집중하는 단계이다.
- 기억 과정(retention process): 관찰된 내용을 기억하는 단계로, 한 사건의 중요한 형상을 기억하는 능력이 필요하다.
- 운동재생(motor reproduction process): 모방하고자 하는 행동을 실제로 옮기는 단계로, 학습자에게 행동의 신체적 수행 능력이 요구된다.
- 동기유발(motivational process): 관찰을 통해서 학습된 행동을 실제 행동으로 재생하려면 동기유발이 되어야 한다. 아동은 관찰한 모든 행동을 그대로 다 재생하지는 않으므로 직접적인 강화나 다른 아동이 보상이나 벌을 받는 것을 관찰함으로써 간접적 강화를 받게 될 때 더 모방할 동기가 생겨서 그 행동을 실행하게 된다.

4) 교육적 시사점

학습 이론은 가정 또는 학교 교실에서 아동을 지도할 때 일상적으로 많이 적용되고 있다. 실제로 부모는 자녀를 양육하는 과정에서 칭찬이나 처벌 등을 사용해서 아동의 행동을 지도하게 되며, 부모와 교사의 행동은 아동에게 모방과 관찰학습의 모델이 된다.

학습 이론은 인간 발달에서 환경의 중요성을 일깨워 주었는데 교육적 시사점을 살펴보면 다음과 같다.

첫째, 학습 이론은 바람직한 행동에 대한 칭찬이나 보상을 통해 행동을 습관화시키는 과정과 함께 부정적인 행동의 수정을 위한 소거 과정을 제시함으로써 문제행동의 지도를 위한 구체적이고 실제적인 지침을 제공해 주었다.

둘째, 학습 이론은 개별화된 교수체계의 기초를 마련하였다. 학습을 촉진시키도록 교과를 작은 단위로 세분화하고 논리적 계열에 맞게 조직한 후 학습자가 정확한 반응을 하면 즉각 보상을 하고 다음 단계로 진행하는 교수 방법을 제시하였다.

셋째, 학습 이론은 아동의 행동을 이해하기 위해 모방 및 관찰학습의 역할을 강조함으로써 아동 주변의 영향력 있고 의미 있는 타자의 중요성을 다시 한 번 일깨워 주었다. 이는 모델링의 대상이 되는 성인의 역할과 아동 주변의 다양한 환경 변인들의 중요성을 인식하게 해 준다.

이처럼 학습 이론은 아동의 행동을 지도하기 위한 구체적이고 실제적인 정보를 제공하나 환경의 영향을 지나치게 강조하고 있으며 특히 학습 과정에서 아동 자신이 가지는 욕구나 동기 등의 능동적 역할을 경시한다는 점에서 비판을 받고 있다. 또한 인간의 외현적 행동에만 초점을 맞추기 때문에 사고력, 문제해결력, 감정 같은 고차원적인 정신활동을 설명하지 못한다는 문제점이 있다(이숙재 · 이봉선, 2003).

04 인지발달 이론

인지발달 이론은 인간이 지식을 어떻게 구성하는지에 대한 인간의 사고 과정과 인지 구조의 특성을 이해하기 위해 아동이 환경을 어떻게 인식하고 이를 자신의 사고체계 안에 지식의 영역으로 구축시켜 가는지에 관심을 갖는다.

정신분석 이론이 아동의 무의식적인 사고의 중요성을 강조한 것이라면 인지발달 이론은 아동의 의식적인 사고, 합리적인 사고 과정을 강조한다. 또한 학습 이론에서

처럼 발달 과정에서 아동을 환경의 자극으로부터 수동적인 존재로 보는 것이 아니라 능동적으로 환경에 적응하고, 스스로 사고하고, 정보를 처리하며 주도적인 역할을 하는 존재라고 본다. 인지발달 이론은 아동의 능동적인 정신과정에 주목함으로써 발달심리학에 큰 변화를 주었는데, 이 장에서는 피아제의 인지발달 이론과 비고츠키의 사회문화적 인지발달 이론을 중심으로 살펴보고자 한다.

1) 피아제의 인지발달 이론

J. Piaget

피아제(Piaget, 1896~1980)는 생물학을 전공하고 아동심리 분야에 대한 과학적 연구를 통해 발달심리학의 기초를 닦은 인지발달 이론의 대표적인 학자이다.

1920년 피아제는 파리의 비네(Binet) 연구소에서 아동용 지능검사 도구를 만드는 과정에서 아동의 반응, 특히 틀린 답에 관심을 갖고 그들의 오류가 일관성 있는 유형을 따르고 있음을 발견하면서 아동의 사고 과정이 성인의 것과는 질적으로 다른 특성을 가지고 있음을 알게 되었다. 그는 자신의 세 자녀를 주의 깊게 관찰하면서 인지발달 단계에 관한 아이디어를 얻은 후 계속적인 연구를 통해 인지발달 이론을 발전시켰다.

(1) 주요 개념

피아제는 인간이 능동적으로 환경과 상호작용함으로써 인지발달을 이룬다고 주장한다. 즉, 인지발달이란 환경에 대한 적응 능력의 발달을 의미하며, 그것은 동화와 조절의 메커니즘에 의해 가능하다고 보았다(김태련 · 장휘숙, 1992; 이숙재 · 이봉연, 2003; Bee, 1999).

① 도식

도식(schema)은 지식의 기본 단위, 즉 개인이 갖고 있는 정신적 구조이다. 도식이란 유기체가 환경의 사물을 인지하고 대응하는 데 사용하는 '이해의 틀'이라고 할 수 있다. 갓 태어난 신생아는 빨기와 같은 단순한 반사운동적 도식만을 갖고 있으나 아동이 성장함에 따라 감각운동적 도식들은 분화되고 통합되어서 더 많은 도식과 복잡한 도식으로 변화한다.

② 동화와 조절

적응(adaptation)은 환경과의 직접적인 상호작용을 통해 도식이 변화하는 과정으로, 아동은 인지발달 과정에서 동화(assimilation)와 조절(accommodation)이라는 두 가지 적응 과정을 거친다. 동화란 인간이 외부의 환경에서 새로운 자극이나 경험을 받아들일 때 자기가 이미 가지고 있는 기존 도식에 맞추어 받아들이는 적응 과정을 말한다. 반면에 조절은 새로운 자극이 기존의 도식에 맞지 않을 때 그 도식을 바꾸거나 수정하는 적응 과정을 말한다. 동화와 조절은 동시 발생적이며 평생을 통해 계속되는 과정이다.

③ 평형화

아동이 새로운 자극에 접했을 때 그 자극이 기존의 도식과 맞지 않으면 불평형 상태가 일어난다. 불평형 상태는 긴장과 갈등을 유발하여 평형 상태로 되돌아가려는 노력을 활성화시킨다. 이와 같이 모든 유기체는 일관되게 평형 상태를 추구하여 동화와 조절의 적응 과정을 통해 평형화(equilibrium)를 이루며 이러한 평형화 과정을 통해 인지적 성장이 촉진된다. 따라서 인지발달은 평형 상태에서 새로운 과제를 통해 평형이 깨지게 될 때 동화와 조절을 통해 재평형화를 이루는 연속적인 적응 과정이라고 볼 수 있다.

예를 들어, 새는 날개가 있고 뾰족한 입이 있으며 하늘을 나는 동물이라는 도식을 가지고 있는 아이가 비행기를 보고 새라고 말했다면, 새에 대한 기존 도식에 비행기를 맞추어 이해하려는 동화가 일어난 것이다. 그런데 비행기를 기존 도식에 동화시키기에는 크기나 모양이 달라서 기존의 도식을 변경하지 않으면 안 되게 될 때 조절이 일어난다. 이때 아이는 인지적 불균형 상태에 놓이게 되고 양육자에게 물어본 결과 비행기라는 답을 듣게 되면 아이는 새와 비행기의 차이를 알게 되는데, 이것이 평형의 상태이다.

(2) 인지발달 단계

피아제의 인지발달 이론은 인지 구조의 질적인 변화 과정을 4단계로 나누어 설명하고 있다. 이 4단계는 누구에게나 일정한 순서로, 단계적으로 진행되지만 발달 속도에 따라 표준으로 제시된 연령보다 빨리 또는 느리게 각 단계를 통과할 수 있다.

① 감각운동기(sensorimotor stage, 출생~2세)

이 시기에는 생득적인 반사행동, 즉 잡기, 빨기, 응시하기, 미소 짓기 등이 주로 나타나나 후반기에는 여러 도식의 협응(예: 눈과 손의 협응)이 이루어지고 대상영속성을 획득하게 된다.

② 전조작기(preoperational stage, 2~7세)

전조작기는 2~7세의 유아기에 해당된다. 2세 정도가 되면 유아는 언어발달과 함께 정신적 표상에 의한 사고가 가능해지면서 놀이나 언어 혹은 그림을 통해서 대상을 표상(representation)하는 능력이 생기기 시작한다. 그러나 아직 논리적으로 관계를 지을 수 있는 조작 능력이 제대로 발달되지 않아 전조작기라고 부른다. '조작'이란 과거에 일어났던 일들을 내면화시켜 서로 관련지을 수 있는, 논리적 관계를 지을 수 있는 것을 말한다. 이 시기의 사고 특징은 가역적인 사고가 불가능하고 직관적인 표상에 의존하는 경향이 있다는 것이다. 또한 자기중심적이며 물활론적인 사고의 특징을 보인다.

③ 구체적 조작기(concrete operational stage, 7~12세)

구체적 조작기는 학령기에 해당하는 시기로서, 이 시기의 아동은 논리적 사고 능력, 즉 조작 능력이 발달된다. 그러나 이 시기의 아동은 구체적 사물이나 상황에 대해서만 논리적으로 사고할 수 있기 때문에 구체적 조작기라고 부른다. 어떤 판단을 내리게 된 과정을 역으로 추적해 보는 가역적 사고가 가능해진다. 또한 보존 개념이 형성되고 자기중심성에서 탈피하여 자신의 견해와 타인의 견해가 다를 수 있음을 인식하게 된다.

④ 형식적 조작기(formal operational stage, 12세 이후)

12세 이후를 형식적 조작기라고 하는데, 이 시기에 접어들면서 성인과 같은 사고 체계를 형성하기 시작한다. 형식적 조작기에는 추상적 상황에 대해서도 논리적 사고가 가능하다. 또한 문제 상황에서 새로운 가능성을 생각할 뿐만 아니라 다른 여러 변인들을 고려할 수 있는 사고 능력을 가지게 된다.

인지발달 단계를 중요시한 피아제는 발달(development)이 교육(education)보다 선행하며, 교육이 발달을 촉진할 수 없다고 보았다. 이를 통해 유아기 아동을 위한 교육이 아동의 발달 수준에 적합하게 실시되어야 함을 강조했다. 또한 유아를 지식을 구성하는 능동적인 존재로 보고 유아와 환경과의 상호작용을 중요시한 피아제 이론은, 지식을 설명하고 전달하는 학습 이론에서의 교사 역할에서 벗어나 유아가 스스로 지식을 구성해 낼 수 있도록 도와주고 지지해 주는 안내자 역할에 대한 관점을 제공해 주었다.

전조작기 유아의 사고 특징

자기중심적 사고

사물이나 사건과의 관계를 자신의 관점에서만 판단하고 다른 사람의 입장에서 생각하지 못하는 것을 말한다. 이 시기의 유아가 이기적이기 때문이 아니라 모든 사람이 자신이 보는 방식과 같은 방식으로 세상을 본다고 믿기 때문에 타인의 관점이나 감정을 이해하지 못하는 것이다.

예 엄마의 생일 선물로 자신이 좋아하는 인형을 선물하면 좋아할 것이라고 생각하는 것이나 가면을 쓸 때 그림이 있는 쪽을 자신에게 향하도록 쓰면서 다른 사람이 볼 수 있다고 생각하는 것이다.

물활론적 사고

생명이 없는 대상이나 현상에 생명과 감정을 부여하는 것을 말한다.

예 인형을 때리면 인형이 아파한다고 생각하는 것이나 의자에 부딪혀 넘어졌을 때 의자가 일부러 자기를 넘어뜨렸다고 생각해서 '때찌'라고 말하면서 의자를 때리는 경우이다.

직관적 사고

어떤 사물을 볼 때 겉으로 보이는 방식에 따라 그 사물의 두드러진 속성을 바탕으로 사고하는 것을 말한다.

예 유아에게 똑같은 수의 구슬을 하나는 길게, 하나는 짧게 늘어놓고 어느 것이 많으냐고 물어보면 유아는 길게 늘어놓은 구슬이 더 많다고 대답한다.

예 유아에게 작은 구슬 5개를 모아 놓고 큰 구슬 3개를 넓게 놓은 후에 어느 것이 많으냐고 물어보면 큰 구슬 쪽이 더 많다고 대답한다.

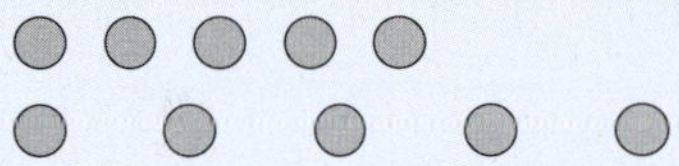

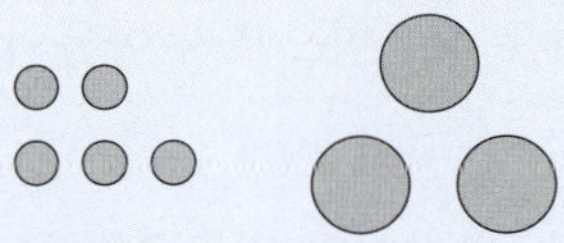

비가역적 사고

어떤 변화가 있을 때 이것을 먼저 상태에서 생각할 수 있는 사고 능력, 즉 가역적 사고 능력이 없는 것을 말한다. 이로 인해 수, 양, 길이, 면적 등의 외양이 변해도 그 속성이 바뀌지 않는다는 보존 개념을 이해하지 못한다.

예 같은 양의 물이 담긴 두 개의 컵 중에 하나를 밑면적이 넓고 낮은 컵에 담고 어느 컵의 양이 더 많은지 물어보면 길고 폭이 좁은 컵의 물이 더 많다고 대답한다.

2) 비고츠키의 사회문화적 인지발달 이론

Lev Vygotsky

러시아의 심리학자인 비고츠키(Vygotsky, 1896~1934)는 피아제와 같은 해에 태어났으나 38세의 젊은 나이에 요절했기 때문에 당시에는 업적이 잘 알려지지 않았었다. 그러나 1970년대 이후 비고츠키의 저서인 『사고와 언어(*Thought and Language*)』가 영어로 번역되면서 최근까지 그의 이론이 많은 관심을 끌고 있다.

비고츠키는 지식이 인간 내부에서 구성되어 간다는 점에서는 피아제와 입장을 같이 하지만 사회적 매개 요인의 영향을 강조함으로써 사회문화적 인지발달 이론을 발전시켰다.

(1) 지식의 사회적 기원

비고츠키의 사회문화적 인지발달 이론은 피아제가 간과했던 사회문화적 요인의 중요성을 강조함으로써 아동의 인지발달을 이해하는 데 새로운 견해를 제시하였다(Bodrova & Leong, 2001).

첫째, 피아제와 비고츠키 모두 아동이 인지발달에 있어서 적극적이고 능동적 존재이며, 지능을 스스로 구성한다는 것에 동의하고 있다. 그러나 피아제는 아동을 세상에 대해 스스로 학습해 가는 '독립적인 발견자'로 보는 반면 비고츠키는 인간 사회에서 자라는 아동이 완전히 독립적인 발견자는 될 수 없으며 그 사회의 가치와 신념, 관습 등의 문화적 특성이 아동의 사고 과정과 발달에 영향을 준다고 보았다.

예를 들어 파푸아뉴기니의 아이들이 알고 있는 동물의 종류는 한국 아이들이 알고 있는 것과는 다를 뿐만 아니라 이들이 동물들을 기억하는 데 사용하는 전략 또한 다를 것이다. 이처럼 유아를 둘러싼 총체적인 사회 환경은 아동으로 하여금 무엇을 알고 어떻게 사고할 것인가를 결정한다.

둘째, 인지발달의 문화적 보편성을 강조했던 피아제와는 달리 비고츠키는 인지발달의 문화적 특수성을 강조하였다. 피아제에게 인지발달은 유아의 문화적 맥락과는 관계없이 보편적인 성격을 지니는 것으로 모든 아동들은 열네 살 무렵이 되면 형식적 조작 단계에 도달하게 된다고 보았다. 반면 비고츠키는 모든 문화권의 아동이 똑같은 인지발달 단계를 거친다고 보지 않았다. 즉, 밀림사회나 유목사회같이 형식적 조작을 요하는 사고를 많이 하지 않는 문화권에서 살고 있는 유아들이 모두 형식적 조작 단계에 도달하는 것은 아니라고 보았다.

셋째, 비고츠키는 아동의 인지발달은 자신이 속한 문화권에서 보다 성숙한 구성원과의 상호작용을 통해 이루어진다고 보았다. 피아제의 관점에서 보면 인지발달은 유아와 물리적 사물과의 상호작용 속에서 이루어지는 것이지만(Beilin, 1994) 비고츠키는 물리적 조작과 함께 사회적 상호작용이 모두 발달에 필요하다고 보았다.

예를 들어, 블록 영역에서 놀이하는 유아에게 교사가 '이 블록들은 크기가 다르구나' 라고 말한다면 유아는 블록의 크기에 관심을 갖게 될 것이다. 교사의 생각과 말은 유아가 무엇을, 그리고 어떻게 학습할 것인가에 영향을 준다. 이처럼 유아가 사물을 직접 만지고 조작해 봄으로써 지식을 구성하는 것도 중요하지만 사회적 상호작용을 통해 유아는 사물의 특성과 주요 개념에 주의를 기울일 수 있게 된다.

이와 같이 비고츠키는 인지발달을 사회적으로 중재된 과정(socially mediated process)으로 보기 때문에 아동 발달의 결정 요인으로서 문화를 강조하였다. 또한 문화적 맥락이 아동의 성장과 발달에 미치는 영향이 크기 때문에 모든 아동이 동일한 발달 단계를 거치는 것은 아니며, 성인이나 보다 성숙한 또래와의 사회적 상호작용이 발달에 영향을 미친다고 보았다.

(2) 근접발달지대

근접발달지대(Zone of Proximal Development: ZPD)란 아동이 스스로의 힘으로 문제를 해결할 수 있는 수준인 실제적 발달 수준과 성인이나 유능한 또래로부터 도움을 받아 문제를 해결할 수 있는 수준인 잠재적 발달 수준 사이의 중간 영역을 말한다. 즉, 근접발달지대 안의 문제는 부분적으로 도움을 받아 수행할 수 있는 수준이며, 성인이나 유능한 또래의 암시와 실마리, 교재, 활동, 또래와의 협동학습을 통해 도움을 제공해 줄 수 있다.

이러한 근접발달지대는 몇 가지의 특성을 갖는다(Bodrova & Leong, 2001).

- 근접발달지대는 고정된 것이 아니라 유아가 좀 더 높은 수준의 사고와 지식을 달성함에 따라 계속 변화하는 역동적 특성을 갖는다([그림 3-3]).
- 근접발달지대는 유아에 따라 그 폭이 다르다. 예를 들어, 4세 된 어떤 유아는 다른 사람이 도와주면 6세용 문제까지 풀 수 있는 반면, 또 다른 어떤 유아는 똑같은 도움을 받더라도 5세용 문제밖에 풀지 못할 수 있다.
- 근접발달지대의 크기는 같은 유아라 하더라도 학습의 영역에 따라, 그리고 시기에 따라 다르다. 예를 들어, 어휘력은 뛰어나지만 신체발달이 늦은 유아의 경우 책을 읽을 때는 조금의 도움만 주면 되지만 동작 활동을 할 때는 많은 도움이 필요하다. 또한 수 세기를 처음 시작한 경우에는 많은 도움을 필요로 하지만 3개월이 지난 뒤에는 도움의 정도가 줄어들 수 있다.

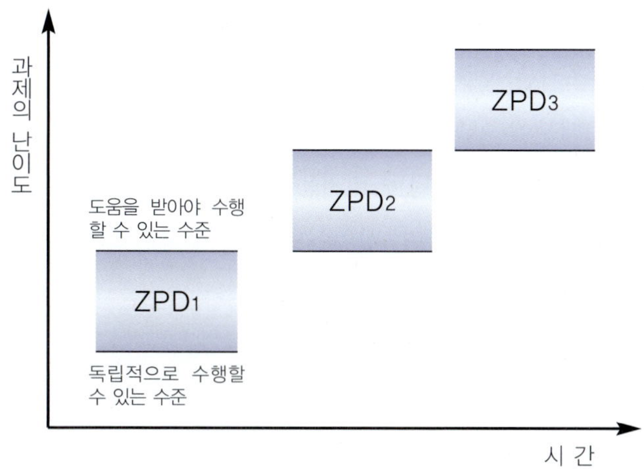

그림 3-3 **근접발달지대의 역동적 특성**(Bodrova & Leong, 2001)

비고츠키는 근접발달지대를 발달과 학습을 위한 전략으로 간주하였다. 비고츠키의 근접발달지대는 '현재의 유아' 보다는 '미래의 유아' 에 초점을 두고, 이미 획득된 것보다는 현재 또는 미래의 과정에서 계속 성장 중에 있는 인지 과정에 초점을 두고 있다. 따라서 교육의 역할은 근접발달지대 안에 있는 경험들을 제공함으로써 유아들의 학습을 적극적으로 발달적 경로에 따라 이끌어 내는 것이다. 교육은 언제나 유아의 현재 능력보다는 새롭게 생기는 능력에 맞추어 가야 한다고 본 비고츠키와는 대조적으로 피아제는 유아의 현재 발달 수준이 그 아이의 학습 능력을 결정해 주기 때문에 모든 교육은 유아의 인지 능력에 맞추어져야 한다고 보았다.

(3) 비계(scaffolding) 설정

근접발달지대와 매우 밀접한 연관이 있는 개념이 비계(scaffolding)이다. 비계란 건축학에서 빌려온 용어로서 건물을 지을 때 발판으로 사용하다가 건물이 완성되면 제거해 버리는 장치, 임시 구조물을 말한다. 이를 교육에 적용하면 비계는 아동이 스스로의 힘으로 문제를 해결할 수 있도록 성인이나 유능한 또래가 도움을 제공하는 것을 의미하며, 일단 아동이 혼자서 문제를 해결할 수 있게 되면 비계는 더 이상 필요 없게 된다.

보다 능력 있는 협력자가 아동의 인지발달을 위해 비계를 설정하여 아동이 성장할 수 있도록 도와주어야 한다. 과제에 대한 상대방의 수행 능력에 따라 도움의 질을 조절해 가는 것으로써 과제가 학습자에게 새로운 것일 때는 보다 많은 도움을 주고 점차적으로 학습자가 과제에 대한 보다 많은 책임을 맡게 하면서 학습자의 자율성, 독립성, 책임감을 길러 주는 것이다.

(4) 정신의 도구로서 언어

피아제 이론에서 언어는 지적 발달의 원천이라기보다는 지적 발달의 부산물에 불과하다(Beilin, 1994). 그러나 비고츠키 이론에서는 언어가 인지발달에 중대한 역할을 하며 유아의 정신 기능의 핵심이 된다고 보았다.

언어가 사고 발달에 유익한 것은 사회적 상호작용의 매개 역할을 하기 때문이다. 비고츠키에 의하면 사회적 상호작용, 특히 아동과 성인 간의 대화가 아동이 특정 문화를 적절하게 사고하고 행동하는 법을 습득하는 데 필수적이라고 보았다. 언어는 사고를 위한 실제적인 메커니즘이며 정신의 도구이다. 언어는 유아로 하여금 상상하고, 조직하며, 새로운 생각을 만들어 내고, 그런 생각을 다른 사람들과 나누는 것을 가능하게 한다. 즉, 인간의 지적 기능은 도구(tools)에 의해 매개되며 인간이 사용하는 여러 도구들 중에서 가장 특징적인 도구가 바로 언어이다(이기숙 외, 2005). 또한 언어는 주의 집중, 암기, 감정 조절, 문제해결 등 여러 가지의 정신기능을 익히기 위한 전략을 개발하는 데 이용될 수 있다. 그러므로 언어는 인지발달의 도구이면서 인지 과정 그 자체의 일부분이 되는 두 가지 역할을 하게 된다.

3) 교육적 시사점

피아제와 비고츠키의 인지발달 이론은 1960년대 이후부터 오늘날까지 교육 분야에 지대한 영향을 미쳤다. 인간 발달에 있어서 유기체의 내적 성숙이나 무의식적 충동, 환경으로부터의 자극을 강조했던 이전 이론들과는 달리 아동을 환경과의 상호작용을 통해 지식을 구성하는 능동적·적극적인 존재로 보고, 인간이 지식을 어떻게 구성하는가에 대한 사고 과정 및 인지발달 단계 등을 밝힘으로써 다양한 학습 전략과 교육 프로그램을 개발하는 데 기여한 바가 크다.

비고츠키의 인지발달 이론에 의한 교육적 시사점은 다음과 같다.

첫째, 인간의 발달에서 사회문화적 맥락의 중요성을 강조한 점이다. 유아가 성장하고 발달하는 데 있어서 유아가 속한 사회문화적 요소들이 미치는 영향은 매우 크다. 이전까지 대부분의 발달 이론가들은 보편적인 아동 발달에 초점을 두었으나 비고츠키는 한 문화권 내에서의 개인간 차이뿐 아니라, 각 문화권 간에서의 개인의 차이에도 관심을 가졌다. 이러한 차이들은 유아의 행동 및 발달 단계를 이해할 때 그 유아가 속해 있는 사회문화적 맥락을 함께 이해해야 함을 의미한다.

둘째, 아동과 학습과의 관계를 설명함에 있어서 학습이 발달을 이끌 수 있다고 보았다. 근접발달지대와 비계 설정이라는 학습 전략을 제공함으로써 아동의 발달과 학습에 대한 실질적 정보를 제공하였고 교사 및 또래 유아의 중요성을 제시하였다. 유아는 자신이 속한 환경 속에서 성인과의 상호작용이나 협력을 통해 내적인 발달 과정을 이루어 가기 때문이다.

인간 발달을 설명하는 대표적인 발달 이론 중 인간의 생물학적 요소에 초점을 둔 성숙 이론, 인간의 내면 문제에 초점을 두고 성격 발달을 설명한 정신분석 이론, 환경의 영향을 강조하면서 인간의 행동에 초점을 둔 학습 이론, 그리고 인간의 인지적 사고 과정에 초점을 둔 인지발달 이론에 대해서 살펴보았다. 지금까지 인간 발달의 모든 측면을 완벽하게 설명할 수 있는 통합된 단일 이론은 나오지 않았다. 각각의 발달 이론이 인간 발달의 복잡하고 다양한 측면을 모두 설명하지 못할지라도, 또한 인간의 발달을 보는 관점이 다를지라도 이들 이론들은 발달이라는 복잡하고 다양한 현상을 여러 관점에서 상호 보완적으로 이해할 수 있는 틀을 제공해 준다는 점에서 교육적으로 기여하는 바가 크다.

:: 참고문헌

강문희 · 김매희 · 유정은(2007). 아동발달론. 경기: 공동체.

김태련 · 장휘숙(1992). 발달심리학. 서울: 박영사.

이기숙 · 장영희 · 정미라 · 엄정애(2005). 유아교육개론. 서울: 양서원.

이숙재 · 이봉선(2003). 영유아의 발달과 교육. 서울: 창지사.

정옥분(2003). 아동발달의 이론. 서울: 학지사.

Boyd, D. & Bee, H.(2009). *The growing child*. Boston: Allyn & Bacon.

Beilin, H.(1994). Jean Piaget' s enduring contribution to developmental psychology. In R. D. Parke, P. A. Ornstein, J. J. Reiser, & C. Zahn-Waxler(eds.). *A century of developmental psychology*(pp. 333-356). Washington, DC: American Psychological Association.

Bodrova, E., & Leong, D. J.(2001). 정신의 도구: 비고츠키 유아교육. 김억환 · 박은혜(역). 서울: 이화여자대학교 출판부.

Erikson, E. H.(1963). *Childhood and Society*. NY: W. W. Norton & Company.

Kliebard, H. M.(1995). *The struggle for the American curriculum*. NY: Newson & Company.

Miller, P. H.(1993). *Theories of developmental psychology*(3rd ed.). NY: W. H. Freeman & Company.

제 4 장

유아교육과 유아교육과정

학습목표

1. 교육과정의 개념 및 교육과정 분야에서의 주요 쟁점을 이해한다.
2. 유아교육과정의 개념과 역사적 발전 과정을 이해한다.
3. 우리나라 국가 수준 유아교육과정에 대해 안다.

유아교육과정을 알기 위해서는 우선 교육과정 전반에 대한 이해가 필요하다. 그런 의미에서 먼저 교육과정 전반에 대한 것을 개괄적으로 살펴보기로 한다.

01 교육과정에 대한 전반적 이해

1) 교육과정의 개념

'교육과정' 은 교육을 전제로 한다. '교육' 은 한문으로 '敎育', 영어로는 'Education' 또는 'Pedagogy' 라고 쓴다. 이 단어들은 공통적으로 '아직 미성숙한 어린이를 가치 있는 방향으로 이끈다', '속에 있는 가능성을 밖으로 이끌어 낸다' 라는 의미를 내포하고 있다. 즉, '교육' 을 하기 위해서는 '교육자(누가)', '학습자(누구에게)', '교육해야 할 실체와 방법(무엇을 어떻게)' 이 기본 조건임을 알 수 있다. 여기서 '교육해야 할 실체와 방법' 이 바로 '교육과정' 의 개념과 직접 맞닿아 있다.

'교육과정' 이라는 단어가 쓰이기 시작한 것은 1918년에 보비드(Bobbitt, 1876~1956)가 『교육과정(*The Curriculum*)』이라는 제목의 책을 내면서부터이다. 이 책에서 교육과정이 하나의 전문 분야로 취급되었다(이홍우, 1992). '교육과정' 이란 영어로는 'Curriculum' 으로 표기하는데, 이는 라틴어 쿠레레(Currere: '뛴다' 라는 뜻)에 어원을 두고 있으며 '달리는 행로, 과정(Course)' 이라는 의미가 있다. 이런 의미를 교육에 적용하면 '학습자가 교육 목표 성취를 위해 거치는 과정' 이 곧 교육과정이라고 할 수 있다(김동환 · 권낙원, 1995).

이상의 교육과정 개념과 관련하여 다음과 같은 교육과정에 대한 몇 가지 정의를 보아도 교육과정의 핵심은 '무엇을, 왜, 어떻게 가르쳐야 하는가' 임을 알 수 있다.

이성호(1989: 22): "교육과정이란 교육을 주도하는 기관이 그 기관의 교육 목표에 따라 학습자의 성장과 발전을 돕기 위하여 체계적으로 개발하여 수립하는, 지식과 경험을 포함한 모든 종류의 교육 내용의 사전 계획과 기대하는 결과이다."

이홍우(1992: 97): "교육과정 이론은 결국 '무엇을 왜 어떻게 가르칠 것인가'에 대한 해답으로 볼 수 있다."

강성빈(1999: 32): "교육과정을 정의할 때는 목표의 개념과 내용의 개념, 그리고 이 목표와 내용이 어떤 것을 지향하기 위하여 의도적으로 구성된다는 계획성의 개념을 포함시키면 된다."

이런 여러 가지 사실에 근거하여 본 장에서는 교육과정의 일반적 개념을 '형식적 교육기관에서 교육 목적과 목표를 설정한 후 이를 달성하기 위해 교육 내용, 방법을 조직해 놓은 것'으로 일단 정의하고자 한다. 굳이 여기서 '일반적 개념', '일단 정의하고자 한다'라는 말을 붙인 이유는 교육과정을 무엇으로 볼 것인가, 어디까지를 교육과정이라고 할 것인가 등 그 개념이나 범위에 대한 논란이 아직까지도 분분하기 때문이다. 이와 관련하여 교육과정 분야에서 역사적으로 계속 거론되어 온 몇 가지 주요 쟁점들을 살펴보고자 한다.

2) 교육과정 분야에서의 주요 쟁점

(1) 교육과정의 범위: 형식적 교육과정과 잠재적 교육과정

어디서부터 어디까지를 교육과정의 범위로 볼 것인가 하는 문제로 '형식적 교육과정'과 '잠재적 교육과정'으로 대별된다. 형식적 교육과정이란 교육기관에서 의도적 목적하에 가르치려고 계획한 전통적 의미의 교육과정이다. 흔히 표면적 교육과정, 공식적 교육과정이라고도 부른다. 여기서 중요한 것은 교육 목표와 교육 내용의 체계적이고 공식적인 계획이다.

이와 관련하여 타일러(Tyler, 1902~1994)는 '교육과정을 체계적으로 계획하는 방법'에 대해 현재까지도 통용되는 교육과정 개발 이론을 내놓은 바 있다. 그는 1949년에 발표한 저서 『교육과정과 교수의 기본 원리(*Basic Principles of Curriculum and Instruction*)』에서 교육과정을 '교육 목표와 내용, 방법, 평가의 유기적 연계'로 설명하고 있다. 교육과정 개발 시 우선되어야 하는 작업이 '교육 목표 설정'인데 이를 바르게 하려면 [그림 4-1]에서 보는 것처럼 세 가지 원천(sources)–'학습자의 필요와 흥미', '현재 사회의 생활 조건·가치관', '교과 전문가의 견해'–을 중요하게 고려해야 한다. 이렇게 해서 추출된 잠정적 교육 목표를 '철학'(가치성)과 '학습 심리학'(실천 가능성)이라는 두 가지 체(screen)에 걸러 냄으로써 비로소 합리적인 교육 목표를 설정할 수 있다. 이때 교육 목표 진술은 '내용'과 '행동' 두 가지 요소가 포함되도록 해야 한다. 교육 목표가 설정되고 나면 그것을 준거로 교육 내용 선정(학습 경험 선정), 교육 방법(학습 경험 조직), 평가 방법 및 절차 등을 정할 수 있다. 이와 같은 타일러의 이론은 교육과정 개발 이론 중 목표 모형[1]으로서 지금까지도 유치원을 포함한 각급 학교의 형식적 교육과정 구성에 큰 영향을 주고 있다.

---

1) 전통적인 교육과정 개념인 목표 모형과 대비되는 개념은 내용 모형이다. 목표 모형 입장에서 교사의 역할은 교육 목표(내용+행동으로 진술)를 상세화할 때 밝혀진다. 이에 비해 Bruner(1960)의 『교육의 과정(*The Process of Education*)』에 근거를 둔 내용 모형은 '지식의 구조' 자체를 목표로 강조한다. 이 입장에 설 때 교사의 역할은 다른 외부적 목표가 아닌 학문 그 자체의 성격에 충실하도록 가르침으로써 학습자가 지식의 구조를 파악 또는 발견하도록 하는 것이다(이홍우, 1992).

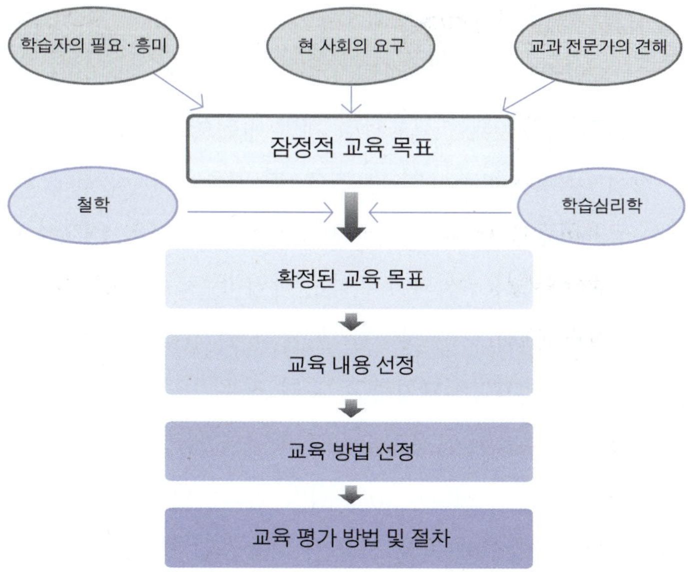

그림 4-1 타일러 이론(Tyler, 1949)**의 모형화**[2)]

다음으로, 형식적 교육과정에 대비되는 개념이 잠재적 교육과정이다. 이는 1968년에 출판된 잭슨(Jackson)의 저서 『교실에서의 생활(*Life in Classroom*)』에서 '숨겨진 교육과정(hidden curriculum)' 이란 용어로 처음 사용되었다. '숨겨진 교육과정' 은 이후 '비공식적 교육과정(unofficial curriculum)', '잠재적 교육과정(latent curriculum)' 이란 단어와 함께 통용되었다(김종건, 2007: 재인용). 잠재적 교육과정이란 교사가 의도하거나 계획하지 않았는데 결과적으로 학습자들이 배우게 된 것으로 '학교교육의 결과' 까지도 교육과정의 범주에 넣을 때 나올 수 있는 개념이다. 예를 들어, 교사가 학생을 평소 어떻게 대하느냐에 따라 학생이 교사나 또래 친구의 권위에 순종하는 것을 배운다. 형식적 교육과정에는 기재되어 있지 않은 '조직의 권위에 순응하는 방법' 을 배우는 것이다.

2) [그림 4-1]은 필자가 Tyler의 저서 원문을 요약하여 모형화한 것이다.

이와 같이 의도하지 않았는데 기관의 물리적 조건, 제도 및 행정조직, 또는 심리적 상황 등을 통하여 학습자들이 배우게 되는 것인 잠재적 교육과정에 대해 특히 유아교육 분야에서는 상당한 의미를 부여하고 있다. 유아기는 인간 발달의 가장 중요한 시기이자 모든 것을 가장 민감하게 받아들이는 시기이기 때문이다. 그런 의미에서 교사는 물론이고 운전기사나 주방 조리사 등 모든 인적 요인, 기관 자체의 물리적 환경, 정서적 분위기, 원 주변의 바깥 환경 요인까지도 교육과정에 영향 미치는 중요 변수로 고려해야 하는 것이다.

(2) 바람직한 교육과정에 대한 관점 변화: 교과 중심, 경험 중심, 학문 중심, 인간 중심

교육과정의 중심을 어디에 두어야 하는가에 대한 논의이다. 역사적으로 그 대세는 다음과 같은 순서로 변화되어 왔다.

① 교과 중심 교육과정: 각 교과에서 중시하는 '지식' 을 학습자에게 전수하는 것이 가장 중요하다고 보는 전통적 입장이다. 1920년대 중반에 널리 퍼져 있던 교육과정의 유형으로서, 오늘날까지도 교육 현장에서 통용되고 있다. 교사 중심의 교육을 중시한다.

② 경험 중심 교육과정: 듀이(Dewey, 1859~1951)의 이론에 근거하여 1930~1950년대에 교육계에 크게 영향을 미친 개념이다. 이 개념에 의하면 교과 중심 교육과정은 학습자의 실제 삶과 동떨어진 '죽은 교육' 이며, 따라서 실생활과 관련된 교육 활동을 교육과정의 중심으로 삼아야 한다고 주장한다. 학습자의 요구와 흥미, 경험이 교육과정 형성의 중요 요인이다.

③ 학문 중심 교육과정: 1960년대 들어서 나타난 교육과정 유형으로, 브루너(Bruner, 1915~2016)의 이론에 근거하고 있다. 이 개념에 의하면 경험 중심 교육과정은 지식의 핵심을 체계적으로 교수할 수 없다. 그런데 점점 복잡해지는 지식사회에서 모든 지식을 다 익힐 수는 없기 때문에 학습자들에게 '지식의 기본 구조' 를 익히도록 하는 것이 중요하다. 이런 입장에서 교육과정은 교과에

내재해 있는 '기본 원리' 나 '핵심적 아이디어' 를 체계적으로 조직한 것이 되어야 하며, 이때 중심이 되는 교육 방법은 교사의 직접 교수가 아닌 '학습자의 탐구 과정' 이다.

④ 인간 중심 교육과정: 1970년대 들어서 교육의 비인간화에 대한 우려가 높아지면서 대두된 교육과정의 새로운 유형이다. 여기서는 학습자가 한 사람의 전인으로 성장하는 데 필요한 경험을 균형 있게 제공할 것을 강조하며, 학습자에게 영향을 미치는 경험은 의도적이건 비의도적이건 모두 교육과정의 범위 안에 포함된다고 본다.

(3) 교육과정 계획 시기: 계획된 교육과정과 발현적 교육과정

교육과정을 언제 계획하는 것이 바람직한가에 대한 논의이다. 계획된 교육과정은 교육이 이루어지기 전 교육계획안이 준비되어 있어야 하는 것으로 보는 데 비해, 발현적 교육과정(emergent curriculum)은 교육의 과정(process) 중 발현되는 내용에 더 큰 의미를 부여한다.

발현적 교육과정은 교육의 과정 중 교사와 학습자(들)의 역동적으로 변화하는 흥미나 관심 방향, 부모나 지역사회에서 오는 지원 등에 따라 교육 내용과 방법을 그때그때 적절하게 발현시키고 조정함으로써 보다 효과적인 교육을 할 수 있다고 본다. 이 입장을 취할 때 교사는 학습자들을 잘 관찰하고 그들의 소리를 '잘 들어야' 한다. 여기서 '듣는 것' 은 단순히 귀로 듣는 것만을 의미하는 것이 아닌 학습자의 말, 행동, 작품에 대한 기록 및 해석, 이에 기초한 분석의 과정까지를 포함하는 고차원적인 개념이다(Rinaldi, 1998). '잘 듣는' 동시에 교사는 학습자를 자극할 수 있는 상황도 만들어 내면서 학습이 최대한 효과적으로 확장될 수 있도록 유의해야 한다(Gandini & Edwards, 1988). 구체적인 사례로서 레지오 에밀리아 시의 유치원들은 프로젝트를 통해 이런 발현적 교육과정을 잘 구현하고 있다고 세계적으로 인정받고 있다. 우리나라를 비롯한 선진 여러 나라 유아교육기관들에서 '프로젝트를 통한 통합적 교육과정' 에 큰 관심을 기울이는 이유도 여기에 있다.

(4) 교육과정 계획, 실행, 결과의 관계: 의도된 교육과정, 전개된 교육과정, 실현된 교육과정

의도된 교육과정이 과연 얼마나 교수되고 있으며, 그래서 학습자들에게 어떤 결과로 나타나는가에 대한 논의이다. [그림 4-2](강성빈, 1999: 35-36)에서처럼 교육과정, 교수, 학습의 세 영역이 모두 합쳐진 부분이 교사가 의도한 교육과정을 실제 교수하여 학습자에게서 결과로 나타난 것이다. 가장 이상적 관계는 '교육과정에 포함된 목표와 내용'을 '교사가 모두 잘 가르치고(실행)', '이를 학습자들이 모두 학습한(결과)' 경우이다. 즉, 의도된 교육과정과 전개된 교육과정, 실현된 교육과정이 완벽하게 일치할 때이다. 그러나 실제로 교육 현장에서 이런 완벽한 관계는 거의 불가능하다.

예를 들어, 만일 어떤 유치원에서 표면적으로 표방하고 있는 것은 놀이 중심 교육과정인데 실제로는 교사가 계획한 안대로 교육과정을 구성·운영한다면 '의도된 교육과정, 전개된 교육과정, 실현된 교육과정 간의 합집합'은 극히 적은 부분이 될 수밖에 없다. 심한 경우 [그림 4-3]과 같이 합집합이 전혀 없는 '무의미한 교육'이 될 수도 있다.

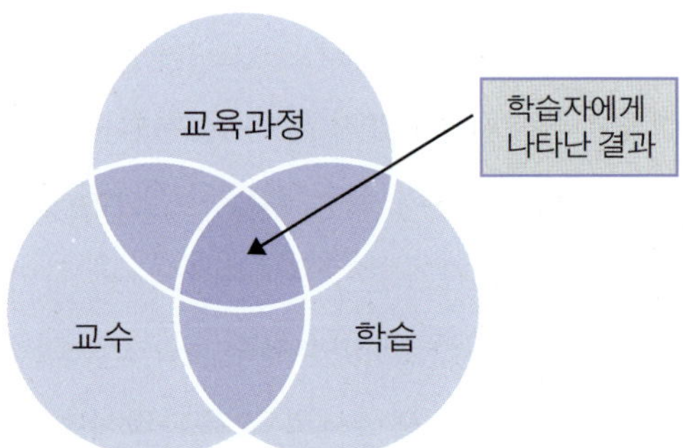

그림 4-2 교육과정, 교수, 학습의 관계

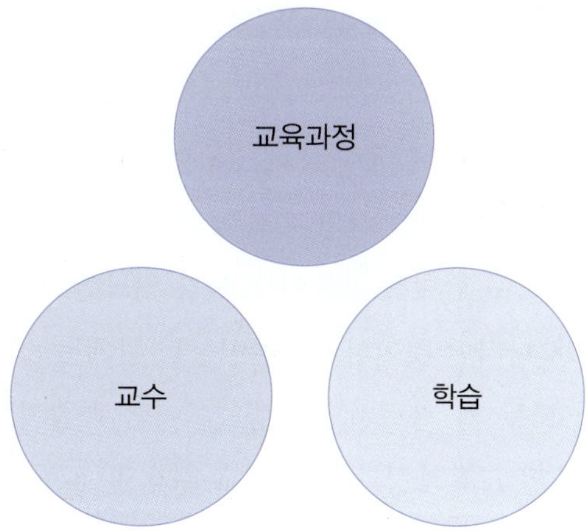

그림 4-3 교육과정, 교수, 학습의 합집합이 없는 '무의미한 교육'

02 유아교육과정의 개념 및 역사적 발전 과정

1) 유아교육과정의 개념

교육과정의 개념 정의가 통일되어 있지 않은 것처럼 유아교육과정의 개념 정의 또한 학자마다 매우 다양하다. 그런데 이런 다양한 개념들을 정리하여 슈바르츠와 로비슨(Schwartz & Robison, 1982)은 5가지 범주로 〈표 4-1〉과 같이 정리(이기숙, 김정원, 이현숙, 전선옥, 2018: 재인용)한 바 있다. 이 중 1960년 이후 유아교육과정 분야에서 가장 보편적으로 통용되는 개념은 '프로그램'으로서의 교육과정이며, 그 결과 현재 '유아교육과정'이라는 용어와 '유아교육 프로그램'이라는 용어가 거의 동의어로 사용되고 있다.

표 4-1 슈바르츠와 로비슨이 분류한 유아교육과정 범주

교육과정 범주	특 징
우연히 일어난 것	• 교육 활동은 유아의 선택과 행동에 의해 나오게 되며 미리 계획할 수 없다. • 학습의 구체적인 내용보다는 학습하는 과정에 기초를 둔다. • 교사는 유아의 흥미와 요구를 바탕으로 교육 환경을 만들어 주며 관찰과 배려로 유아들을 안내하려 노력한다. • '유아를 중심으로 하는 개별화된 교육'이라는 장점을 가지고 있으나 교육과정의 범위가 모호하여 유능한 교사가 아니면 운영하기 어렵다.
기관에서 갖게 되는 모든 경험	• 교사가 의도적으로 제공하는 경험뿐 아니라 의도하지 않았지만 유아에게 영향을 줄 수 있는 잠재적 교육과정까지를 말한다. • 계획되지 않은 많은 요인이 유아들에게 영향을 미친다고 보므로 교육 환경, 의사소통 과정 등에 대한 교사의 민감성이 요구된다.
교수를 위한 계획	• 전통적인 개념의 보편적인 교육과정이다. • 목표, 내용, 방법 등의 계획을 중심으로 하며, 그 형태는 매일의 교육 내용을 진술하는 것에서부터 주제나 내용 영역에 따라 일련의 활동들을 진술하는 것까지 다양하다. • 사전 교수계획으로 그때그때 유아의 요구나 흥미를 융통성 있게 반영하기 어렵다는 비판을 받는다.
교수 요목	• 교육 목표와 내용, 순서를 일련의 문서로 작성해 놓은 것이다. • 공식적인 문서의 성격을 갖고 있으므로 교사가 교수계획안을 짤 때 준거가 되어 준다.
프로그램	• 몬테소리 프로그램, 디스타 프로그램(DISTAR: Directed Instructional System for Teaching Acceleration and Remediation)처럼 특별한 이름을 가진 유아교육의 모델 유형이다. • 일반적인 교육과정의 개념보다는 구체화되어 있고, 실제 현장에서 가르치는 교육 내용을 상세하게 기술한 협의의 개념으로 이해된다.

한편, 현재 전 세계 유아교육계에 큰 영향력을 미치고 있는 미국유아교육협회(NAEYC: National Association for the Education of Young Children)(Bredekamp & Rosegrant, 1992)에서는 '발달에 적합한 교육과정(DAP: Developmentally Appropriate Practice)을 강조하면서 유아교육과정의 개념을 다음과 같이 광의로 정의 내린 바 있다. 그러면서 놀이를 통한 학습이 교육과정의 중심 구성요소가 되어야 한다는 점을 강조하였다.

NAEYC의 유아교육과정 정의

교육과정이란 '설정된 목적(identified curricular goals)을 성취하기 위해 어린이가 학습할 내용, 목적을 성취해 가는 과정, 이 목적들을 성취하도록 돕는 교사의 역할, 교수와 학습이 일어나는 맥락(contexts)을 보여 주는 조직화된 틀' 이다.

그럼 이제 보다 구체적으로 유아교육과정은 어떤 과정을 밟으며 오늘날과 같은 모습으로 발전해 왔는지 살펴보자.

2) 유아교육과정의 역사적 발전 과정[3)]

(1) 19세기 이전

고대 로마 시대 이전에는 5~6세 어린이를 성인의 축소판으로 보았다. 자연히 학습 방법도 성인 학습 방법과 같은, 즉 언어에 기초한 방식(language based mode)으로 이루어졌다. 그런데 루소(Rousseau, 1712~1778)는 이런 방식에 반기를 들고 '어린이는 성인의 축소판이 아닌, 연속적인 단계를 거치면서 발전하는 존재' 라는 점과, '환경과의 직접적인 상호작용(자연세계 강조)을 통한 교육이 효과적' 이라는 점을 주장했다. 루소가 '발달 단계에 따른 학습' 을 중요하게 본 점, '상호작용적, 감각에 기초한 과정(an interactive, sensorially based process)으로 학습' 을 표현한 점, '놀이를 학습의 매개체' 로 인지한 점 등은 이후 유아교육과정 분야에 강력하게 작용한 요인들이다.

루소의 뒤를 이어 페스탈로치(Pestalozzi, 1746~1827)는 어린이에게 사회적 환경이 매우 깊은 영향을 미친다는 점을 강조했다. 특히 그는 부모가 자녀 교육에 결정적인 영향을 미친다는 점을 널리 알림으로써 유아교육과정 구성 및 운영에서 부모

3) 우리나라 유아교육과정의 발전 과정에 가장 많은, 그리고 지속적인 영향을 끼쳐 온 나라는 미국이다. 그런 이유로 유아교육과정의 역사는 William(1992)의 "Determining the curriculum"의 내용을 중심으로 정리하였다.

의 역할을 부각시켰다.

그러가 하면 유치원의 창시자로 널리 알려져 있는 프뢰벨(Fröbel, 1782~1852)은 처음으로 유아를 위해 계획된 교육과정을 고안했을 뿐 아니라 놀이를 교수의 중요 매개체로 소개했다는 점에서 유아교육과정 분야에 공헌한 바 크다. 프뢰벨이 제안한 놀이의 개념은 교사-지시적 과정(a teacher-directed process)이었다는 점에서 현대적 개념의 놀이와는 상당 부분 다르지만, 놀이를 '창의적인 자기 활동' 의 형태로 이해했다는 점에서 상통하는 면도 가지고 있다. 그는 유아교육의 목적을 '자기 실현(self actualization)' 으로 보고 교육과정의 중요 요소로 '은물(gifts)' 과 '작업(occupation)' 을 소개하였다.

(2) 19~20세기 중반

듀이를 중심으로 한 진보적 교육자들은 교사 지시적인 프뢰벨식 교육과정으로는 실생활에서 부닥치는 문제 내지는 도전을 해결할 수 없다고 보았다. 그렇기 때문에 진보적 교육자들은 유아교육과정이 '사회적 문제 해결 과정(social problem-solving processes)을 돕는 활동들의 융통성 있는 묶음(flexible grouping)' 으로 구성되어야 한다고 보았다. 예를 들어, 식료품점처럼 지역사회에서 친숙하게 볼 수 있는 기관들을 교실 안에 꾸며 놓고 유아들로 하여금 사회극 놀이로 소집단 활동을 하도록 하는 식이다. 실생활 문제 해결을 중심으로 한 교과 영역들의 통합은 이런 필요와 인식에서 비롯된 것이다.

진보주의가 미국에서 강세를 보이고 있을 때 이탈리아에서는 몬테소리(1870~1952)가 전인적 아동(whole child)에 목표를 둔 과정 지향적 교육과정(process oriented curriculum)을 내놓았다. 어린이를 감각적 자극에 민감한 존재로서 "하고 있는 일에 흥미를 느끼면 오랫동안 정신 집중을 할 수 있으며, 깨끗한 것과 질서를 사랑하고, 단순한 놀이보다는 작업을, 장난감보다는 교육적 자료를 더 선호하는 존재"라고 보았기 때문이다. 결과적으로 몬테소리는 '어린이들의 학습에 대한 개인적 책임감과 독립심을 강화할 수 있는 교육과정' 을 고안했다. 과정으로서의 학습(learning as process)을 중시하던 그녀는 발달 단계를 고려한 교육과정을 조직하였다. 예를 들어, 민감기(3~6세)에는 실생활 연습과 감각훈련에 중점을 두었다. 쓰기, 읽기, 셈하기를 위한 준비도를 발달시키고 감각적 식별 능력을 정교하게 하기 위해서였다.

몬테소리와 동시대에 미국에서는 홀(Hall, 1846~1924)의 주도하에 아동연구운동이 활발히 이루어졌고 그 결과가 유아교육 실제에 영향을 미치기 시작했다. 어린이를 관찰, 연구한 객관적 결과들이 발표되면서 유아교육과정 개발자들은 유아를 위한 적합한 학습경험에 대해 큰 관심을 기울였다. 이와 관련하여 '전인적 아동(whole child)' 이라는 목표 달성을 위해 교수와 학습에 통합적 접근을 적용하여야 한다는 요구가 점차 증가하기 시작했다.

1920~1950년 사이 유아교육자들은 어린이들의 사회적 기능, 신체적 발달과 성숙, 정서적 건강, 그리고 정신적 기능으로서의 인지적 기술(cognitive skills)에 이르기까지 관심을 가졌다. 게젤(Gesell, 1880~1961), 에릭슨(Erikson, 1902~1994), 피아제(Piaget, 1896~1980) 등의 연구에 기초하여 1950년대 유아교육자들은 일반적으로 '아동 발달' 관점을 취하고 있었다. 이 30년 동안 영국과 미국의 교육자들은 공통적으로 유아의 성장, 발달, 교육에서 과정 중심(the centrality of process), 과정 표현으로서의 놀이(play as an expression of process)를 강조하였다.

(3) 1950~1960년대

관찰을 통해 어린이들의 학습 과정을 보다 더 잘 이해하게 되면서 유아교육과정 내용은 어린이들의 일상생활과 더 깊은 관련을 갖게 되었다. 이것은 부분적으로는 듀이의 영향이 계속된 탓도 있지만, 다른 한편으로는 에릭슨과 피아제의 영향도 컸다.

안나 프로이트(Anna Freud, 1895~1982)의 지도를 받은 에릭슨은 심리성적 발달과정(the course of psychosexual development)과 양육된 환경 간의 상호작용에 주목했다. 그러면서 유아들은 모두 상징놀이를 통해 갈등을 재구성한다고 주장했다. 이런 에릭슨의 이론을 받아들인 교육과정 개발자들은 일상사 위주의 놀이와, 유아들에게 친숙한 물체 중심의 프로그램을 구성하려고 노력했다.

그런가 하면 피아제의 인지발달 이론은 '유아교육과정에 놀이를 포함시키는 것'에 대해 이전과는 다른 근거로, 그러나 동일하게 강력한 근거를 제공했다. 피아제가 강조한 점은 인간의 본질적 특성이란 환경에 대한 적응을 통해 지식을 구성할 수 있다는 점이다. 어린이들은 출생 이후 정신 구조를 형성하고 확장하기 위하여 '동화'와 '조절'이라는 상호 호혜적 행위(reciprocal acts)를 계속해 나가게 되는데, 놀이는 특별히 동화 과정에 작용을 한다는 것이다.

(4) 1960~1970년대

이 시기 중요한 사건은 미국 중앙정부에서 유아교육 프로그램인 헤드 스타트(Head Start) 프로그램을 출범시켰다는 것이다. 헤드 스타트 프로그램의 목적은 특별히 저소득층 어린이들의 가능성을 개발해 주는 한편, 학교에 입학했을 때 일학년 생활을 잘 감당하도록 사회적, 정서적, 인지적, 언어적, 신체적으로 준비시키는 데 있었다. 그 사명은 어린이들이 실패하지 않도록 하는 것이었다. 그렇게 되도록 하기 위해 교육과정 개발 시 학교의 수업 내용 분석자와 학습 이론가들이 강하게 영향을 미치게 되었고, 교육과정 개발자 중 일부는 '아동 발달 접근'에서 '교사 주도 활동 비율을 높이면서 다양한 기능을 직접 교수하는 접근'으로 입장을 바꾸기도 하였다.

이런 와중에 1967~1973년 사이에는 유아교육과정 분야에 특별 전환이 있었다. 심리학자들과 유아교육자들은 학습자로서의 아동의 본성에 초점을 맞추는 대신 어떤 유아교육 프로그램이 표준화된 아이큐 테스트나 준비도 테스트에서 가장 높은 점수를 내는가를 찾기 시작했고, 관련 연구도 많이 이루어졌다. 구체적인 예로 '직접 교수 중심의 학문적 기능 위주 프로그램이 표준화된 테스트에서 보다 높은 점수를 받는다'거나 '…높은 점수를 받기는 하지만 초등학교에 들어간 후 추후 개입이 이루어지지 않으면 일반적으로 3학년 정도까지만 그 효과가 지속된다' 등의 연구 결과들이 발표되었다.

이런 연구 결과들은 흥미로운 여러 질문을 유발시켰다. 예를 들면 '특별한 특성을 가지고 있는 어린이에게 가장 최선의 프로그램은 무엇인가?', '교육과정에서 고려해야 하는 상황 변수들(예: 각 어린이들의 문화적 배경)은 무엇인가?' 등이다. 1970년대를 거치면서 이런 질문들은 교육과정 개발자들에게 '전인적 아동(whole child)'의 복잡성과, 교수와 관련된 다양한 측면에 관심을 기울이도록 만들었다.

(5) 1980년대~현재

1980년대 초 새로운 교육과정 개발의 움직임이 일어났다. 이는 공립학교의 종일제 유치원 설치에 대한 국가적 관심이 커진 데 따른 것이었다. 종일제 유치원은 헤드 스타트 프로그램과는 달리 사회경제적 지위에 관계없이 모든 어린이들의 필요에 기초하고 있었기 때문이다. 이런 움직임에서 두드러지는 특성은 전통적인 학교에서 강조하던 교과 영역에 대한 흥미가 또다시 나타났다는 점이다.

그러면서 '유치원에서 읽기와 계산과 같은 형식적·학문적 기능을 반드시 가르쳐야 한다' 고 느끼는 사람들과 '학문적 기능 획득은 유치원 아이들에게 발달적으로 적합하지 않다' 고 보는 사람들 간의 논쟁을 격화시켰다. 학문적 기능 교수가 필요하다고 보는 사람들은 학교 교과목을 가능한 한 빨리 유아들에게 제시해 줌으로써 학문적 성취를 촉진시켜야 한다고 보았다. 그 반대 입장에 선 사람들은 유아기에 더 중요한 것은 기본적 사고 과정을 발달시키는 것이라고 보았다. 또한 모든 교과 영역은 주변 세계를 경험하도록 고안된 학습 활동들에 통합될 수 있다고 주장하였다. 이때 놀이는 어린이들과 교과목 혹은 내용들을 연계시키는 역할을 한다는 것이다.

양측의 격렬한 논쟁이 계기가 되어 NAEYC에서는 1980년대 중반에 협회의 견해를 담은 정책을 발표(Breadkamp, 1986)하였다. 여기서 협회는 발달론자들의 입장에 서서 '발달에 적합한 실제' (DAP: Developmentally Appropriate Practice)– '연령 적합성' 과 '개인적 적합성' 강조–를 발표하였다. 이어 1997년에는 연령 적합성과 개인적 적합성에 사회·문화적 적합성을 하나 더 추가하여 발표하였다(Bredekamp & Copple, 1997). 즉, '교육과정은 다양한 교과 영역을 근거로 하는 지식과 지역사회의 문화와 가치까지를 반드시 고려해야 한다' 고 밝힌 것이다.

NAEYC가 DAP를 발표할 무렵 유아교육과정의 재개념화(Reconceptualization)

문제가 관심을 끌게 되었다. 재개념화의 핵심은 유아를 위한 교육과정의 올바른 근원으로서 가치체계를 중요하게 고려해야 한다는 주장이다(Kessler & Swadener, 1992). 교육과정의 재개념화에 대한 관심은 이어 유아교육과정 분야에서 다양한 문화와 신념체계를 고려하는 다문화 접근과 포괄적 접근에 대한 관심으로 확장되었다.

이상에서 유아교육과정의 역사적 발전 과정을 살펴보았다. 결국 유아교육과정의 역사는 '유아란 어떤 존재인가, 무엇이 유아들에게 학습되어야 할 가치 있는 내용인가? 이것을 언제, 어떻게 교육해야 하는가?' 에 대한 답을 찾기 위한 여정이었다고 볼 수 있다. 그럼에도 불구하고 아직까지도 '유아를 위한 최선의 교육과정은 바로 이것이다' 라는 단 하나의 답은 존재하지 않으며, 바로 그런 점 때문에 현재 다양한 유아교육 프로그램들이 존재하는 것이다.

03 우리나라 국가 수준 유아교육과정

1) 유치원 교육과정

우리나라의 유치원에서 시행하는 교육과정은 국가 수준 유치원 교육과정을 주 근거로 하고 각 시도의 유치원 편성 운영 지침을 고려하면서, 각 원별로 특성을 살려 구성한 것이다. 따라서 각 유치원의 교육과정 구성 및 운영에서 가장 기본적이고도 중요한 기준은 국가 수준의 유치원 교육과정이다.

국가 수준의 유치원 교육과정은 1969년에 처음으로 제정 공포(1차)된 데 이어, 1979년에 2차, 1981년 3차, 1987년 4차, 1992년 5차, 1998년 6차, 2007년에는 2007 개정 유치원 교육과정, 그리고 2011년에는 유치원과 어린이집 5세 유아를 대상으로 한 누리과정, 2012년에는 3~5세 누리과정(5세 누리과정은 일부만 수정됨), 2015년에는 2015개정 유치원 교육과정(3~5세 연령별 누리과정)[4]이 공포되었다. 이어 가장 최근인 2019년 7월 19일에 2019 개정 누리과정이 확정 발표되었고, 2020년 3월부터 만 3~5세 유아 대상으로 적용되고 있다. 이와 같은 개정의 배경에는 정치적인 이유, 사회적인 변화, 유아의 발달 변화, 교육과정의 중점에 대한 입장 변화 등이 작용하였다. 여기서는 2019 개정 누리과정의 기본적 배경 및 특성(교육부, 2019)만 간단히 제시하고자 한다.

2019 개정 누리과정의 기본 배경 및 특성

1. '누리'가 의미하는 바는 무엇인가?

'세상'을 뜻하는 순우리말로 국가가 책임지는 교육과 보육을 통해 3~5세 어린이들이 행복한 세상을 열어 가고 꿈과 희망을 마음껏 누리도록 하겠다는 의미를 담고 있다.

2. 누가, 언제 발표하였는가?

2019년 7월 19일에 교육부 장관과 보건복지부 장관이 유아 · 놀이중심의 「2019 개정 누리과정」을 확정 · 발표하였다. 2019 개정 누리과정은 국정과제 '학생중심의 교육과정 개편' 정부혁신의 일환으로 '유아교육 혁신방안(2017. 12.)'에서 제시한 '유아 · 놀이중심 교육과정 개편'이며 미래 핵심 역량을 반영한 교육과정으로의 전환이다.

3. 언제부터 시행했는가?

2020년 3월 1일부터 시행하고 있다.

4. 2019 개정 누리과정의 특성은 무엇인가?

① 유아중심 · 놀이중심 교육과정
② 국가 수준 교육과정으로서 구성 체계 확립
③ 내용구성의 간략화를 통한 현장 자율성 확대
④ 교사의 누리과정 실행력 지원

5. 누리과정에서 추구하는 인간상은 무엇인가?

건강한 사람, 자주적인 사람, 창의적인 사람, 감성이 풍부한 사람, 더불어 사는 사람

---

4) 편성에서 '1일 4~5시간'을 기준으로 구성한다."라는 부분만 바뀌었다. 이전에는 '1일 3~5시간'이었다(2015년 2월 24일 교육부 장관 명으로 개정 고시됨). 2019 개정 누리과정도 '1일 4~5시간'으로 동일하다.

6. 누리과정에서 추구하는 목적과 목표는 무엇인가?

누리과정의 목적은 유아가 놀이를 통해 심신의 건강과 조화로운 발달을 이루고 바른 인성과 민주 시민의 기초를 형성하는 데에 있다.

이를 실현하기 위한 목표는 다음과 같다.

가. 자신의 소중함을 알고, 건강하고 안전한 생활습관을 기른다.
나. 자신의 일을 스스로 해결하는 기초능력을 기른다.
다. 호기심과 탐구심을 가지고 상상력과 창의력을 기른다.
라. 일상에서 아름다움을 느끼고 문화적 감수성을 기른다.
마. 사람과 자연을 존중하고 배려하며 소통하는 태도를 기른다.

7. 누리과정 구성의 중점은 무엇인가?

가. 3~5세 모든 유아에게 적용할 수 있도록 구성한다.
나. 추구하는 인간상 구현을 위한 지식, 기능, 태도 및 가치를 반영하여 구성한다.
다. 신체운동 · 건강, 의사소통, 사회관계, 예술경험, 자연탐구의 5개 영역을 중심으로 구성한다.
라. 3~5세 유아가 경험해야 할 내용으로 구성한다.
마. 0~2세 보육과정 및 초등학교 교육과정과의 연계성을 고려하여 구성한다.

8. 2019 개정 누리과정의 구성을 그림으로 나타내면 어떠한가?

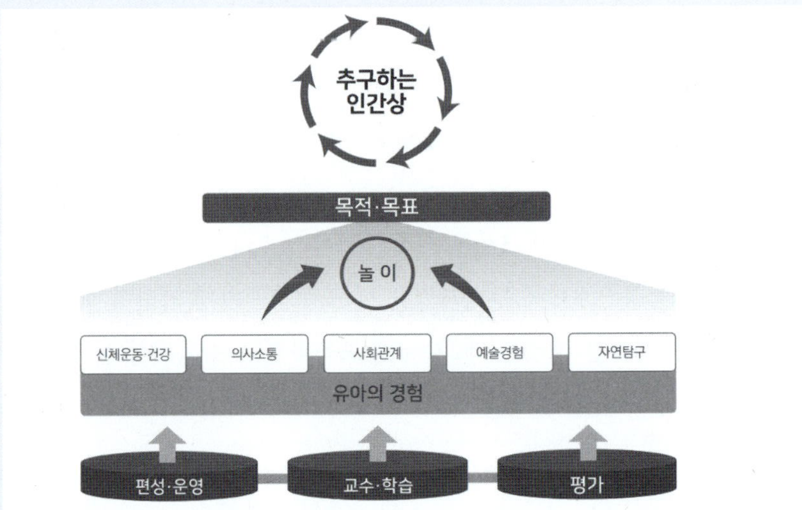

출처: 교육과학기술부, 보건복지부(2019). 개정 누리과정 해설서.

2) 표준보육과정

우리나라 영유아 보육업무는 몇 차례 부처 이관을 하였다. 2000년 이후만 보더라도 정부조직법 개정에 의해 2004년 6월부터 영유아 보육업무가 보건복지부에서 여성가족부로 이관되었으며, 이어 2008년 4월에는 다시 보건복지가족부[5])로 이관되었다. 이러는 중에 2004년 1월 8일자로 영유아보육법이 전면 개정 공포되었고, 2005년 1월 30일부터 시행되면서 보육 서비스의 질적 수준 향상과 보육의 공공성 강화 기틀이 마련되었다.

바로 이 영유아보육법에 근거하여 2007년 1월 3일 여성부장관명으로 고시된 보육과정이 제1차 표준보육과정이다. 이는 우리나라 보육시설에서 영유아에게 무엇을 어떻게 가르칠 것인지 기술해 놓은 최초의 국가 수준 보육과정으로, 영유아가 경험해야 할 바람직한 태도, 가치, 지식, 기술 등 보편적 보육 내용을 제시해 놓은 것(중앙보육센터 홈페이지)이다. 이때 표준보육과정이 필요하다고 본 이유는 저출산 사회에서 미래 세대인 영유아의 잠재력, 창의력 및 인성을 개발하기 위한 시대적·사회문화적 필요, 당시 2만 8천 여 어린이집의 보편적 교육 목표에 대한 지침 필요, 발달이 급격한 영유아기를 위한 세분화된 교육 목표의 필요, 출생에서 5세까지 유아기 경험의 연계성과 계열성 필요, 양육의 사회화에 대한 다양한 관점의 합의 필요, 유아의 심신 건강 및 더불어 살아가는 삶의 강조 필요, 유아 중심으로 직접 체험을 통해 제공되는 총체적 경험 강조 필요(김연진 · 조건덕 · 유경량 · 강명덕, 2007)이다.

제1차 표준보육과정은 만 0~5세를 대상으로 하였으나, 2011년에 교육과학기술부와 보건복지부가 공통으로 5세 누리과정을 별도로 고시하게 되면서 보건복지부장관은 제1차 표준보육과정을 개정한 제2차 표준보육과정(0~4세 대상)을 2012년 2월 29일에 고시하였다. 이어 다음 해인 2012년에 3~5세 누리과정이 고시되고 2013년

---

5) 2008년 2월 보건복지가족부로 개편되었으나, 2010년 3월에 청소년, 가족 업무를 여성부로 넘기고 다시 보건복지부로 명칭이 변경됨.

3월부터 적용됨에 따라 다시 보건복지부장관은 2013년 1월 21일에 제3차 어린이집 표준보육과정을 개정 고시하였다. 이는 어린이집이 3~5세(누리과정)뿐만 아니라 0~2세(영아 보육과정)까지 모든 영유아를 대상으로 보육을 담당하고 있는 점을 반영한 것이다. 고시 개정에는 제2차 표준보육과정 때와 마찬가지로 국무총리실 산하 육아정책연구소, 학계와 현장 전문가 및 보건복지부 관계자들이 참여(보건복지부 2013년 1월 22일 보도자료)하였다. 그런 과정을 거쳐 2022년 현재 전국 어린이집에서 활용하고 있는 표준보육과정은 제4차 표준보육과정이다. 제4차 표준보육과정(0~5세)은 2019년 7월 19일 「2019 개정 누리과정」의 확정 · 발표에 따라 2020년 3월 보건복지부장관명으로 개정 발령된 것이다. 현재 통용되고 있는 제4차 표준교육과정의 기본 배경 및 특성(보건복지부, 2020)만 간단히 제시하면 다음과 같다.

제4차 표준보육과정의 기본 배경 및 특성

1. 누가, 언제 발표하였는가?

2020년 4월 9일 보건복지부 장관이 고시하였다.

2. 언제부터 시행하는가?

2020년 9월 1일부터 시행하고 있다.

3. 제4차 표준보육과정의 성격은 무엇인가?

어린이집 표준보육과정(이하 '표준보육과정')은 0~5세 영유아를 위한 국가 수준의 보육과정이며 0~1세 보육과정, 2세 보육과정, 3~5세 보육과정(누리과정)으로 구성한다.

가. 국가 수준의 공통성과 지역, 기관 및 개인 수준의 다양성을 동시에 추구한다.
나. 영유아의 전인적 발달과 행복을 추구한다.
다. 영유아 중심과 놀이 중심을 추구한다.
라. 영유아의 자율성과 창의성 신장을 추구한다.
마. 영유아, 교사, 원장, 부모 및 지역사회가 함께 실현해 가는 것을 촉구한다.

4. 제4차 표준보육과정에서 추구하는 인간상은 무엇인가?

건강한 사람, 자주적인 사람, 창의적인 사람, 감성이 풍부한 사람, 더불어 사는 사람

5. 제4차 표준보육과정에서 추구하는 목적과 목표는 무엇인가?

표준보육과정의 목적은 영유아가 놀이를 통해 심신의 건강과 조화로운 발달을 이루고, 바른 인성과 민주 시민의 기초를 형성하는 데에 있다.

이를 실현하기 위한 목표는 다음과 같다.

가. 0~2세 보육과정 목표
1) 자신의 소중함을 알고, 건강하고 안전한 환경에서 즐겁게 생활한다.
2) 자신의 일을 스스로 하고자 한다.
3) 호기심을 가지고 탐색하여 상상력을 기른다.
4) 일상에서 아름다움에 관심을 가지고 감성을 기른다.
5) 사람과 자연을 존중하고 소통하는 데 관심을 가진다.

나. 3~5세 보육과정 목표
1) 자신의 소중함을 알고, 건강하고 안전한 생활습관을 기른다.
2) 자신의 일을 스스로 해결하는 기초능력을 기른다.
3) 호기심과 탐구심을 가지고 상상력과 창의력을 기른다.
4) 일상에서 아름다움을 느끼고 문화적 감수성을 기른다.
5) 사람과 자연을 존중하고 배려하며 소통하는 태도를 기른다.

6. 제4차 표준보육과정 구성의 중점은 무엇인가?

표준보육과정 구성의 중점은 다음과 같다.

가. 영유아는 개별적인 특성을 지닌 고유한 존재임을 전제로 구성한다.
나. 0~5세 모든 영유아에게 적용할 수 있도록 구성한다.
다. 추구하는 인간상 구현을 위한 지식, 기능, 태도 및 가치를 반영하여 구성한다.
라. 표준보육과정은 다음의 영역을 중심으로 구성한다.
  1) 0~1세 보육과정과 2세 보육과정은 기본생활, 신체운동, 의사소통, 사회관계, 예술경험, 자연탐구의 6개 영역을 중심으로 구성한다.
  2) 3~5세 누리과정은 신체운동 · 건강, 의사소통, 사회관계, 예술경험, 자연탐구의 5개 영역을 중심으로 구성한다.
마. 0~5세 영유아가 경험해야 할 내용으로 구성한다.
바. 초등학교 교육과정과의 연계성을 고려하여 구성한다.

이렇게 하여 제4장에서는 교육과정의 개념에서부터 우리나라 국가 수준 유아교육과정까지 개괄적으로 살펴보았다. 제5장에서는 유아교육과정 운영을 위한 중요 요인인 환경 구성에 대해 살펴볼 것이다.

:: 참고문헌

강성빈(1999). 교육과정과 평가. 서울: 상조사.

교육과학기술부 · 보건복지부(2013). 3~5세 연령별 누리과정 해설서.

교육부(2015). 2015 개정 유치원 교육과정.

교육부(2019). 교육부 고시 제2019-189호. 유치원 교육과정. 교육부.

교육부 · 보건복지부(2019). 2019 개정 누리과정 해설서. http://www.mohw.go.kr/upload/viewer/skin/doc.html?fn=1577943132473_20200102143219.pdf&rs=/upload/viewer/result/202012/

보건복지부(2020). 제4차 어린이집 표준보육과정 고시문. 보건복지부.

김동환 · 권낙원(1995). 교육과정과 평가. 서울: 상조사.

김연진 · 조건덕 · 유경량 · 강명덕(2007). 보육과정. 서울: 태영출판사.

김종건(2007). 교육과정과 잠재적 교육과정의 개념적 관계 분석. 안에서 보는 교육. 서울: 학지사. 61-78.

보건복지부 홈페이지(http://www.mw.go.kr)

여성부 홈페이지(http://www.mogef.go.kr)

이기숙 · 김정원 · 이현숙 · 전선옥(2018). 제4판 영유아교육과정. 서울: 공동체.

이미화(2007). 표준보육과정의 개발 및 적용. 2007 한국보육지원학회 춘계학술대회 자료집. 61-80.

이성호(1989). 교육과정과 평가. 서울: 양서원.

이홍우(1992). 증보 교육과정 탐구. 서울: 박영사.

중앙보육센터 홈페이지(http://central.childcare.go.kr)

교육부 홈페이지(https://moe.go.kr/boardCnts/view.do?boardID=294&boardSeq=78061&lev =0&searchType=null&statusYN=W&page=1&s=moe&m=020402&opType=N)

Bredekamp, S. (1986). *Developmentally Appropriate Practice*. Washington, DC: National Association for the Young Children.

Bredekamp, S., & Copple, C. E.(eds.)(1997). *Developmentally Appropriate Practice in Early Childhood Programs Serving Children Birth Through Age 8*(rev.ed). Washington DC.

Bredekamp, S., & Rosegrant, T.(eds.).(1992). *Reaching potentials: Appropriate curriculum and assessment for young children*(Vol 1). Washington DC: NAEYC.

Gandini, L. & Edwards, C. P.(1988). Early childhood integration of the visual arts, *Gifted International. 5*. 14-19.

Kessler, S. & Swadener, B. B.(1992). *Reconceptualizing the Early Childhood Curriculum: Beginning the dialogue*. New York: Teachers College Press.

Rinaldi, C.(1998). The thought that sustains educational action. In *Rechild No 2*: Reggio Children Newsletter.

Tyler, R. W.(1949). *Basic Principles of Curriculum and Instruction*. Chicago: The University of Chicago Press.

Williams, L. R.(1992). Determining the curriculum In C. Seefeldt(ed.), *The early childhood curriculum*(2nd)(pp. 1-15). NY: Teacher' s college.

제 5 장

유아교육 환경의 구성

학습목표

1. 영아를 위한 바람직한 실내 환경 구성에 대해 이해한다.
2. 유아를 위한 바람직한 실내 환경 구성에 대해 이해한다.
3. 유치원 및 어린이집에서의 바람직한 실외 환경 구성에 대해 이해한다.

영유아기는 성장과 발달의 속도가 빠르고 감수성이 예민한 시기로서 이 시기 동안 어떠한 환경이 제공되는가의 여부는 그들의 성장과 발달에 중요한 영향을 미친다. 영유아를 둘러싼 환경은 부모, 교사, 또래와 같은 인적 환경과 유아교육기관의 건물 및 내·외 각종 설비, 교재교구를 포함하는 물리적 환경으로 구분된다. 물리적 환경은 그 환경을 구성한 원장이나 교사의 철학이나 신념이 반영되므로 유아교육기관의 특성에 맞게 구성되어야 한다. 여기에서는 시설·설비를 포함한 실내·외 물리적 환경을 중심으로 설명하겠다.

물리적 환경이란 유아들이 유의미한 학습경험을 통하여 바람직한 행동의 변화를 가져오는 데 필요한 외적 조건과 자극의 총체로서 실내·외 공간을 포함한 시설 설비, 교재교구 등이 포함된다. 코스텔니크(Kostelnik, 1997)는 시설 설비를 포함한 물리적인 환경이 유아에게 중요한 영향을 미친다고 하면서 다음과 같이 설명하였다.

첫째, 환경은 유아에게 직접적인 영향을 준다. 공간의 위치, 실내 디자인, 유아에게 주어진 자료들은 유아의 활동을 활성화하기도 하고 억제하기도 한다.

둘째, 환경은 유아에게 상징적인 영향을 미친다. 공간이 어떻게 배열되어 있고 유아들이 얼마나 자료들을 쉽게 접할 수 있고 환경들이 얼마나 아름다운지의 정도가 유아의 능력이나 가치 측면에서 유아에게 여러 메시지를 전달한다.

셋째, 환경은 그 환경을 만든 사람들의 철학을 반영한다. 교실 환경은 유아와 원장이나 교직원들의 신념을 반영한다. 또한 교실에서의 인간관계나 교과정신에 관한 신념을 반영한다.

넷째, 유아도 자신이 참여하는 환경에 관한 의견이나 선호도를 가지고 있다. 유아들은 자신들의 물리적 환경을 잘 파악하고 있으며 교실에 무엇이 있어야 하고 없어야 할지에 관한 명확한 의견을 가지고 있으므로 유아의 요구를 반영하도록 고려해야 한다.

다섯째, 효과적인 실내 환경은 유아의 요구뿐만 아니라 교사의 요구도 고려한다. 현장에서의 유아교사는 1년에 대략 2,000시간을 유아와 관련된 일을 하면서 보내기 때문에 근무 환경에 의해 크게 영향을 받는다.

따라서 유아들의 발달에 적합한 공간, 교육과 양육이 복합된 공간, 즉 안전, 건강, 편안함, 신체 크기, 융통성, 움직임, 선택 등을 고려한 시설 설비를 갖추는 것이 가장 바람직한 환경이 될 것이다.

물리적 공간 배열에 대한 선행연구에서 유치원 및 어린이집의 물리적 환경 구조 정도 차이가 영유아의 발달에 밀접한 관련이 있다고 하였다. 놀이 활동 영역이 유아의 발달 특성과 흥미에 맞게 구분되어 있을수록 영유아들의 행동과 발달에 긍정적인 영향을 미칠 수 있고, 영유아들이 활발하게 상호작용하고, 혼란을 막을 수 있다. NAEYC(2001)에서도 질적으로 우수한 영유아교육기관의 특성으로 실내·외 물리적 환경은 매일의 활동을 통해 참여할 수 있으며 성인과 영유아가 효율적으로 상호작용할 수 있도록 설계되어야 한다고 하였다. 펠레그리니(Pellegrini, 1990)는 교사가 특정한 방법으로 교실을 배치함으로써 유아들로부터 기대되는 행동을 유도할 수 있다고 하였으며 구조화 정도가 낮은 교실 환경이 자발적인 유아 행동을 이끈다고 하였다. 예를 들어 종이나 연필, 가위 등이 제시된 경우, 주로 혼자놀이나 병행놀이를 하며, 큰 적목 등이 제시된 경우 집단놀이를 많이 한다.

사진 5-1 그림 그리기와 쌓기놀이 활동

따라서 유아교육기관은 유아에게 이러한 최적의 장소를 제공해야 하고 유아는 스스로 자유롭게 실험하고 탐구하며 많은 것을 시도해 봄으로써 자신의 행동을 조절하고 자기 훈련을 할 수 있다. 이에 대해 왈시(Walsh, 1980)는 별 변동이 없는 단순한 시설·설비를 갖춘 전통적인 교실과는 달리 유아가 활발하고 생동감 있게 학습할 수 있는 교실을 역동적 교실 혹은 반응적(responsive) 교실이라고 설명했다. 역동적 교실 환경은 개별 활동을 위한 공간, 소집단 활동을 위한 공간, 대집단 활동을 위한 공간으로 구성되어 유아로 하여금 개별 혹은 소집단 활동에 자발적으로 참여하도록 유도하는 핵심적 역할을 할 뿐만 아니라 유아가 소속감과 성취감을 느낄 수 있도록 하는 것이다(양옥승, 2003). 본 절에서는 유아교육기관의 환경을 개별활동, 집단활동을 골고루 할 수 있는 실내와 실외 환경으로 나누어 살펴보고자 한다.

01 실내놀이 환경

교실의 실내 공간은 시설의 운영과 사무행정을 위한 행정관리 영역, 영유아를 교육 및 보육하는 교육 영역, 시설 내의 각종 프로그램을 지원하는 서비스 및 기타 영역으로 구분할 수 있다. 행정관리 영역에는 원장실, 교사실, 사무실, 자료 보관실로, 교육 영역에는 영유아 보육실, 유아교실, 방과후 교육 공간 및 관찰실로, 서비스 영역에는 현관, 양호실, 복도, 부모를 위한 공간, 사회서비스 공간, 강당, 부엌, 세탁실, 수납창고 공간, 기타 등으로 나눌 수 있다. 여기에서는 영유아에게 가장 중요한 교육 및 보육 영역인 교실의 실내 환경에 대해서 설명하겠다.

실내 환경 중 가장 대표적인 '활동실' 을 구성하고자 할 때는 유아의 발달 수준과 흥미, 욕구에 부응하는 다양하면서도 안정감 있는 환경 제공을 원칙으로 하여야 한다. 유아의 발달 특성, 욕구, 흥미와 개인차 등을 고려하여 유아가 환경을 자유롭게 탐색하고 자신의 활동을 스스로 정리할 수 있도록 구성되어야 하며 흥미 영역별로 구성하는 것이 바람직하다.

흥미 영역(interest center)은 활동실 내의 공간을 교구장이나 칸막이 등으로 경계를 암시하도록 설비한 교실 내의 각 영역을 말하며 실외놀이 환경의 구성도 포함한다.

즉, 활동의 성격이 비슷한 교구와 자료를 한곳에 모아 놓음으로써 유아가 자발적으로 놀이에 참여하도록 유도하는 것이다. 놀이 영역을 스스로 선택·참여하는 과정을 통해 의사결정 능력과 판단력·자율성을 기를 수 있으며, 자신의 속도에 따라 활동을 진행할 수 있고 집중력도 높다는 이점이 있다. 서핀(Sutfin, 1980)은 활동실을 바람직하게 흥미 영역별로 배열하고 변화시켰더니 소음이 감소되었고, 비참여적 행동이나 소요적 행동이 감소되며, 자료를 활동 목적을 위하여 사용하고 제자리에 정돈하는 습관이 길러지고, 흥미 영역에 고르게 참여하는 것을 볼 수 있었다고 하였다.

이러한 흥미 영역의 개념은 유아의 흥미 위주의 놀이를 강조한 듀이(Dewey)의 영향으로 아동연구운동과 함께 1920년대 개혁유치원 교육과정에서 처음으로 강조되었다. 데커와 데커(Decker & Decker, 1992)는 흥미 영역의 구성을 배열할 때 각 흥미 영역은 정해진 공간이 있어야 하며 각 흥미 영역의 활동 유형에 따라 충분한 공간이 주어져야 하고 흥미 영역에서의 소음 정도에 따라 서로 방해가 되지 않도록 구성해야 됨을 지적하였다. 다시 말해서 실내 환경 구성은 놀이의 활동성과 소음 정도, 물의 필요 유무에 따라 정적 놀이 영역과 동적 놀이 영역, 물이 필요한 영역과 물이 필요 없는 영역의 4개 영역으로 구분하고 있다. 조용하고–건조한 지역에 언어(책 보기, 듣기, 쓰기 등), 게임과 소집단 활동, 수학, 컴퓨터 영역 등의 영역이, 활동적–건조한 지역에 대근육운동, 구성하기(쌓기, 목공 등), 역할, 음율활동 등의 영역이 포함된다. 물이 있고–조용한 영역에 요리하기, 간식, 미술 활동(가위로 오리고 풀로 붙이기, 점토 등) 등의 영역이, 물이 있고–활동적 영역에 물, 모래, 물감 그리기, 과학실험 등의 영역이 포함된다.

이와 같이 유아에게 다양한 교수·학습 자료와 교구들을 먼저 제공한 후, 유아가 흥미와 기호에 따라 놀이 활동을 선택할 수 있는 환경을 갖추어야 한다. 유아들이 자신이 원하는 선택을 효과적으로 할 수 있도록 환경을 조성할 필요가 있고 유아를 도와줄 뿐 아니라 다른 사람을 존중하고 스스로를 조절할 수 있는 곳으로 인식하게 할 필요가 있다.

1) 영아 및 걸음마기 유아를 위한 교육 환경

영아들은 감각과 운동 활동을 통해 주위 사람과 사물을 알아가므로 탐색하고 놀이하며 학습하는 물리적 환경이 매우 중요하다. 영아를 위한 네 가지 기본적인 활동 영역은 놀이하고, 먹고, 기저귀 갈고, 잠자는 것이다.

특히 영아들의 놀이 중 탐색놀이(exploratory play)는 영아의 인지발달을 위해서 중요하다. 영아들은 주위 환경과 상호작용하기 때문에 다양한 장난감을 제공해 주어야 한다. 또 영아들은 빨리 성장하고 발달하기 때문에 다양성도 중요하다. 영아들이 탐색하기 위해서 장난감은 잘 보이는 곳에 위치하여야 하며 쉽게 접근할 수 있어야 한다. 뿐만 아니라 영아들의 사회·정서발달을 위해서 온화하고 가정과 같은 환경을 제공해야 하며 성인-영아의 상호작용을 촉진하는 공간이 필요하다(Catron & Allen, 1999).

실내 활동실이 영유아들끼리 서로 방해받지 않을 정도로 충분한 크기이며 활동하기에 적합하게 잘 구성되어 있고 제공되는 놀잇감의 수가 충분하며 종류에 있어서 다양할수록 영유아들은 또래와 긍정적인 상호작용을 하였고 더욱 창조적인 놀이 활동에 참여하였다. 반면 실내 활동실 공간의 밀도가 높을수록 영유아들은 공격적이며 또래와 잦은 싸움을 하였다.

걸음마기 유아들을 위해서는 먹고, 낮잠 자고, 기저귀 갈고, 화장실 가고, 놀이하는 공간이 필요하며 탐색하고 실험하고 발견하고 움직이는 공간이 필요하다. 걸음마기 유아들은 영아들에 비해 놀이 영역이 더 세분화되어야 하므로 역할놀이, 미술, 소근육 활동, 대근육 활동, 쌓기놀이 등을 할 수 있는 영역과 책을 보기 위한 조용한 영역 등이 필요하다.

양옥승 등(2005)은 영아를 위해서는 신뢰감, 애착관계, 이동성 및 탐색을 증진시키는 환경, 걸음마기 유아를 위해서는 자율감, 신체운동, 감각운동적 탐색을 증진시키는 환경을 제공해 주어야 한다고 하였으며, 김혜경 등(2003)은 영아의 발달에 적합한 환경, 건강 및 안전을 고려한 환경, 정서적 안정감을 주는 환경, 탐색을 위한 환경,

움직임과 이동성을 고려한 환경을 제공해 주어야 한다고 하였다. 윌슨(Wilson, 1986)은 영아와 걸음마기 유아들을 위해서 조용한 활동, 구조화된 활동, 만들고 탐구적인 활동, 역할놀이, 대근육운동의 5가지 활동 영역으로 구분하였다.

이상에서 볼 수 있는 바와 같이 영아들을 위해서는 신체적·생리적 기본 욕구를 충족시킬 수 있도록 놀이하고 먹고 기저귀 갈고 잠자는 영역이 필요하며, 걸음마기 유아들을 위해서는 탐색하고 움직이는 공간 등이 더 필요하다. 여러 학자(김혜경 외, 2003; 백혜리 외, 2007; 양옥승 외, 2005; 여성가족부, 2007; 윤희경 외, 2006)의 의견을 종합하면 영아 및 걸음마기 유아를 위한 흥미 영역은 다음과 같이 구분해 볼 수 있다.

(1) 기저귀 갈이 영역

기저귀를 갈 때 필요한 용품들을 한곳에 준비한 서랍이 달린 작업대가 있으면 편리하고 세면대 가까이에 위치하는 것이 좋다. 벽면에는 거울을 붙여 기저귀를 가는 동안 영아가 자신의 모습을 볼 수 있게 한다.

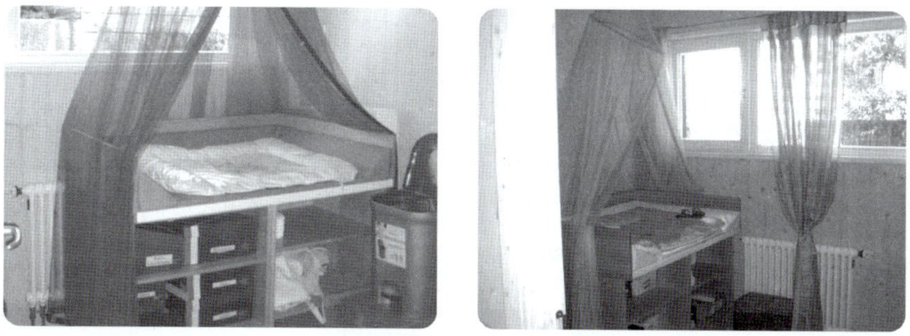

사진 5-2 기저귀 갈이대

(2) 대근육 영역

영유아기는 신체적 성장이 급격하게 진행되는 시기로 신체적 기술을 연습하고 에너지를 발산할 수 있도록 대형 블록, 낮은 오르기 기구, 밀고 다니는 장난감 등을 제공해 준다.

사진 5-3 대근육운동놀이 기구

(3) 수유 · 식사 영역

아주 어린 영아를 위해서는 교사가 안고 먹일 수 있는 흔들의자가, 조금 큰 영유아를 위해서는 앉아 먹을 수 있는 낮은 테이블이나 유아용 식탁의자가 필요하다. 싱크대 가까이 배치하고 교사는 영유아와 눈을 마주 보고 상호작용하면서 수유하는 것이 좋다.

(4) 낮잠 · 휴식 영역

영유아가 개별 침구에서 조용한 음악을 들으며 잠을 잘 수 있도록 창에는 커튼이나 블라인드를 설치하여 주고 교사가 쉽게 관찰할 수 있도록 한다. 혼자 휴식하는 공간에는 누워서 볼 수 있는 모빌 등을 제공해 준다.

사진 5-4 조용한 공간에서 낮잠 자고 있는 영아

(5) 역할놀이 영역

영유아기는 사회적 상호작용이 시작되는 시기로서 상상놀이에 참여하며 자연스럽게 사회성을 기를 수 있다. 가정놀이와 친근한 주변 생활을 중심으로 모방해 보고 재현해 보도록 다양한 가정용품, 모형물, 인형놀이 세트 등을 제공해 준다.

사진 5-5 역할놀이 영역의 소품들

(6) 언어 · 책 보기 영역

영유아들은 어휘가 급속하게 발달되는 시기로서 천이나 비닐 등으로 만들어진 책이나 흥미 있어 하는 그림들을 제공해 준다. 혼자서 조용히 쉴 수 있는 공간도 되므로 아늑하게 구성해 준다.

(7) 탐색 영역

조용하고 개인적인 활동이 많이 이루어지므로 조용하게 집중할 수 있는 공간을 확보해 주며 바닥에 카펫을 깔고 낮은 책상을 준비해 준다. 퍼즐, 큰 구슬 끼우기 등의 조작 활동 자료와 리듬악기 등의 음율 활동 자료를 제공해 준다.

사진 5-6 탐색놀이하는 영아와 탐색놀잇감

(8) 창의적인 표현 영역

미술 활동, 물·모래놀이, 쌓기놀이 등 영유아에게 감각적 탐색과 창의적인 표현의 기회를 제공해 주어 언어적·심미적·사회적 발달을 증진시키도록 한다.

2) 유아를 위한 교육 환경

일반적으로 유아를 위한 교실 환경은 자기주도성과 자기조절력을 증진시키고 심리적 안정, 신체적 안정, 발달적 적합성, 다양성 등을 고려하여 환경을 제공해 주어야 하며 기저귀 갈이 영역만 제외시키면 걸음마기 유아들과 유사하다. 놀이 영역은 세분화하여 구분되고 장난감이나 교재도 유아들의 발달적 특성과 흥미에 맞게 더 다양하고 복잡하다. 걸음마기 유아들과 비교해서 다른 점은 과학과 같은 발견학습 영역(discovery center)과 목공놀이 영역 등이 있다는 것이다(Catron & Allen, 1999).

교실 환경은 프로그램의 특징에 따라 유아들에게 다른 분위기를 제공해 주기도 한다. 예를 들어, 교사 주도적인 프로그램에서는 벽으로 가려진 공간에서 제한된 놀잇감이 제공되지만 유아 주도적인 프로그램에서는 개방된 공간에서 다양한 놀잇감이 제공된다. 그러나 프로그램에 관계없이 특히, 종일제 프로그램에서의 유아들은 자기만의 공간(privacy area)이 필요하다. 일반적으로 혼자 있으면서 다른 친구들의 방해를 받지 않는 하나의 연속체적인 특징을 갖는 사적인 공간이 필요하다는 것이다. 예를 들어, 소집단으로 모이는 영역, 한두 명의 유아가 아늑하게 숨는 영역, 카펫이나 쿠션 등의 부드러운 영역 등이다. 이러한 사적인 영역이 없는 경우, 유아들에게서 공격적인 행동이 관찰되기도 한다(Decker & Decker, 1992).

이상에서 알 수 있듯이 유아들의 흥미 영역은 걸음마기 유아들보다 다양하고도 더 세분화하여 구성되어야 하며 유치원 및 어린이집에서 설정한 교육 목표에 따라 다를 수 있지만 기본적인 영역(쌓기놀이, 언어, 역할놀이 등)은 필수적으로 조성해 주어야 하고 유아의 활동이나 관심에 따라 다양하게 변화시켜야 할 것이다. 실내의 흥미 영역은 쌓기놀이, 언어, 역할놀이, 수·조작, 과학, 음율, 미술 영역으로 구분(교육과학기술부, 2012 · 보건복지부, 2013)해 볼 수 있다.

(1) 쌓기놀이 영역

쌓기놀이는 유아가 다양한 구성 활동을 통해 관찰력, 측정 기술, 원인과 결과에 대한 사고력 등을 기를 수 있다. 또한 크기, 형태, 분류, 공간 관계, 부피, 면적 등 인지발달에 도움이 될 뿐만아니라 눈과 손의 협응력, 대·소근육운동, 사회성 능력 등을 발달시킨다. 시끄럽고 소음이 발생하는 활동적인 영역이므로 카펫을 깔아 주면 소음이 방지되고, 역할 영역과 인접하여 배치하면 사회극놀이를 풍부하게 할 수 있다. 유아들의 집단적인 협력 활동을 위해 충분한 공간을 마련해 주고 유니트 블록, 종이벽돌 블록, 우레탄 블록 등의 다양한 종류의 블록들과 쌓기놀이용 소품 등을 제공하며 보관장이나 선반은 문이 없는 개방식으로 하되 아랫부분에는 큰 적목을 넣고 윗부분에는 작은 적목을 넣도록 한다. 큰 블록이 높은 곳에 있을 경우, 유아가 꺼내다 떨어트리면 다칠 수 있기 때문이다.

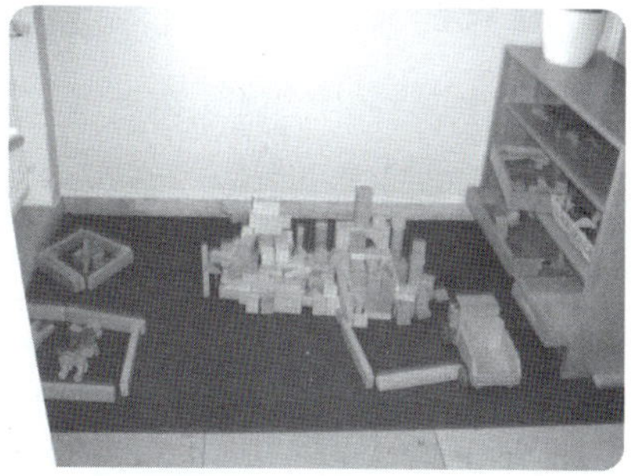

사진 5-7 쌓기놀이 영역

(2) 언어 영역

언어 영역은 언어 능력을 향상시키고 올바른 의사소통 능력 및 태도를 기를 수 있는 영역으로서 듣기, 말하기, 읽기, 쓰기의 하위 영역으로 세분화하여 구성할 수 있다. 학기초에는 듣기, 말하기, 읽기 영역을 중심으로 구성하고 유아들의 쓰기 발달 정도나 관심에 따라 쓰기 영역을 첨가한다. 언어 영역은 조용하고 밝고 안정된 분위기에서 활동에 집중할 수 있도록 해야 하며 과학 영역과 인접하여 배

사진 5-8 언어 영역

치한다. 또한 부드러운 느낌의 카펫을 깔아 주고 낮은 탁자와 등을 기댈 수 있는 쿠션을 준비해 주는 것이 좋다. 각종 그림책, 녹음기, 동화 테이프, 손 인형, 그림 자료, 종이와 다양한 필기도구 등을 제공한다. 따뜻하고 좋은 날씨에는 실외로도 확장될 수 있는데 나무 그늘 같은 곳은 좋은 언어 및 도서 영역이 될 수 있다.

(3) 역할놀이 영역

유아는 다양한 역할놀이를 해 봄으로써 내면적 욕구를 표현하고 자아를 성취하며 정서적 안정을 얻게 되고 자기중심성에서 벗어나 사회성발달을 이루게 된다. 소꿉놀이, 병원 놀이, 가게 놀이, 은행 놀이, 미장원 놀이, 주유소 놀이, 음식점 놀이, 우체국 놀이 등을 할 수 있는 다양한 소품 및 여러 가지 폐품을 제공해 주면 놀이가 확장된다. 유아의 연령이 어릴수록 가정과 같은 분위기를, 연령이 증가할수록 다양한 직업과 사회 구성원의 역할을 하도록 변화를 주면 좋다. 특히 양성평등, 다문화 교육과 여러 가지 주제가 전개될 수 있도록 자료를 충분히 제공해 준다. 역할놀이 영역은 쌓기놀이 영역이나 미술 영역과 인접하여 배치함으로써 놀이의 확장이 이루어질 수 있도록 한다.

사진 5-9 역할놀이 영역

(4) 수·조작 영역

수학 영역에서는 유아들이 사물을 조작·탐색하면서 수 이해의 기초 능력인 비교

·분류·서열 등의 능력을 발달시키게 도와준다. 수의 이해, 시간·공간 개념, 측정을 돕는 자료 등도 제공해 준다. 조작 영역은 유아의 눈과 손의 협응력과 소근육 조절 능력을 발달시키는 영역으로 개별적인 탐색 활동이 많아 유아의 집중력과 지구력을 증진시키고 자신감과 자율성을 기를 수 있다. 조작 영역은 언어 영역, 수놀이 영역, 과학 영역 가까이에 그리고 조용하고 유아들의 왕래가 많지 않은 장소에 배치하며 수학 영역이나 쌓기 영역과 통합하여 구성할 수도 있다. 퍼즐, 끼워 맞추는 교구, 끈 끼우기 등을 제공하며 종류별로 쟁반이나 바구니에 담아 교구장에 진열해 주면 좋다.

사진 5-10 조작 영역

(5) 과학 영역

과학 영역에서는 유아들이 생물, 무생물, 여러 물질과 자연현상 등의 주변 환경에 대해 지속적으로 탐색하고 실험하는 과정에서 과학적인 사고와 문제해결력을 키워 주도록 도와준다. 여러 종류의 측정 도구, 실험을 위한 측정 도구(저울, 자 등) 등을 제공해 주고 곤충이나 작은 동물, 식물을 기를 경우, 조용하고 햇볕이 잘 드는 장소에 배치한다. 과학 영역의 자료들은 계절, 주제, 유아의 흥미에 기초하여 다양한 자연물이나 실물을 제시하며 자료는 꾸준히 바꾸어 주고 보충해 주는 것이 좋다. 큰 동물을 사육할 경우, 유아들이 자유롭게 뛰어다닐 수 있는 넓은 공간이나 실내와 실외가 연결되도록 구성한다. 유아들의 연령이 많을 경우, 지속적으로 탐색, 관찰, 예측하고 반복적인 실험을 하는 과정에서 자신이 한 행위와 결과를 관련지음으로써 스스로 지식을 구성하고 심화·확장해 갈 수 있는 활동을 제공하는 것이 바람직하다.

사진 5-11 과학 영역

(6) 음률 영역

유아가 악기를 다루고 소리를 탐색하며 음악을 감상하기도 하며 음악 소리에 맞추어 신체를 움직여 볼 수 있는 영역이다. 유아들이 자유롭게 움직일 수 있는 충분한 공간이 마련되어야 하며 유아가 소리를 정확히 변별할 수 있도록 하기 위해서 소음이 많이 나는 영역이므로 언어 영역이나 과학 영역 등 정적인 활동 영역과 거리를 두고 배치한다. 좀 더 큰 유아들은 리듬뿐만 아니라 멜로디 탐색도 가능하므로 음악의 다양한 측면을 경험하고 창의적인 음악 활동을 경험할 수 있도록 배려해야 한다. 녹음기, 카세트, 여러 종류의 악기들(리듬악기, 멜로디 악기 등), 신체표현 기구(리듬 막대, 리본 막대, 공 등) 및 우리나라 전통 악기류들(장구, 소고, 북, 꽹과리 등)을 낮고 개방된 선반에 비치하여 유아가 쉽게 꺼내 사용하고 정리할 수 있도록 해 준다. 음률 영역의 벽면에는 그림으로 된 간단한 노래 악보나 악기 연주 악보를 붙여 유아들이 보고 노래하거나 연주할 수 있도록 한다.

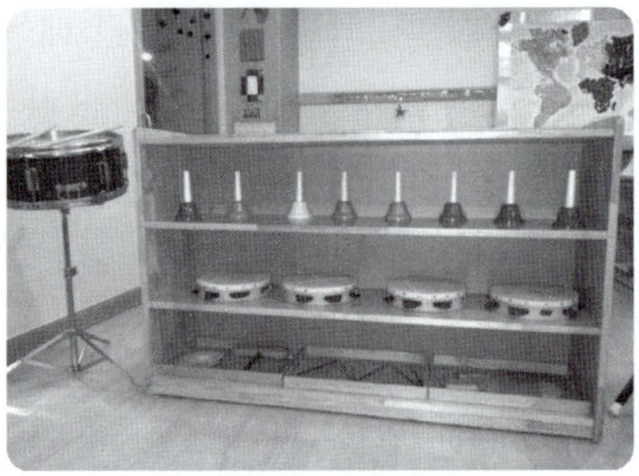
사진 5-12 음률 영역

(7) 미술 영역

그리기, 오리기, 만들기, 구성하기 등 다양한 미술 활동을 통하여 자신의 생각이나 느낌을 표현하면서 성취감을 얻고 정서적인 긴장감도 해소하는 영역으로 시각적·촉각적 변별력을 기르고, 눈과 손의 협응력, 소근육운동 능력, 표현력 및 친사회적 행동을 발달시킨다. 연령이 많아지면 개별 작업은 물론 또래 친구와 협력하여 작품을 만드는 것을 즐기므로 공동 작업을 할 수 있는 공간이나 자료 등을 비치하도록 한다. 수도 시설 가까이에 배치하여 바닥은 부분적으로 비닐 장판을 깔아

사진 5-13 미술 영역

주어 쉽게 정리할 수 있도록 해 주며, 창의적 표현을 격려할 수 있는 다양한 크기의 붓, 종이, 그림 그리기 자료, 물감, 폐품(병뚜껑, 우유갑, 털실, 헌 잡지 등) 등을 제공하고 이러한 미술용품을 보관할 수 있는 선반과 보관함을 설치해 준다.

(8) 물·모래놀이 영역

실내·외에서 이루어질 수 있는 영역으로 유아들의 정서적인 안정감, 대·소근육 발달, 창의력, 문제해결력, 탐구력이 향상되며 여러 가지 수학적 개념 및 과학적 지식을 습득하고 친구들과의 사회적 학습을 통해 언어발달도 촉진하게 된다. 유아들의 통행이 빈번하지 않는 곳에 배치하며 배수처리가 용이한 곳이 적합하며 물놀이대, 다양한 용기, 모래놀이대, 측정 도구 등을 제공해 준다.

(9) 목공 영역

다양한 물체의 물리적 특성과 차이점을 탐색하면서 문제해결력, 입체 구성력, 창의력, 대·소근육, 눈과 손의 협응력이 발달되며 정서적인 안정감을 얻을 수 있다. 소음이 많고 안전사고의 위험이 있으므로 이에 유념하여 다른 영역에 방해가 되지 않는 장소나 별도의 공간에 배치하는 것이 좋다. 목공놀이대, 나무, 망치, 톱 등을 보관하는 도구장을 제공해 준다.

사진 5-14 목공놀이 영역

(10) 컴퓨터 영역

컴퓨터 영역은 문제해결력, 인지, 언어, 사회·정서 등의 발달에 긍정적인 영향을 미치므로 학습을 강화하고 보충하는 목적으로 사용하는 것이 바람직하다. 컴퓨터 1대당 2~3개의 의자를 준비하여 서로 상호작용하면서 이용할 수 있도록 하며 좋은 소프트웨어를 선택해서 다른 활동과 통합된 컴퓨터 활동으로 활용하는 것이 바람직하고 프린터를 통해 즉각적인 상호작용을 할 수 있도록 한다.

사진 5-15 컴퓨터 영역

(11) 식사 영역

식탁과 식기는 유아의 신체에 적절한 크기여야 하며 유아 스스로 준비하고 먹고 난 뒤 식사도구를 정리할 수 있도록 하는 것이 좋다. 실내 공간이 부족한 경우에는 유아들의 작업대와 의자를 활용할 수도 있으며 청결과 위생에 유의한다.

사진 5-16 식당

(12) 낮잠·휴식 영역

교육기관에서 하루 종일 보내는 유아들에게는 집과 같이 낮잠을 잘 수 있는 공간, 휴식 공간을 마련해 주어야 한다. 실내 공간이 협소할 경우에는 활동실 내에 장소를 마련하고 간이 침대를 제공해 주는 것이 좋고 침구는 정기적으로 세탁하여 위생관리에 유의한다.

사진 5-17 휴식 영역

2019 누리과정에서는 유아놀이 중심 교육과정 재정립 및 교사의 자율성 강조를 위해 흥미영역의 운영방식을 자율화하였다(2019개정 누리과정 해설서). 교사는 기관의 교육철학이나 교실의 물리적 구조, 유아의 연령, 흥미 등에 따라 자율성을 가지고 다양한 공간을 활용하여 융통성 있게 교실공간을 구성할 수 있다. 기존에 유아의 놀이를 제한했던 고정된 흥미영역의 개수, 유형, 운영방식 등을 자율적으로 개선하여 유아의 자유로운 놀이가 가능하도록 제안하였다. 이를 통해 유아의 놀이가 미리 계획한 생활주제에 맞지 않더라도 교사가 유아의 관심과 생각을 우선적으로 존중하고 지원할 수 있도록 하였다.

교실 내에 반드시 배치되어야 하는 흥미영역이 정해져 있는 것이 아니므로 유아의 놀이를 지원할 수 있도록 공간을 융통성 있게 구성한다. 예를 들어 학기 초에는 놀이자료를 구분하기 위한 기본적인 영역을 구분하고 각 영역이 지나치게 협소해지지 않도록 가구를 배치하는 것이 좋다. 모든 흥미영역을 배치하고 놀이 인원수를 제한하거나 공간이 좁아 놀이 결과물을 즉시 치워야 한다면 놀이의 흐름이 중단될 수 있다는 것이다. 교사가 유아의 놀이를 따라가면서 자연스럽게 유아스스로 놀이공간을 배치하거나 변경하도록 지원하다 보면 유아도 교실이 자신의 공간이라고 생각한다.

이와 같이 2019 개정 누리과정은 유아, 놀이 중심교육과정을 표방하면서 교사가 유아의 흥미와 관심, 개별 특성을 존중하며 유아의 다양한 놀이와 경험을 지원할 수 있도록 공간을 구성하고 자료와 시간을 조직하고 상호작용에 변화를 줄 것을 강조하고 있다.

02 실외놀이 환경

실외놀이는 유아교육의 중요성을 강조한 유아교육의 선구자인 루소(Rousseau), 페스탈로치(Pestalozzi), 프뢰벨(Fröbel) 등의 사상에서 시작하여 19세기에 본격적으로 언급된 용어로, 교실 밖의 실외 공간에서 이루어지는 유아의 전인 발달에 기여할 수 있는 자발적인 놀이 활동으로 정의될 수 있다. 루소는 책과 형식적인 교육보다는 자연과 스스로의 탐색을 통한 학습의 중요성을 암시하였으며, 페스탈로치는 자연환경에서 사물을 관찰하고 감상하는 기회를 제공하였다. 프뢰벨은 동식물의 관찰과 자연에 대한 과학적 원리를 가르치기 위해 실외 활동을 강조하였다.

이후 진보주의 철학이 대두됨에 따라 힐(Hill)은 블록, 공, 시설물 등 실외 활동을 위하여 구체적인 활동 자료를 소개하였으며 듀이는 실외놀이, 견학 등을 강조하였고 1911년 맥밀란(Macmillan) 자매도 영국 런던 지역에 설립된 유치원 프로그램에 실외 활동을 소개하였다(이기숙, 2000). 1960년대에 접어들어 헤드스타트 운동과 인지발달 이론을 강조함에 따라 실외놀이가 경시되었으나 1980년대부터 천재아 선호 증상과 온실이론의 문제가 대두되기 시작하여 발달에 적합한 교육을 강조함에 따라 유아교육과정에서 놀이의 중요성이 재인식되었다.

그러나 현대사회의 도시화, 산업화에 따라 이러한 특성들이 사라지기 시작하였고 놀이문화에도 변화가 생겨 유아들이 실외보다는 실내에서 놀이를 더 많이 하게 되었다. 이로 인해 실외놀이가 예전처럼 활발하게 이루어지지 않게 되었고 실외에서 배울 수 있는 학습의 기회도 간과하게 되었다. 특히 현대에는 컴퓨터, 게임이나 학습 위주의 프로그램들이 강조되어 유아들의 다양한 문제행동, 비만 등 유아들의 전인 발달에 부정적인 영향을 미치고 있다. 충분히 휴식하는 것, 즐겁게 놀이하는 것과 비구조적 시간 등이 유아들의 스트레스를 완화시켜 주고 오히려 학습의 긍정적 효과에 도움을 준다. 실내에서 얻지 못하는 다양한 장점들이 실외놀이에 있기 때문에 실내놀이 못지않게 실외놀이가 중요하며 현대사회의 유아들에게 실외놀이를 강조하여야 한다.

1) 실외놀이의 교육적 효과

실외놀이 환경은 기능적 측면과 안전도를 우선적으로 고려해야 하며 놀이에 대한 유아의 발달적 요구를 충족시켜 주고 동시에 신체나 운동기능의 발달이 아직은 미숙한 유아들의 놀이 특성 및 신체 크기, 능력 등을 고려한 환경을 제공해 주어야 한다(신동주, 1999). 실외놀이의 교육적 효과를 기술해 보면 다음과 같다.

첫째, 실외놀이 활동은 신체발달에 효과적이다. 일반적으로 실외놀이는 실내놀이보다 대근육운동이나 신체 활동을 많이 하여 건강 및 운동 능력 발달에 효과적이다. 놀이시설과 개방된 공간의 특징에 따라 오르기, 미끄러지기, 구르기, 달리기, 뛰기와 같은 신체 전반의 활동을 가능하게 해 준다.

둘째, 실외놀이 활동은 개인적인 신체적 움직임의 욕구를 충족시켜 주고 복잡한 도시 환경 속에 지내고 있는 유아들에게 심리적인 압박감을 덜어 줌으로써 정서적 안정감을 제공한다. 실외놀이 활동은 실내놀이보다 제한을 덜 받고 긴장과 억압으로부터 이완될 수 있는 기회를 제공하여 자유롭게 뛰어놀고 소리치는 등 자유로운 욕구를 만족시키고 정서적인 해방감을 느낄 수 있게 된다.

사진 5-18 실외 활동은 다양한 교육적 효과가 있다

셋째, 실외놀이 활동을 통해 다양한 사회적 관계를 맺는다. 유아들은 실외놀이 공간에 있는 여러 시설과 설비를 선택하여 놀이하는 가운데 서로 교대하기, 협력하기,

나누기, 함께 계획하기 등의 사회적 기술이 발달되고 언어적 상호작용도 증진된다. 또한 실내놀이에서보다 실외놀이에서 더 많은 협동놀이가 나타나며 다양한 상징놀이가 나타난다.

넷째, 실외놀이 활동은 자연과의 상호작용을 통해 자연 학습의 기회를 제공한다. 실외놀이를 통해 자연현상의 학습, 즉 계절과 기후의 변화, 동·식물의 변화 등을 관찰하고 신선한 공기, 트인 공간, 흙 그 자체의 특성 등을 느낄 수 있다. 이렇게 자연을 가까이에서 보고 느낌으로써 그 각각 생명의 고유한 가치를 알며 자연의 가치를 인정하고 자연에 대해 배려하는 윤리체계와 공생하는 자세를 키워 나간다.

다섯째, 실외놀이 영역에서는 실내에서 이루어지는 여러 가지 활동, 즉 조형 활동, 목공놀이, 음악 활동, 동작 활동, 쌓기놀이, 극놀이 등을 실외놀이인 개방 공간으로 확장시켜 실시할 수 있다. 우리나라의 경우 이러한 여러 가지 활동들이 실내에서만 이루어지는 경우가 많은데 다양한 표현 활동들이 실내 활동의 연장으로 실외에서 충분히 이루어질 수 있다. 실내와 실외 환경에서의 상상놀이를 비교해 볼 때, 대부분 유아들이 실내보다 실외에서의 상상놀이가 활발히 이루어질 뿐만 아니라 놀이 주제나 역할을 보다 자유롭게 변형한다.

이 외에도 자연세계에 대한 물리적 지식의 형성을 통해 지적 발달, 창의성 발달, 감각학습, 독립성 발달 및 긍정적 자아 개념 형성, 휴식을 제공하고 즐거움을 주는 등 교육적 효과가 지대하므로 영유아교육기관의 실외놀이는 영유아의 전인적 성장 발달을 촉진시키는 복합기능을 수행하도록 계획하는 것이 바람직하다.

실외놀이는 실내놀이의 연장이므로 실내의 모든 놀이를 실외에서도 할 수 있도록 공간을 구성해야 하며 실외 환경에 실내 환경과 같은 다양한 놀이 재료가 제공되면 실내에서 일어났던 다양한 놀이가 실외에서도 이루어진다. 또한 실외의 개방된 공간은 마음껏 움직일 수 있고 소음에 긴장하지 않아도 되는 특성상 실내에서 불가능한 여러 가지 활동들까지도 실외에서 다양하게 이루어질 수 있다. 실내의 공간적 제약으로 인해 표현하지 못한 것을 실외라는 넓은 공간에서 자연적인 교재 및 도구를 이용하여 보다 다양하게 표현함으로써 더욱 창의적인 표현력이 신장될 수 있다. 실외놀이 환경이 중요한 이유는 실외놀이터가 자유탐험에 대한 기회가 실내보다 더 풍부하고 크기가 더 넓을 뿐만아니라 교실의 물리적 배열보다 덜 구조화되어 있기 때문이다. 유아가 성장할수록 또래와의 상호작용이 많은 집단놀이가 주가 되고 놀이 장소도 실내에서 실외로 확대됨에 따라 실외 환경의 중요성은 더욱 커진다. 따라서 유아의 흥미를 유발하고 다양한 놀이 활동을 실외놀이터에 제공해 주어야 하며 연계성·융통성 있는 놀잇감, 점진적인 도전감, 다양한 종류의 경험, 여러 가지 유형의 놀이 등을 촉진할 수 있어야 한다.

한편 임재택(2005)은 생태유아교육기관에서의 실외공간은 유아들에 의해 자유롭게 활용되고 지역사회와 통합된 공간으로 구성·활용할 것을 제안하였다. 유아들이 텃밭이나 정원을 만들고 실외 벽면에 멋있게 벽화를 그릴 수도 있으며 전통사회의 집 앞마당과 같이 다양한 연령의 사람들과 자연들이 함께 어울리는 공간으로서의 기능을 강조하였다.

2) 실외놀이 환경 구성

실외놀이 환경도 실내와 마찬가지로 흥미 영역별로 구성할 때 교육적으로 효과가 있음을 알 수 있다. 영아를 위한 실외 환경 구성 원리로 영아의 발달에 적합한 환경, 안전한 환경, 다양성을 고려한 환경, 도전성을 고려한 환경, 안락함을 주는 환경이어야 하며 조용하고 편안한 영역, 대근육 영역, 탐색 영역, 소꿉놀이 영역으로 구성되어야 한다(김혜경 외, 2003). 이렇게 실외놀이 공간을 흥미 영역별로 구성하면 유아는 창의적이고 폭넓은 다양한 경험을 할 수 있게 되며 놀이 활동에 자발적으로 참여할 수 있다.

실외 공간의 영역 구분은 모래놀이나 미술 활동 등 조용한 활동을 위한 공간이 1/3 정도, 그네뛰기, 달리기, 자전거 타기 등 활동적인 공간이 2/3 정도로 배치하는 것이 바람직하다. 실외놀이 공간 구성에 있어 중요한 점은 통로를 분명히 구분해 놓는 일이다. 통로가 분명하게 구분되어 있지 않으면 유아들은 서로 부딪치게 되고 공간이 있어도 마음대로 이동할 수 없다(교육부, 2000).

실외놀이 환경을 구성하기 위해 일반적으로 갖추어야 할 놀이 시설은 미끄럼틀, 그네, 철봉, 종합놀이 기구, 모래놀이 장소 등 고정된 시설 외에 유아의 발달 수준, 흥미, 놀이의 종류에 따라 쉽게 이동하여 구성·활용할 수 있는 유동적인 시설을 함께 비치하고 안전성 여부를 늘 점검·확인하여야 한다. 실외놀이터의 바닥 재료는 시멘트, 자갈, 모래, 흙 등 다양하게 구성되어 있으면 좋으나 오르기 시설물이 있는 바닥은 유아의 안전을 위하여 탄력성 있는 바닥재를 설치하는 것이 더 적합하다. 실외놀이 흥미 영역은 운동놀이 영역, 모래·물놀이 영역, 식물과 동물 기르기 및 다양한 탐구 영역, 휴식을 위한 공간과 놀잇감을 보관할 수 있는 영역으로 구성할 수 있다(교육과학기술부, 2012 · 보건복지부, 2013).

(1) 운동놀이 영역

운동놀이 영역에서는 오르기, 매달리기, 구르기, 달리기 등 다양한 운동놀이를 할 수 있어 대근육운동 능력을 기르고 기구를 이용하는 방법을 습득할 수 있게 해 준다. 여러 가지 시설물을 설치하되 시설물 각각의 용도나 특징, 다른 시설물과의 관계 등을 고려하여 설치하여야 하며 시설물이 설치되지 않은 빈 공간도 제공하여 유아가 마음껏 뛰어놀거나 간단한 도구(공놀이, 훌라후프 등)를 이용한 놀이와 게임을 할 수 있도록 해야 한다. 활동적인 공간으로 조용한 영역과 떨어지도록 배치해야 하며 그네, 평균대, 뜀틀, 미끄럼틀, 정글짐 등의 기구를 비치해 준다.

사진 5-19 실외놀이 환경

(2) 물·모래놀이 영역

물과 모래는 특정한 결과물을 요구하지 않기 때문에 유아들에게 실패나 좌절의 감정을 주지 않고 유아들의 내적인 불만이나 긴장 등을 발산하거나 해소시켜 줄 수 있다. 물놀이 영역은 배수가 잘 되고 수도가 가까우며 햇볕이 잘 비치는 곳에 위치하고 직사광선을 막을 수 있는 넝쿨식물, 천막이나 나무 그늘을 활용하며 다양한 보조 자료를 함께 제공한다. 또한 물놀이는 모래놀이와 함께 이루어지는 경우가 많으므로 서로 인접하게 배치하면 놀이를 확장할 수 있다. 물놀이 기구, 비닐 앞치마, 방수 가운 등의 물놀이 자료를 제공해 주는 것이 좋다.

모래놀이는 실내에서도 할 수 있지만 실외놀이 공간에서 모래놀이를 하면 제약을 받지 않고 유아 마음대로 놀 수 있는 이점이 있다. 모래는 자신이 원하는 대로 모양을 만들 수 있기 때문에 유아들에게 인기가 있는데 여러 가지 소품을 제공하면 구성놀이와 상상놀이를 촉진시킬 수도 있다. 다양한 크기와 모양의 그릇, 다양한 크기의 통 등의 모래놀이용 기구를 제공해 주면 좋다.

사진 5-20 **모래놀이 영역**

(3) 자연탐구 및 관찰 영역

자연탐구 및 관찰 영역은 식물 기르기 영역과 동물 기르기 영역으로 구성할 수 있다. 식물 기르기 영역은 햇빛이 잘 들고 물을 사용하기 좋은 곳에 배치하며 계절에 따라 유아가 직접 씨를 뿌리고 재배하는 수확 과정을 통해 식물의 성장과 변화를 관찰하고 이해하도록 한다. 사계절 내내 꽃과 열매를 관찰할 수 있도록 작은 꽃, 풀과 나무 등으로 조화롭게 조성한다. 동물 기르기 영역은 햇빛이 잘 들고 바람이 잘 통하며 배수가 잘 되는 장소에 배치하며 물과 사료 공급이 쉬운 곳에 설치하여 유아가 직접 먹이를 주고 관찰하도록 한다. 동·식물을 기르는 것은 유아들이 동·식물의 성장 과정을 관찰하고 사랑할 수 있으며 자연학습을 할 수 있으므로 관리가 까다롭지 않은 동·식물을 키우는 것이 효과적이다.

사진 5-21 실외에서 사물을 탐색하는 모습과 동물 사육장

(4) 작업 영역

작업 영역에는 실외에서 접할 수 있는 다양한 환경의 특성을 통해 다양한 주제와 활동으로 놀이를 확장해 가므로 그림 그리기, 큰 블록 쌓기, 목공놀이, 점토놀이 등이 이루어진다. 미술 영역은 유아들이 서서 작업할 수 있는 테이블을 준비해 주고 종이, 크레용, 가위, 풀 등의 미술 재료들을 제공해 주어 미술을 통한 자기표현을 확장시켜 줄 수 있다. 실외놀이터 울타리에 커다란 종이를 고정시켜서 유아들이 그림을 그리거나 물감을 칠할 수도 있고 포스트 컬러를 분무기에 넣어서 뿌려 보는 활동도 할 수 있다. 목공놀이는 소음이 많이 생길 뿐만 아니라 주변이 지저분해지기 쉬우므로 다른 놀이 영역과 떨어진 장소에 배치하는 것이 좋다. 특히 유아의 안전을 위해 통행이 빈번하지 않은 장소가 적절하며 날씨에 상관없이 목공놀이를 할 수 있도록 천막을 치거나 지붕을 만들어 주는 것이 좋다.

(5) 역할놀이 영역

상상놀이는 유아기에 많이 나타나므로 실외에 여러 가지 소품들, 즉 놀이집이나 텐트 등을 설치하여 극화놀이가 확장될 수 있도록 하며 동기를 부여하는 소품들을 여러 장소에 제공해 줄 수 있다. 교실의 역할놀이 영역에서 사용되는 소품들을 밖으로 가지고 나와서 실외 극놀이에 사용한다. 그늘진 곳에 물·모래놀이 영역과 인접하여 배치하면 다양한 놀이를 할 수 있다. 역할놀이는 자신감을 향상시키고 즐거운 활동에 참여하면서 다양한 개념들을 형성하도록 돕기 때문에 특수아들에게도 매우 좋은 활동이다.

(6) 정적 영역 혹은 휴식 영역

유아가 동적 활동을 한 후, 책 보기, 조작놀이, 휴식 취하기를 하면서 긴장을 풀도록 하기 위해 그늘지고 구석진 곳에 다른 활동으로부터 방해를 받지 않도록 배치한다. 즉, 정적 놀이 공간은 다양한 종류의 나무 그늘이나 정자, 지붕이 있는 테라스에 설치하거나 텐트나 비치 파라솔 등을 활용하여 그늘을 마련해 준다. 또한 유아가 많이 왕래하지 않는 조용한 장소에 배치하거나 유치원 건물에 연결된 베란다에 설치할 수 있다. 교사는 이 영역에서 실내 활동을 연장하고 확장할 수 있도록 다양한 활동을 계획하여 공간을 다양하고 융통성 있게 운영할 수 있다. 의자, 벤치, 돗자리, 책, 조작놀잇감, 음악 CD, 이어폰 등을 비치해 준다.

사진 5-22 정적 놀이 영역

(7) 보관 창고

놀이 기구를 정리하고 보관하기 위한 창고가 필요하며 창고 안에 선반을 설치한다.

사진 5-23 실외놀잇감 보관 창고

이상에서 볼 수 있는 바와 같이 실외놀이도 실내놀이처럼 영역별로 활동할 수 있도록 제공해 주는 것이 좋으며 영유아의 연령, 흥미 및 기관의 사정에 따라 비슷한 영역을 통합하여 계획할 수 있다.

'2019 개정 누리과정' 에서는 흥미영역 구성의 종류와 운영방식도 자율성을 강조하여 흥미영역도 몇 개를 반드시 구성한다거나 주제와 일치할 필요가 없으며 유아들이 다양하게 놀이할 수 있도록 환경구성 지원을 하면 된다고 하였다. 이제까지의 흥미영역 구성은 생활주제와 일치하여 대략 7개 정도로 고정되어 있었지만 개정 누리과정에서는 유아가 좋아하는 흥미영역으로 확대하든지 혹은 주제와 일치하지 않은 영역을 운영하는 것도 가능하며 심지어 교실 밖으로 공간을 이동하는 것도 가능하다고 하였다. 특히 하루일과에서 바깥놀이를 포함하여 유아의 놀이가 충분히 이루어지도록 편성하고 바깥놀이를 포함하여 2시간 이상을 운영하되 날씨나 상황 등을 고려하여 융통성 있게 운영하도록 하여 교사는 유아의 놀이를 통한 배움을 더 잘 지원하여 유아가 다양한 놀이와 활동을 경험할 수 있도록 실내외 환경을 구성할 것을 강조하였다.

:: 참고문헌

교육부(1995). 유치원 실내환경.

교육부(1993). 종일반 운영지도 자료.

교육부(2000). 유치원교육활동지도자료 총론.

교육부(2014). 3~5세 누리과정.

김수영 · 김수임 · 김현아 · 정정희(2007). 유아놀이의 이론과 실제. 서울: 양서원.

김혜경 · 김홍은 · 문혁준 · 박은혜 · 유애열 · 임혜영 · 장영희 · 조혜진(2003). 효과적인 영아 보육을 위한 지침서. 서울: 다음세대.

백혜리 · 노은호 · 황성원 · 조미환 · 박종옥 · 이순영 · 곽혜경 · 최효영(2007). 보육과정. 서울: 양서원.

보건복지부(2013). 0~2세 표준보육과정.

신동주(1999). 영유아를 위한 실외놀이 환경구성 지침. 서울: 교육과학사.

양옥승(2003). 자유선택활동에서 유아의 선택의 의미. 유아교육연구, 23(3), 131-152.

양옥승 · 김영옥 · 김현희 · 신화식 · 위영희 · 이옥 · 이정란 · 이차숙 · 정미라 · 지성애 · 홍혜경(2005). 영유아보육개론. 서울: 학지사.

여성가족부(2007). 보육시설 평가인증 지침서.

유정선 · 엄정애(2004). 서울시 사립유치원의 실외놀이 실태와 교사의 인식. 교육학과학연구, 35(1), 39-57.

윤애희 · 김온기 · 박정민 · 곽윤숙 · 주영은 · 박정문 · 정정옥 · 임명옥 · 정지영(2003). 보육의 이해와 영유아보육 프로그램. 서울: 창지사.

윤희경 · 신혜영 · 임미혜 · 김애옥 · 나은숙 · 이분려 · 정미아(2006). 발달에 적합한 영유아교육과정. 서울: 양서원.

이기숙(2000). 유아교육과정. 경기: 교문사.

이연숙(1997). 어린이집 실내 환경 디자인 지침. 서울: 교육과학사.

임재택(2005). 생태유아교육개론. 서울: 양서원.

정정희 · 김수영(2007). 유아교육과 보육 통합을 위한 종일제 프로그램 운영방안. 유아교육연구.

Catron, E. C. & Allen, J.(1999). *Early Childhood Curriculum*. NewJery: Merrill & Prentice-Hall.

Decker, C. A. & Decker, J. R.(1992). *Planning and Administering Early Childhood Programs*. New York: Macmillan Publishing Company.

Johnson, J., Christie, J., & Yawkey, T.(1999). Play and early childhood development. *Young Children, 57*(3), 16-19.

Kostelnik, M. J.(1997). 배우면서 자라는 공간: 유아교육을 위한 실내 환경. 어린이와 환경. 삼성복지재단.

NAEYC(2001). Signs of quality in early childhood programs. http://www.naeyc.org/accreditation

Pellegrini, A., (1990). Elementary school children' s playground behavior: Implications for children' s social-cognitive development. *Children' s Environments Quarterly, 7*, 8-16.

Prescott, E., Jones, E., & Kritchevsky, S.(1972). *Day -Care as a child rearing environment, Vol. 2*. Washington, D. C.: NAEYC.

Pulaski, M. A.(1973). Toys and Imaginative Play. In J. L. Singer(ed.) *The child' s world of make believe*(74-103). New York: Academic Press.

Seefeldt, C.(1974). *A curriculum for child care centers*. Columbus, O.H.: Merrill.

Stewart, R. L.(1989). Improving learning environments for infants/toddler and preschool children through planning a developmentally playground. *ERIC Document Service*, No. ED 316323.

Sutfin, H. D.(1980). The effect on children' s behavior of a change in the physical design of kindergarten classroom. Doctoral Dissertation, Boston University.

Walsh, H. M.(1980). *Introducing the young child to the social world*. Macmillan Publing Co.,

Inc.

Wellhousen, K.(2002). *Outdoor play every day*. 신화식 외(2003). 실외놀이. 서울: 시그마프레스.

Wilson, L. C.(1986). *Infants & Toddlers*. Delmar Publishers Inc.

제 6 장

유아교육과 놀이

학습목표

1. 놀이와 탐색, 일의 정의를 통하여 놀이의 정의를 이해한다.
2. 놀이의 교육적 효과에 대해 이해한다.
3. 연령에 따른 놀이의 특징을 이해한다.
4. 놀이에 영향을 미치는 요인에 대해서 이해한다.

놀이는 유아에게 생활의 전부라고 할 수 있을 만큼 보편적이고 자연스러운 활동이다. 놀이를 통해 유아는 자신과 주변 사람을 이해하게 되고 의사소통하며 사회화하고 미래의 삶을 위한 유용한 기술을 습득하게 된다. 특히 '2019년 개정 누리과정'은 유아를 최우선으로 존중하여 놀이가 중심이 되도록 강조하고 있다. 유아 · 놀이중심교육과정을 강조하여 유아의 놀이를 통해 유아중심, 놀이중심교육과정 운영을 조명하고 있으므로 유아교사들은 유아의 배움이자 삶이 될 수 있는 놀이의 의미를 이해하는 것이 중요하다. 본 장에서는 놀이의 특성 및 이론, 발달과의 관계, 연령별 놀이행동과 놀이에 영향을 미치는 제 요인에 대해서 알아볼 것이다.

01 놀이의 정의

놀이의 개념을 정의하는 것은 매우 어렵다. 옥스퍼드 영어사전에는 놀이를 백 가지 이상의 다른 의미로 나열하고 있다(김수영 외, 2007). 따라서 놀이의 개념 정의를 위해 놀이의 본질적인 특성을 먼저 이해하여야 하므로 놀이의 특성을 기술해 보기로 하겠다.

1) 놀이의 특성

(1) 긍정적 감정

놀이는 본질적으로 재미있고 즐거워서 웃음과 미소가 동반된다. 약간의 불안이나 걱정이 뒤따르는 경우도 있다. 예를 들면 미끄럼틀을 꼭대기에서 타고 내려올 때와 같은 경우인데, 이런 경우에 유아들은 계속해서 미끄럼을 타고 또 타기 때문에 이 활동은 성격상 즐거운 경험인 것이다.

(2) 비사실성

어떤 놀이 상황이든지 유아는 매일 일상의 경험과 놀이를 분리하는 틀을 유지한다. 즉, 거친 신체놀이, 극놀이, 블록놀이나 게임 등 무슨 놀이든지 이러한 틀 속에서 일상적으로 사용하는 물건이나 행동과 상황은 무시되고 새로운 의미로 대체된다. 유아들은 놀이 속에서 '~인 척(as ~if)' 하게 되고 현재의 제약에서 벗어나 새로운 가능성을 실험하게 된다.

(3) 생래적 동기화

놀이는 내적으로 동기화되어 있다. 즉, 놀이는 배고픔과 같은 본능에 의해 동기화되지 않으며 권력이나 부를 획득하는 것과 같이 외적으로 동기화되지도 않는다. 놀이는 그 자체가 보상을 제공한다.

(4) 과정 지향적

유아들은 놀이를 할 때 그 활동의 목표보다는 놀이 활동 그 자체에 초점을 둔다. 즉, 결과보다 과정이 더 중요한 것이다. 놀이를 할 때는 어떤 목표를 달성해야 한다는 압박감에서 벗어나기 때문에 유아들은 활동을 하는 동안 새로운 변화를 많이 시도할 수 있다.

(5) 자유 선택

놀이는 참여자가 자유롭게 선택해야 한다. 예를 들면, 유치원이나 어린이집 교사가 유아에게 놀이 활동을 정해 준다면 유아들은 그 활동을 일로 생각하게 된다.

2) 놀이와 탐색, 놀이와 일

놀이의 정의를 이해하기 위해서 놀이와 탐색, 놀이와 일과의 관계를 알아보기로 하겠다. 놀이와 탐색은 모두 내적으로 동기화된 행동으로 외적 목표를 추구하지 않는다는 점에서 유사하며 놀이의 일차적인 기능은 탐색이다. 그러나 탐색은 사고적인 측면이며 놀이는 행동적인 측면이다. 탐색은 '이 물건의 속성은 무엇일까?' 라는 의문을 풀기 위한 행동인 반면에, 놀이는 '이 물건을 가지고 무엇을 할 수 있을까?' 라는 의문에 연관된 행동이라고 할 수 있다. 유아의 놀이 에피소드에서는 놀이와 탐색이 혼합된 상태로 자주 나타나 놀이와 탐색을 구분해 내는 것은 매우 어렵다.

놀이와 일은 하나의 연속체로서 놀이와 일의 특성을 대비시켜 생각해 보면 잘 알 수 있다. 즉, 놀이는 즐거운 것, 자발적인 것, 상상적, 과정 지향적, 내적 동기화인 반면에, 일은 수동적인 것, 강요적인 것, 현실적인 것, 결과 지향적, 외적 동기화의 특성을 가지고 있으며 일은 놀이의 반대 축에 놓이게 되므로 이원적 구분을 하지 않는 것이 바람직하다.

이와 같이 놀이와 탐색, 놀이와 일과의 관계를 설명해 보면 놀이의 정의를 더 쉽게 이해할 수 있을 것이다.

02 놀이의 이론

놀이의 필요성 및 기능 등을 설명하기 위하여 많은 심리학자들이 다양한 놀이 이론을 제시하였다. 각 놀이 이론은 유아의 발달과 놀이행동을 보다 잘 이해하는 데 도움이 되는 하나의 체계나 모형으로 어느 한 가지 이론만으로는 유아의 발달에서 놀이의 가치를 완전하게 설명하기에 충분하지 않다. 이 장에서는 19세기와 20세기 초에 나온 고전적 놀이 이론과 1920년대 이후 등장하여 지난 50~60년 동안 우리들의 생각을 지배해 온 현대 놀이 이론을 소개하고자 한다.

1) 고전적 놀이 이론

19세기 후반에서 20세기 초기에 나타난 고전적 놀이 이론들은 실험연구가 아니라 철학적 사고와 추론에 의존하였으며 생물발생적인 중요성을 강조하였다. 고전적 놀이 이론에는 잉여에너지 이론(surplus energy theory), 휴식 이론(recreation theory), 반복 이론(recapitulation theory), 그리고 연습 이론(practice theory) 등이 포함된다.

(1) 잉여에너지 이론

잉여에너지 이론의 대표자는 18세기 독일 시인인 쉴러(Schiller)와 19세기 영국 철학자 스펜서(Spencer)이다. 이 이론에서는 인간이 노동을 하고 난 후 에너지가 남으면 에너지를 소모하기 위해 놀이를 한다고 주장한다.

쉴러는 놀이를 목적 없이 에너지를 소비하는 것이라고 정의하였다. 그의 가설은 사람이나 동물은 일차적인 욕구를 충족시키기 위해 노동을 하는데 이러한 일차 욕구를 만족하고 난 후에 남을 경우 그 에너지를 쓰기 위해 놀이를 한다는 것이다. 결국 고등동물은 생계를 유지하기 위한 활동보다는 다른 여타 활동에 더 많은 에너지를 쓰게 되는데, 여기서 생기는 여분의 에너지가 실제적 목적 없이 수행될 때 놀이라고 본다.

(2) 휴식 이론

잉여에너지 이론에 반대하는 놀이 견해가 휴식 이론이다. 휴식 이론에서는 놀이를 에너지의 잉여가 아니라 결핍 때문에 나타나는 것으로 본다. 요컨대 노동으로 쌓인 피로를 풀고 에너지를 재생 또는 재충전하기 위해 놀이를 한다는 것으로 대표적인 학자는 라자루스(Lazarus)와 패트릭(Patrick)이다.

19세기 독일의 철학자 라자루스에 의하면, 인간은 몹시 힘든 노동을 해서 정신적·육체적으로 에너지가 고갈되면 휴식과 수면을 통해 그것을 재충전한다. 이때 충분한 재충전을 위해서 되도록 현실에서 벗어나 일이 아닌 다른 활동을 할 필요가 있는데 그러한 활동이 바로 놀이라는 것이다. 20세기 초 패트릭은 라자루스의 이론을 확대해 휴식 이론을 성립시켰다.

(3) 반복 이론

반복 이론은 인간이 하등동물에서 진화되었다는 다윈(Darwin)의 진화론에 기초하여 19세기 진화론자인 홀(Hall)과 굴릭(Gulick)의 주장을 바탕으로 하는 이론이다. 반복 이론의 핵심은 각 유기체는 자체 발달 중 종의 진화를 재창조한다는 것이다.

미국의 심리학자 홀은 유아의 놀이에서 인류 역사의 과정이 재현된다고 보았으며 놀이를 '문화의 반복'으로 설명하였다. 예를 들어, 유아들이 놀이 기구를 타고 기어오르는 놀이는 조상들이 나무에 올라가 열매를 따는 행위를 재현하고 있다고 보며 술래잡기는 조상들이 사냥하여 먹잇감을 찾는 경험을 재생하는 것으로 설명하였다.

(4) 연습 이론

자연주의자인 그루스(Groos)는 다윈(Darwin)의 진화론을 보다 더 충실하게 해석하여 놀이가 진화적 적응에 기여하는 것으로 보았다. 즉, 그루스는 보다 높은 수준으로 진화하는 종, 특히 인간의 생애가 긴 미성숙 기간을 가지게 된다는 것을 상기해 보면 이해할 수 있다고 하였다. 인간은 아기로 양육되어 학교에 다니며 청소년기를 보내기까지 문화 속에서 사회화되는 시기인 미성숙의 기간을 거의 20년 가까이 보내게 된다. 미성숙의 시기가 길면 길수록 더 많이 놀이하게 된다. 그루스의 관점에 의하면 미성숙 시기의 놀이는 성인기를 위한 적응을 시험해 볼 수 있는 연습의 기회가 된다.

2) 현대 놀이 이론

현대 놀이 이론은 고전 놀이 이론에 그 뿌리를 두고 있다. 하지만 고전 놀이 이론과는 달리 놀이가 왜 존재하는지에 관한 단순한 설명 이상의 시도를 하고 있다. 즉, 현대 놀이 이론은 유아 발달에서의 놀이의 역할을 규명하려고 하였는데, 여기에서는 정신분석학적 관점, 인지발달적 관점, 신경심리학 이론, 각성조절 이론으로 나누어 살펴보도록 하겠다.

(1) 정신분석학적 입장

① 프로이트(Freud)

정신분석 이론가인 프로이트의 이론은 인성 발달뿐 아니라 정상적인 발달을 저해하는 것이 무엇이며 이로 인해 정신적 문제가 어떻게 발생하는지에 관한 것을 포함하고 있다. 그에 의하면 놀이는 발달에 중요한 역할을 하는데 놀이의 가치는 정서적인 것이며 유아의 불안감을 감소시키는 데 있다고 하였다.

또한 놀이는 부적응된 것으로 보이는 경험을 다루기 위한 수단으로서 치료적 기능을 한다. 프로이트는 인간의 행동을 설명하면서 어떤 행동도 그 원인이 없이 일어나지 않는다고 보고 있다. 따라서 유아의 놀이 활동도 저절로 일어나는 것이 아니라 그 유아의 감정과 소망에 의해서 결정된다고 하였다. 즉, 놀이는 감정의 정화 효과를 가지고 있어서 유아로 하여금 놀이에 참여함으로써 부정적인 감정을 제거할 수 있게 해 주는 치료의 효과가 있다고 하였다. 중요한 것은 놀이를 통해 유아는 자신의 문제를 잘 파악하게 되고 더 건강해지는 법을 발견하게 된다는 점이다.

② 에릭슨(Erikson)

에릭슨은 놀이를 통해 유아의 자아존중감을 강조하는 신체적·사회적 기술의 발달이 향상될 수 있으므로 자아의 기능이 강화된다고 하였다. 에릭슨은 유아의 사회화의 중요한 단서로서 놀이를 조명하였다. 그의 저서 『아동기와 사회(*Childhood and Society*)』에서는 놀이를 주변 환경에 숙달되기 위한 발달적 현상으로 설명하면서 유아의 놀이를 다음의 세 단계로 설명하였다.

첫째, 자기 세계의 놀이(autocosmic play) 단계이다. 출생에서부터 1.5세 사이에 나타나는 놀이 형태로서 전적으로 자기 신체에 집중된 탐색적·반사적 놀이를 하게 된다.

둘째, 미시 영역 놀이(microsphere play) 단계이다. 유아가 자기 세계의 놀이 시기에서 벗어날 무렵부터 2, 3세까지 계속되는 미시 영역 놀이는 유아들이 놀잇감이나 사물을 조작하는 놀이로서 이러한 사물의 조작에 익숙해지는 과정은 유아가 스스로를 보다 유능한 존재로 느낄 수 있도록 하는 기능이 있다.

셋째, 거시 영역 놀이(macrosphere play) 단계이다. 3~4세경부터 유아들은 놀이친구를 사귀게 되고 그들과의 놀이를 시작하게 된다. 주로 성인들의 세계를 이해하는 데 목적을 둔 극놀이의 형태로 나타나며 그러한 놀이는 자신만의 영역이 아닌 다른 사람과 공유하는 영역 속에서 이루어지므로 사회적인 의미가 보다 강하게 나타난다.

(2) 인지발달적 입장

① 피아제(Piaget)

스위스 심리학자 피아제는 유아의 인지발달에 대한 새로운 이론을 제시하였다. 그의 이론에 의하면 유아의 사고 과정은 성인이 되기까지 일련의 분명한 단계를 거치게 되며 유아는 현재 자신의 인지발달에 부합하는 놀이에 몰두하게 된다고 한다. 그는 놀이가 최근 습득한 개념이나 기술을 연습하고 공고히 하는 역할을 한다고 하였다. 놀이는 조절보다 동화가 우세하게 작용되는 상황인 반면 모방은 근본적으로 조절적인 활동으로 간주된다. 학습이 이루어지기 위해서는 적응이 있어야만 하며 그것은 동화와 조절 사이의 평형을 유지하는 것이다. 피아제의 견해에서 보면 유아들은 놀이할 때 새로운 기술을 학습하지는 않지만 그들이 세상에 대해 아는 것을 재배열하면서 현실에 대한 정교함을 더해 간다. 이러한 과정에서 놀이란 유아가 세상에 대해 알고 이해하는 것을 연습하고 공고히 하는 방법이다.

② 비고츠키(Vygotsky)

러시아의 심리학자 비고츠키는 놀이가 유아 자신의 정신세계를 표현하고 또 정신발달에 매우 중요한 역할을 한다는 점을 발견하였다. 비고츠키는 놀이가 유아의 근접발달지대를 창조하여 인지발달에 도움이 된다고 하였다. '근접발달지대(Zone of

Proximal Development: ZPD)' 란 유아가 독립적으로 다룰 수 있는 과제와 성인이나 좀 더 유능한 또래의 도움을 받고 습득할 수 있는 가장 높은 수준의 과제들 사이의 범위를 말한다. 다시 말해, 이는 독자적인 문제해결에 의해 결정되는 실제적 발달 수준과 성인이나 보다 능력 있는 또래와의 협동을 통한 문제해결에 의해 결정되는 잠재적 발달 수준의 차이라고 할 수 있으므로 유아는 놀이를 통해 인지발달을 향상시킨다는 것이다.

(3) 신경심리학적 이론

최근 들어 행동주의 심리학자들은 인간 행동의 많은 면이 경험에 의해서뿐만 아니라 생물학적인 요인에 의해 더 많이 설명될 수 있다고 인식하고 있다. 인간 행동의 유전적 요인의 영향을 연구하는 인간 행동의 유전학 분야는 1920년 이후부터 존재하였으나 1980년까지 점진적으로 관심이 높아져 왔다.

놀이의 생물학적인 중요성에 관한 흥미 있는 접근이 와이닌거와 피츠제랄드(Weininger & Fitzgerald, 1988)에 의해 제시되었다. 그들은 상징놀이가 뇌의 두 반구 간의 통합과 관련이 있다고 주장하였다. 인간 두뇌의 심리학적인 기능을 하는 조직의 외부층은 2개 반구로 나뉘어 뇌량변지체(corpus callosum: 대뇌반구가 서로 상접하는 피질 사이를 잇는 교량섬유가 모인 곳)로 알려진 신경체제에 연결되어 있다. 인간 두뇌는 기능적으로 비대칭적이며 각 반구가 서로 다른 지적인 기능을 한다. 좌반구는 분석적·개념적·추상적 방법으로 정보를 처리하며 언어 기능화에 책임이 있다. 우반구는 비언어적·공간적·지각적·정서적인 정보를 처리하는 데 우세하다.

5세에서 7세까지는 정보처리를 우반구에 의존하는 것에서 좌반구에 의존하는 것으로 점차 바뀌는 전이 기간이다. 와이닌거와 피츠제랄드는 유아들이 이러한 변화를 경험할 때 두 개의 사고방식, 즉 구체적이고 지각적인 것과 추상적이고 개념적인 것을 점차적으로 통합한다고 설명하였다. 따라서 신경심리학적 이론에서는 놀이를 주위 세계를 이해하는 두 개의 양식을 통합하는 것으로 간주한다.

(4) 각성조절 이론

각성조절 이론(arousal theory)은 인간의 각성 수준을 적정하게 유지시키려는 중추신경조직의 욕구를 만족시키기 위하여 놀이를 한다고 설명한다. 이 이론에 의하면 유기체의 중추신경조직은 각성의 최적 수준을 유지하려 하는데, 자극의 수준이 지나치게 높거나 반면에 지나치게 낮으면 각성의 수준이 적정 상태가 아니다. 이러한 경우 인간은 자극 수준을 조절하여 각성 수준을 적정 수준으로 조정함으로써 평형상태로 만들게 되며 이는 놀이를 통해 가능하게 된다.

03 놀이와 유아의 발달

유아는 놀면서 자란다. 놀이는 유아의 발달과 학습에 중요한 매개체가 된다. 유아는 놀이를 통해서 주변의 사물을 탐색하고 세계를 이해하는 지식, 기술 및 태도를 기르게 된다. 놀이를 통해 각 발달 영역의 통합을 이룰 수 있으며 전인으로서 성장을 할 수 있다. 여기에서는 놀이가 유아의 신체, 인지, 언어, 사회성과 정서발달에 어떠한 영향을 미치는지 알아보고자 한다.

1) 놀이와 신체발달

신체 활동은 놀이의 가장 중요한 부분 중의 하나이다. 유아는 달리고, 소리치고, 껑충껑충 뛰고, 기어오르고 싶은 자연스러운 충동과 함께 온몸을 움직인다. 온몸의 근육을 많이 사용하면 할수록 신체적·정서적 긴장이 해소되며 성장이 촉진되고 생리 기능도 촉진되어 생활의 즐거움이 커진다. 이렇게 온몸을 움직이는 대근육 발달과 함께 물체를 조작하거나 가위질하기, 구슬 꿰기 등을 통해 소근육이 발달한다. 대·소근육운동 발달과 더불어 기본운동 능력과 감각·지각 능력 등이 발달된다.

신체발달과 관련된 놀이로 기본운동 놀이와 신체를 움직이는 놀이가 있는데 이러한 놀이들은 유아의 운동 기술을 연습하게 해 주며 대담한 행동을 시험해 보도록 해준다. 영아는 출생 후 감각을 이용하여 간단한 신체적 놀이를 할 수 있다. 갈라휴와 오즈먼(Gallahue & Ozmun, 1995)의 운동발달 단계에 의하면 출생에서 생후 1년까지는 반사운동 단계, 1세에서 2세까지는 초보운동 단계, 유아기(2~7세)는 기본운동 단계이다. 유아는 운동 기술을 이용해 적극적으로 활동 공간을 돌아다니며 자신의 운동능력을 발달시킨다. 유아의 기본운동을 유형별로 나누어 보면, 이동운동 유형으로는 뛰기(jump), 한 발 뛰기(hopping), 말뛰기(galloping), 무릎 들며 뛰기(skipping), 걷기와 달리기가 있고, 비이동운동 유형으로는 서기, 구르기, 던지기, 받기가 있다.

현대 유아들은 TV, 비디오, 컴퓨터 게임을 즐기는 등 예전보다 앉아서 지내는 시간이 늘어나고 비만과 같은 신체적 조건을 가진 유아들이 늘어나면서 신체적 운동 기술을 발달시키고자 하는 요구가 증가하고 있다. 따라서 유아의 신체적 운동 기술을 제대로 발달시키려면 성인 주도적인 운동놀이는 물론이고 유아교육기관이나 가정에서 마음껏 놀이할 수 있는 자유운동놀이의 기회가 제공되어야 한다.

2) 놀이와 인지발달

유아는 여러 가지 놀잇감을 가지고 놀면서 탐색하고 실험하고 사고하는 등 인지가 발달된다. 사물, 놀잇감, 자연물 등을 가지고 놀면서 색깔, 크기, 무게, 모양 등의 속성을 알게 되고 과학적인 개념 및 수학적인 개념이 형성된다. 예를 들어, 블록을 이용한 쌓기놀이를 통해 측정, 균형, 공간 개념을 형성할 수 있다. 유아들은 바닥 위에 블록을 수평으로 또는 수직으로 쌓아 공간을 분할하고 좀 더 떨어져서 만들어 놓은 모양을 바라봄으로써 공간을 더 잘 이해할 수 있게 된다. 블록을 위로 계속 쌓아갈 때 크고 무거운 부분을 아래쪽에 두고 작고 가벼운 부분을 위쪽에 두어야 한다는 균형 개념도 형성된다.

점토놀이를 통해 양, 보존 개념, 측정 능력을 향상시켜 논리적 사고를 할 수 있다. 유아들은 점토 덩어리를 가지고 탁자에 대고 두들기기도 하고 큰 조각을 여러 개의 작은 조각으로 나누기도 한다. 또는 조각들을 합쳐서 한 개의 큰 덩어리를 만들기도 한다. 점토를 가지고 놀이하는 과정에서 유아들은 양의 개념에 대해 배울 수 있다. 양의 개념은 피아제가 말하는 보존 능력을 획득하는 데 중요한 역할을 한다. 보존은 유아기의 특징인 직관적이고 전 논리적인 사고의 단계에서 논리적 사고로 옮겨 가고 있는 것을 나타낸다. 유아들은 점토놀이를 함으로써 물리적인 모습이 변화해도 어떤 물질이 가해지거나 빼지 않는 한 물질의 양은 동일하게 남는다는 것을 인식하게 되어 양에 대한 보존 능력이 생기게 된다.

물놀이를 통해 역시 양, 보존 개념, 측정 능력을 향상시켜 논리적 사고를 할 수 있다. 유아들이 싱크대나 욕탕 등에서 물놀이를 하고 있을 때 많은 학습이 일어나게 된다. 유아들은 물놀이를 할 때 튜브나 깔때기, 달걀 거품기, 스포이트와 같은 갖가지 모양과 크기의 용기를 이용하여 이 용기에서 저 용기로 물을 옮겨 붓는 것을 좋아한다. 그런 과정을 통해 유아들은 물을 측정하며 측정 능력이 향상된다. 예를 들어, 큰 그릇에 물을 채우려면 작은 그릇의 물이 얼마나 필요한지를 이해하게 된다.

사회극놀이를 하는 동안 유아들은 각자 역할을 맡고 이야기를 진행하여 연기한다. 사회극놀이를 통해 일련의 상황을 예측하고 개념화할 수 있다. 예를 들어, 음식점 놀이를 하기 위해 음식점에서 행동할 때 관련된 사건들—음식점에 가기, 기다리기, 주문하기, 주문 받기, 식탁에 음식 차리기, 음식 먹기 등—을 재구성할 수 있다. 사회극놀이를 하는 동안 공간, 시간, 인과관계 등 미숙한 개념적 사고가 검증되고 수정되는 기회를 제공한다. 또한 역할, 사물과 상황 등을 상징화하면서 상상력, 발산적 사고력, 추상적 사고력, 문제해결력, 창의력 등이 발달된다. 소꿉놀이를 하면서 엄마 역할을 흉내 내고 블록을 젖병이라고 가작화하면서 인형에게 우유를 먹이거나 밀가루 반죽을 햄버거라고 상상하면서 먹는 등 다양한 상징놀이를 하면서 인지발달이 이루어진다.

이와 같이 유아의 인지발달과 가장 밀접하게 관련된 것은 어떤 놀잇감을 가지고 놀이를 했느냐는 점이므로 성인들은 다양한 놀잇감을 제공해 주는 것이 좋다.

사진 6-1 유아는 다양한 놀잇감을 통해 인지가 발달된다

3) 놀이와 언어발달

놀이와 언어는 밀접한 관계가 있다. 놀이에 있어서 언어는 필수적으로 끊임없이 친구들과 이야기를 주고받고 연습하면서 정확하게 발음하고 목소리를 조절하고 차례를 지켜 말하는 등 언어 능력을 기를 수 있다. 또한 상황이나 역할에 적절하게 언어를 사용하면서 자기중심적 언어에서 탈피하여 친구들과 상호작용하면서 다양한 어휘를 습득하여 의사소통 능력을 기를 수 있다. 예를 들어, 병원 놀이나 우체국 놀이 등의 사회극놀이를 통해 자신의 역할에 맞는 언어를 사용해야 놀이가 진행될 수 있다. 병원에 근무하는 의사, 간호사와 환자 등의 역할에 맞는 언어를 사용하며 병원에서 사용하는 다양한 물건들, 청진기, 체온계, 처방전 등의 이름을 말하고 관계되는 언어를 연습하게 된다. 이런 경우, 글을 읽고 쓰는 것에 관심을 가지면서 음성언어뿐 아니라 문자언어도 발달하게 된다.

인간의 언어는 몇 가지 측면들로 구성되어 있다. 즉, 음운론적, 통사론적, 의미론적, 그리고 실용론적인 측면이 있다. 언어의 음운론적 측면은 소리 산출에 속하는 것으로 영유아들은 노래, 챈트나 리듬 등으로 놀이하기를 즐긴다. 언어의 통사론적 측면은 단어를 문장으로 만드는 규칙에 관한 것으로 약 2세 이후가 되면 두세 단어를 조합하여 문장을 만들기 시작한다. 언어의 의미론적 측면은 단어의 의미에 관심을 갖으며 언어의 실용론적 측면은 의사소통을 할 때 사회적으로 적절하게 언어를 사용하는 것을 말한다. 가게 놀이를 할 때 주인과 손님의 역할을 맡은 유아들이 각자의 역할에 적합한 대화를 나누는 등 언어 관습으로 놀이하는 것이다. 놀이를 통해 언어의 다양한 측면을 이해하고 학습하게 된다.

사진 6-2 사회극놀이 및 언어 놀이는 언어발달에 도움이 된다

4) 놀이와 사회성발달

유아가 태어나면서 처음 만나는 대상은 부모이며, 부모와의 관계는 다른 사회적 관계의 기초를 형성한다. 부모-유아 간에 놀이를 하면서 친밀감을 갖게 되고 애착관계가 형성되어 유아들은 안정된 상태에서 또래와 원만한 대인관계를 형성할 수 있다. 부모와의 놀이를 통해 자신의 감정이 상대방에게 전달되며 상대방의 정서적인 상태를 읽는 것을 배우게 되고 자기통제 기술을 배우는 등 부모의 태도를 모방하게 된다.

유아들이 점차 성장하면서 친구들과 함께 협동하고 공유하며 경쟁하고 싸움을 하면서 함께 살아가는 지혜를 배우게 된다. 예를 들어, 쌓기놀이는 유아의 사회성발달을 크게 강화하는 것으로 밝혀졌다. 블록은 유아의 수준에 맞는 적절한 사회적 참여 –혼자놀이, 병행놀이, 협동놀이–를 선택할 수 있게 해 준다. 처음에는 협동하려는 노력이 필요 없기 때문에 블록을 이용하여 혼자놀이를 할 수 있다. 그러다가 두 명

이상의 유아들이 병행놀이를 함께 할 수 있다. 옆에 누가 있다는 것은 인식하지만 활동을 제각기 따로–탑 만들기, 길 만들기–하는 활동을 할 수 있다. 시간이 지나면서 성숙하고 세련된 방식으로 쌓기놀이를 하며 또래를 바라보고 협동하여 놀이하게 된다.

아무리 내성적인 유아일지라도 점토를 가지고 놀이할 때에는 사회화를 할 수 있다고 한다. 점토 활동을 하면서 자신의 마음속에 있는 생각과 감정을 이야기하고 주위의 또래들과 이야기를 나누기도 하고 그룹 활동에 참여할 수도 있다. 점토놀이는 혼자놀이에서 시작하여 병행놀이, 나아가 협동놀이로 발전할 수 있는 기회를 제공해 주어 유아를 사회적 활동에 통합시키는 매력이 있다.

사회극놀이는 가장 사회적인 놀이 형태이며 유아들의 사회성발달에 큰 영향을 미친다. 사회극놀이를 할 때 유아들은 맡은 역할을 해내기 위해 협동하여 계획하고 의사결정을 할 수 있다. 사회극놀이는 집단에 협동하고 집단에 참여하는 능력과 인간관계의 이해 능력을 증진시켜 사회적 기술이 향상된다. 또한 사회극놀이를 통해 다양한 역할을 시험해 볼 수 있다. 엄마아빠 놀이나 교사 놀이를 해본 유아들이 엄마나 교사의 역할을 완전히 이해하는 것은 아니지만 다른 사람을 이해하는 능력이 아주 천천히 조금씩 변화될 수 있다. 극놀이에서 다양한 역할을 해 보는 것은 유아의 조망 수용 능력의 발달에 중요한 역할을 한다.

음악은 유아의 생활에서 필수적이다. 음률놀이는 사회적으로 무시당하거나 거부당하는 유아들이 또래집단에 잘 어울리도록 도와준다. 또래집단에게 거부당하는 유형은 크게 두 가지가 있다. 하나는 공격적이고 너무 활동적이어서 또래의 다른 유아들이 피하는 경우이고, 또 다른 유형은 다른 유아들과 상호작용하기를 힘들어하고 소심해서 스스로 또래들을 피하는 경우이다. 공격적이고 지나치게 활동적인 유아들은 음악을 듣거나 노래를 부름으로써 진정될 수 있다. 또한 악기를 연주하면서 주의를 집중할 수 있고 리듬에 맞춰 자기 자신을 몰입시킬 수 있다. 의기소침하고 소심한 유아는 여러 또래와 함께 연주하거나 노래를 같이 부르는 놀이 경험을 통해 집단에 소속된 느낌을 주어 좀 더 자신감을 갖게 되고 활동적인 유아로 발전하도록 도와준다.

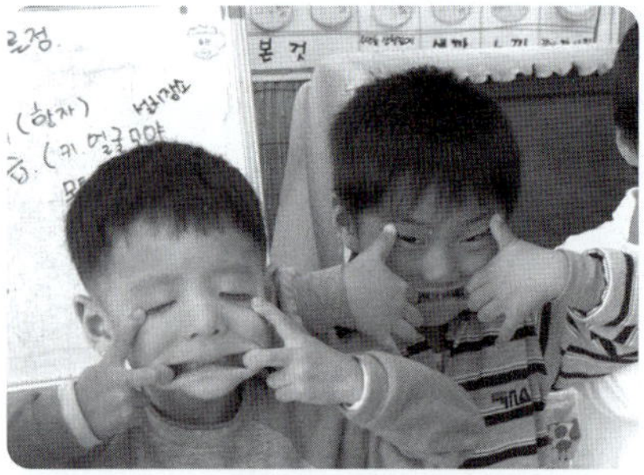

사진 6-3 놀이를 통해 사회성이 발달된다

5) 놀이와 정서발달

영유아는 언어로 표현하는 능력이 부족하므로 놀이 경험을 통하여 자신의 감정을 표출한다. 유아에게 놀이할 수 있는 충분한 시간과 공간, 그리고 놀이 자료를 제공해 주고 자유롭게 놀이하며 표현할 수 있는 기회를 주면 자신에 대해 긍정적인 감정을 갖게 되고 성취감, 자신감, 자율성, 인내심 등 건전한 정서를 형성하게 된다. 또한 놀이를 통해 질투, 분노, 공격성과 같은 부정적 감정을 발산시킴으로써 죄책감을 느끼지 않고 정서적 안정을 되찾게 된다. 역할놀이를 통해 자신의 내면적 욕구를 다양한 역할 행동으로 표현하게 된다. 이를 통해 현실에서 가능하지 못했던 자아충족의 경험을 놀이행동을 통해 간접적으로 이루게 된다. 즉, 자신의 욕구에 따라 아름다운 공주가 되기도 하고 용감한 군인이 되기도 하며 이러한 정서적 경험은 유아가 현실에서 충족하지 못하는 욕구불만을 자연스럽게 해소하는 효과를 갖고 있다.

쌓기놀이는 유아의 정서적 안정에 도움이 된다. 구조물을 쌓고 무너뜨리는 과정을 자유롭게 반복하는 것은 유아가 억압된 감정을 해소하는 데 도움이 된다. 쌓기놀잇감의 구조적 특성상 성취감을 쉽게 느낄 수 있어 유아가 자신감과 긍정적 자아 개념을 형성하는 데 도움이 된다.

이와 같이 유아들은 놀이를 하면서 자신의 정서를 표현하고 조절하며 타인의 정서를 인식하는 방법을 학습하며 억압된 감정을 풀어 주고 부정적인 감정을 해소시켜 감정 정화 효과도 경험하게 되어 스트레스를 해소하는 등 정신 건강에 많은 도움이 된다.

사진 6-4 놀이는 바람직한 정서발달에 도움이 된다

04 연령별 놀이행동의 특성 및 유형

영유아는 또래와 함께 놀면서 성장·발달한다. 영유아의 놀이를 통해 영유아의 전반적인 발달 상태를 알 수 있으며 여러 가지 놀이 유형을 통해 발달 수준을 평가할 수 있다. 놀이와 발달은 밀접한 관계가 있으므로 적절한 놀잇감을 제공하기 위해 유아의 발달 특성과 놀이행동을 이해해야 한다. 딸랑이를 빨면서 흔드는 영아가 자동차나 소방차를 이용하여 놀이를 하고 적목을 이용하여 무언가를 쌓고 만들기 시작하다가 성인들의 흉내를 내며 상상놀이를 하기 시작한다. 더 큰 유아들은 친구와 함께 극놀이를 하고 다양한 놀잇감을 이용하여 창의적으로 만들고 규칙에 따라 게임을 하는 등 영유아는 성장·발달하면서 다양한 놀이행동을 나타낸다. 이 장에서는 놀이 유형의 특징이 유아의 인지 및 사회성 발달의 그 중추적 요인이라는 신념에 바탕을 두어 영유아의 놀이가 그들의 인지 및 사회적 발달 단계에 따라 어떤 유형으로 구분되고 발달되는지에 관해 알아보고자 한다.

1) 놀이 유형별 발달

유아의 놀이는 내용이나 형태가 매우 다양하여 하나의 기준으로 분류한다는 것은 사실상 어려운 일이다. 일반적으로 놀이 관련 문헌에서 공통적으로 기술되고 있는 것을 참고하여 놀이 유형을 인지적 측면과 사회적 측면으로 분류하여 설명하고자 한다.

(1) 인지적 놀이 유형

프뢰벨, 몬테소리와 피아제는 놀이의 인지적 가치를 인정하는 대표적 학자들로서 프뢰벨은 그의 은물(gifts)과 작업(occupations)을 통해서, 그리고 몬테소리는 그녀의 감각 자료(sensory materials)를 통해서 유아가 구체적 사물을 가지고 적극적인 활동에 참여하는 것이 지적 발달과 직접 관계된다고 하였다. 또한 피아제는 유아의 인지 발달이 감각운동기, 전조작기, 구체적 조작기 및 형식적 조작기로 질적인 변화를 계속하면서 유아의 놀이도 감각적이고 기능적인 연습의 수준에서 전조작기 특유의 상징적인 놀이 시기를 거쳐 점차 규칙이 포함되는 높은 수준의 놀이로 변화하게 되어 놀이가 인지발달에 도움을 준다고 하였다. 여기에서는 인지적 측면에서 논의될 수 있는 감각운동놀이, 사물놀이, 상징놀이, 사회극놀이, 구성놀이, 규칙 있는 게임에 대해 알아볼 것이다.

① 감각운동놀이

감각운동놀이(sensorimotor play)는 '연습놀이(practice play)' 혹은 '기능놀이(functional play)' 로 불리며 영아기 초기에 시작된다. 기능놀이는 감각운동기 영아들이 기능적인 즐거움을 위해 반복적으로 되풀이하는 단순한 놀이행동을 말한다. 즉, 이 시기의 놀이는 '쥐기' 나 '빨기' 와 같이 그 자체가 목적이 되는 반복적인 패턴의 행동이 주를 이루고 있다. 이러한 행동들은 연령의 증가와 함께 보다 협응된 형태로 발전하게 된다. 예를 들어, 딸랑이 놀잇감을 우연히 흔들어 소리가 나는 것을 안 영아는 그러한 행동을 반복하여 기능적인 즐거움을 즐기므로 기능놀이에는 특별한 놀이 기술이나 상징을 포함하지 않는다. 기능놀이는 감각운동기에 주로 나타나지만 연령이 증가하면서 보다 복잡해지고 정교해지면서 유아기 동안 계속해서 새로운 기술을 배울 때마다 나타난다.

② 사물을 이용한 놀이

영아의 관심이 자신의 신체활동에서 주변 세계로 이동하게 되면 사물을 이용한 놀이(object play) 단계가 나타난다. 사물을 이용한 놀이는 한 번에 몇 개의 사물을 가지고 놀이를 하는지 그리고 어떻게 사물을 가지고 놀이를 하는지에 따라 발달 특징을 유추할 수 있다. 사물을 이용한 놀이는 사물을 다루기 위한 운동 기술을 요구하므로 대략 생후 6개월경에 나타난다. 비록 신생아는 반사와 감각적 능력을 가지고 있지만 사물을 가지고 어떻게 놀이해야 할지 알지 못한다. 생후 1년 동안의 사물을 이용한 놀이는 반복적이고 미분화된 활동에서 조직화되고 연계성 있는 활동 패턴으로 변화한다. 2세가 되면서 유아는 과거 경험의 조합에서 새 도식을 구성할 수 있는 능력이 생기면서 관습적인 방법으로 사물을 이용하는 빈도가 증가하게 된다.

③ 상징놀이

상징놀이(symbolic play)는 존재하지 않는 사물을 표상하는 놀이로서 가작화 요소인 '마치 ~인 척(as ~if elements)' 표상하는 놀이로 정의할 수 있다. 피아제는 감각운동기에 나타나는 물체의 영속성, 지연모방, 언어 등과 같은 인지적 발달 및 표상능력 발달의 결과로 상징놀이가 나타난다고 하였다. 즉, 상징행동은 생후 2세를 전후로 나타나기 시작하여 3~4세에 그 절정에 도달하며 6세 이후에 감소하므로 ∩자형의 발달곡선을 그리게 된다고 하였다. 유아의 상징놀이는 초기에는 단순한 몇 개의 상상행동들을 배열하는 산만한 내용의 상징놀이를 해 보이다가 나이가 들면서 상징행동들을 인과관계에 기초한 짜임새 있는 상상의 에피소드로 조직하여 통합된 내용의 상징놀이를 해 보이는 것으로 발달해 간다는 것이다. 그러한 상징놀이가 좀 더 진전되면 유아가 자신의 목소리, 몸동작, 옷차림 등을 부모처럼 흉내 내고 부모의 역할 연기를 시작하게 되는 등 사회적 상황에서 행해지는 현실을 그대로 모방하게 된다.

④ 구성놀이

구성놀이(constructive play)는 놀이 자료를 다양하게 활용하여 창조적으로 무엇을 만드는 놀이로서 조직적이고 목표 지향적인 놀이이다. 생후 22~24개월경부터 유아는 다양한 놀이 자료를 활용하여 구성놀이를 시작하게 되는데 처음에는 단순히 놀잇감을 조작하는 수준에서 시작해 점차 이러한 놀잇감으로 어떤 것을 만들어 내는 수준으로 발달하게 되며 유아는 그 과정을 통해 여러 사물을 조화롭게 구성하는 방법을 실험하게 된다(Morrison, 1995).

유아들은 주로 블록이나 끼워 맞추는 놀이 자료, 목공놀이 도구, 미술 자료 등을 이용하여 작은 구성물 만들기 혹은 자동차나 로봇 등을 만드는 놀이를 하게 되는데 이러한 구성놀이의 출현은 기능적인 활동으로부터 창작의 결과를 얻는 활동으로의 도약을 뜻하는 것으로서 유아에게 창조에 대한 개인적인 기쁨을 제공한다. 또한 유아가 구성놀이를 시작하면서부터 주의집중 시간이 현저히 증가하게 되며 놀이에 대해 구체적인 주제를 설정하고 놀이의 내용을 조직화하는 것이 가능하게 된다.

사진 6-4 구성놀이는 인지발달에 도움이 된다

⑤ 규칙 있는 게임

놀이에서 사전에 정한 규칙을 받아들이고 따라야 하는 규칙 있는 게임(game with rules)은 놀이발달의 최고 수준에 도달한 놀이 형태로서 특정 연령에만 자주 나타났다가 점차 참여율이 감소되는 다른 놀이와는 달리 성인기까지 지속적으로 나타난다는 특성이 있다. 유아의 인지발달이 전조작 단계에서 구체적 조작 단계로 도약하면서 놀이에도 새로운 변화가 나타나게 되는데, 예를 들어 전조작 단계의 유아가 블록을 이용하여 집이나 로봇을 만드는 구성놀이나 블록으로 만든 로봇으로 상상놀이를 주로 한다면, 구체적 조작 단계의 유아들은 그들의 놀이에 규칙을 만들어 규칙 있는 게임의 형태로 놀이를 하게 된다. 즉, 규칙 있는 게임은 게임에 포함되는 규칙의 의미를 이해하고 내면화할 수 있는 인지 수준을 요구하므로 대부분의 유아들이 적어도 구체적 조작 단계가 되어야 가능하게 된다. 따라서 규칙 있는 게임은 4~7세 이전에는 거의 나타나지 않고 구체적 조작기인 7~11세에 주로 나타나서 성인기에까지 지속적으로 발달하게 된다. 규칙 있는 게임을 통해 유아는 주어진 한계 내에서 자신의 행동 및 반응을 조절하는 것을 배우게 되며 이러한 규칙의 내면화 과정은 일상생활에서의 규율과 질서 유지를 습득하는 계기가 되기도 한다.

사진 6-5 규칙 있는 게임은 인지놀이 유형에 속한다

(2) 사회적 놀이 유형

유아가 성장하면서 접하게 되는 사회적 세계는 점차 가족을 넘어서서 또래 관계로 확장된다. 또래와의 상호작용은 유아의 사회성발달에 중요한 영향을 미치며 유아의 놀이는 그들이 가진 사회적 능력에 따라 그 유형이 달라진다. 여기에서는 파튼(Parten, 1932)의 이론을 중심으로 사회적 놀이 유형을 설명하기로 하겠다.

① 비참여행동

비참여행동(unoccupied behavior)은 말뜻 그대로 어느 놀이 형태에도 포함되지 않는 행동으로서 순간적인 흥미에 따라 시선을 움직이거나 이동하는 등 별다른 의욕을 보이지 않는 행동이다. 파튼(Parten)은 영아가 흥미 있는 것이 없을 때 자신의 몸을 만지작거리거나 앉았다 일어서는 행동 또는 여기저기 서 있는 행동을 보이기도 하는데 이러한 행동을 비참여행동으로 규정하였다.

② 지켜보는 행동

지켜보는 행동(onlooker behavior)은 학자에 따라 방관자적 놀이로 불리기도 하는데 유아가 다른 유아의 놀이행동을 바라보면서 구경꾼으로 참여하는 것을 말한다. 지켜보는 행동을 하는 유아는 집단에서 발생하는 것을 듣고, 보고, 말할 수 있는 거리 내에 앉아 있거나 서 있다. 지켜보는 행동이 비참여행동과 구별되는 가장 큰 차이점은 그때그때 생기는 흥미로운 어떤 사건보다 특정 유아집단을 관찰하면서 필요한 경우에는 말을 걸 수도 있다는 점이다. 비참여행동을 하던 유아에게 지켜보는 행동이 나타나는 것은 유아가 타인의 존재에 유의하기 시작했다는 점에서 사회적인 능력의 진보를 의미한다고 할 수 있다.

③ 혼자놀이

1.5~2세 사이에 전형적으로 나타나는 혼자놀이(solitary play)는 사회적 상호작용의 정도가 매우 낮은 놀이 유형으로서 이 시기의 유아는 다른 유아가 주위에 있어도 관심을 나타내지 않고 가까워지려는 시도를 전혀 하지 않으며 전적으로 자기만의 혼자놀이를 계속한다.

④ 병행놀이

병행놀이(parallel play)는 두 명 이상의 유아가 동일한 장소에서 동일한 시간에 각각놀이 활동을 하는 것으로서 유아들은 서로의 존재를 분명히 인식하고 있으며 또한 자기에게 의미가 있는 다른 사람의 존재도 인식하지만 결과적으로는 여전히 따로 따로 놀이를 하는 경우이다. 이러한 병행놀이는 사회적 성숙 수준이 낮은 혼자놀이와 높은 사회적 성숙을 요구하는 협동놀이 사이의 전환점에 주로 나타난다.

⑤ 연합놀이

연합놀이(associative play)는 각 유아가 별개의 활동에 초점을 맞추어 놀이를 한다는 점에서는 병행놀이와 유사하나 놀잇감을 공유하거나 빌려 주는 행동이 나타나며 차례를 지키고, 친구의 활동에 참여하며 폭넓은 의사소통이 이루어진다는 점에서 보다 사회성이 발달된 놀이 유형으로 정의할 수 있다. 예를 들어, 유아가 각각의 종이에 서로 다른 그림을 그리면서도 미술 재료를 빌려 주기도 하고 그림에 대해 이야기를 나누기도 한다면 이것은 연합놀이로 볼 수 있다. 그러나 역할을 분담하거나 놀이 내용이 조직적으로 전개되지는 못한다.

⑥ 협동놀이

한두 명의 유아가 집단을 주도하여 리더 역할을 하면서 서로 다른 역할을 분담하여 공동의 목표를 달성하기 위해 진행되는 조직적인 놀이이다. 협동놀이는 어떤 물건을 만들기 위해서, 경쟁에 이기기 위해서, 성인들의 생활을 극화하기 위해서, 또는 규칙 있는 게임을 하기 위해서 집단을 조직하고 놀이를 하게 된다.

2) 연령별 놀잇감 특징

(1) 영아기

영아는 다양한 놀잇감을 좋아하지만 너무 많은 자료는 영아를 위축시키며 특히 놀잇감의 대부분이 낯선 것일 경우에는 위축감이 더 커진다. 0~6개월 영아들을 위한 놀잇감은 감각을 자극하는 장난감, 즉 보고, 듣고, 입으로 빨고, 손으로 쥐고 만질 수 있는 것이 바람직하며 안전해야 하고 가장자리가 뾰족하지 않고 입에 들어갈 크기만큼 작은 부품이어도 안 된다. 견고해야 하고 한 손에 쥘 수 있을 만큼 작아야 하나 삼킬 수 없을 정도로 커야 한다. 따라서 0~6개월 영아에게는 보고 듣고 만지기에 적합한 놀잇감, 자기를 인식하도록 돕는 놀잇감, 영아의 행동에 반응을 보이는 놀잇감, 안전한 놀잇감이 좋다. 또한 0~6개월의 영아를 위한 놀잇감은 거울, 인형, 헝겊으로 만든 동물인형(위생을 위하여 영아 개인의 집에서 가져온 것), 모빌 등의 시각적인 자료, 손목벨 등이 좋다.

7~12개월 영아는 좀 더 긴 시간 동안 사물을 탐색할 수 있고 운동 능력이 증가함에 따라 여러 가지 놀잇감을 탐색하기를 원하기 때문에 기술을 익히고 확대시킬 기회를 주는 놀잇감이 바람직하다. 탐구하거나 조작할 수 있는 다양한 흥미 있는 물건, 영아 스스로 재미있는 효과를 만들어 낼 수 있는 놀잇감, 즉각적인 보상을 줄 수 있는 놀잇감, 인지·운동·대근육 발달을 도울 수 있는 놀잇감, 영아의 자아 인식·사회 적인 인식·사회적인 반응을 도와줄 수 있는 놀잇감, 안전한 놀이 환경 및 놀잇감이 바람직하다(Bronson, 1995). 이러한 놀잇감 외에도 부드럽고 가벼운 쌓기 놀잇감, 다양한 조작을 할 수 있는 손에 쥐는 장난감, 자동차 장난감, 손으로 누르면 튀어나오는 장난감, 간단한 퍼즐, 책, 우드 블록과 같은 악기, 대근육 활동을 위해 밀고 당기는 장난감, 공, 계단처럼 오르내릴 수 있는 부드러운 매트리스 등이 적합하다.

1세 영아는 움직임이 활발해져서 자신의 운동 기술을 사용해 보는 데 관심이 있다. 이러한 운동 기술을 발달시키기 위해서 대근육을 위한 놀잇감(탈것, 밀고 당기는 놀잇감, 기어오를 수 있는 낮은 계단 등)과 여러 운동 기능을 결합하여 사용해야 하는 놀잇감(공, 크고 가벼운 쌓기놀잇감)을 제공하는 것이 좋다. 이 시기의 영아는 또래 간의 상호작용에 관심을 가지나 아직 상호작용 기술이 미흡하여 주의 깊은 도움과 감독이 필요하다. 영아들의 집단 크기에 따라 놀잇감의 수량과 다양성을 고려해야 한다. 여러 명이 동시에 사용할 수 있는 놀잇감과 다양한 방법으로 사용할 수 있는 놀잇감은 영아 간의 갈등을 최소화시킬 수 있다.

1세 영아의 적절한 놀잇감은 안전하고 견고하며 씻을 수 있고 예리한 모서리가 없고 삼킬 수 없는 크기의 장난감으로서 청결하며 단순하고 수적으로 많지 않는 것이 좋다. 예를 들어, 전신거울, 씻을 수 있는 인형 및 침대, 나무나 플라스틱으로 된 사람이나 동물 모형, 영아가 탈 수 있는 탈것, 가벼운 교통놀잇감, 물·모래놀이 놀잇감, 작고 가벼운 쌓기 세트, 꼭지가 달려 있는 3~5개의 퍼즐, 색깔 있는 구슬, 특별한 기술을 발달시키는 놀잇감(누르면 튀어나오는 장난감, 쌓아올리거나 포갤 수 있는 혹은 겹겹이 넣는 장난감 등) 그리고 영아가 볼 수 있는 단단한 책이나 성인이 읽어 주는 책, 크고 해롭지 않은 크레용 및 질긴 종이, 음악을 들을 수 있는 기기(레코드, CD 등), 밀고 당기는 장난감, 계단과 기어들어갈 수 있는 터널 등이다.

2세 영아에게 적합한 놀잇감을 네 가지 분야로 분류해서 설명해 보면 다음과 같다.

- 대근육 기술을 발달시키는 놀잇감: 밀고 당기는 놀잇감, 타는 놀잇감, 실외놀이 및 운동기구(기어오르는 시설물, 터널, 낮은 그네 등), 큰 공과 스포츠 기구 등이 있다.
- 사회적이며 상상적인 놀잇감: 거울, 인형, 역할놀이 장난감(인형 침대·유모차 등의 간단한 인형 놀잇감, 냉장고·전화와 같은 소꿉놀잇감), 손인형, 헝겊으로 만든 동물인형, 동물이나 사람 모형, 교통놀이 장난감(작은 차, 밀 수 있는 것, 기차 등)이 좋다.
- 탐구 능력과 기능 발달을 위한 놀잇감: 물·모래놀이, 구성놀잇감, 퍼즐, 모양 만들기 자료(커다란 나무 못과 못판, 색 있는 자석판), 쌓기놀이, 책, 구슬 꿰는 놀잇감 등이 좋으며, 특별한 기술 발달을 돕는 놀잇감으로는 포개거나 쌓기를 위한 놀잇감, 감각을 자극시키는 놀잇감, 색 그림 도미노 등이다.
- 음악, 미술, 움직임을 위한 놀잇감: 미술 놀잇감(크레용, 이젤, 붓, 매직펜, 색종이, 찰흙, 핑거페인트 등), 악기(종, 딸랑이, 심벌즈, 드럼, 트라이앵글, 리듬 막대), 시청각 자료(레코드, 테이프, CD, 음악 등)가 좋다.

(2) 유아기

3세 유아의 놀잇감은 2세 유아와 비교해서 사회적 성숙의 발달, 성인 역할에 대한 관심과 상상력의 확장을 반영하는 것이어야 한다. 그러므로 놀잇감을 제공하는 데 더 첨가해야 할 것은 상상놀이를 위한 소품, 즉 입지 않는 성인 옷, 안경, 플라스틱이나 나무로 만든 세면도구 세트, 병원놀이, 화장품 세트와 어머니나 아버지 등의 성인의 역할을 흉내 내는 데 사용하는 놀잇감, 장난감 트럭, 주유소, 인형, 인형집, 우주선 등과 같은 소형 장난감을 좋아한다.

유아의 상상력 확장은 그들에게 친숙한 놀잇감을 사용하는 방법에 영향을 준다. 예를 들어, 2세아와 같이 3세 유아는 쌓기놀이를 즐기지만 블록을 다르게 사용할 수 있다. 3세 유아는 블록을 흥미 있게 합쳐서 단순히 쌓거나 배열하기보다 환상놀이로 통합할 것이다. 3세 유아는 블록을 사용하여 성인의 세계를 상상하여 구성해 볼 수 있다. 3세 유아는 성인의 세계를 나타내는 빌딩, 길, 터널과 같은 구조물을 소형으로 만들 것이며 이러한 구조물로 상상놀이를 할 것이다. 그러므로 이 시기에 성인은 실내·외 블록을 다양하게 많이 제공해 주어야 하며, 유아는 블록이 다양하기 때문에 상징놀이를 촉진할 수 있다. 정사각형 블록으로 정교한 작은 빌딩을 만들고 긴 직사각형 블록과 램프로 길을 만들도록 하며 아치로 다리 만들기를 할 수 있으며, 커다란 실외 블록을 이용하여 요새, 집, 보트와 같은 주거 구조물을 만들 수 있다.

3세 유아에게서 볼 수 있는 결과 중심의 초기 표시는 놀잇감을 선택할 때 고려하여야 한다. 물론 성인은 유아에게 결과를 요구하거나 기대하지 않는다. 놀잇감들이 퍼즐, 간단한 게임, 블록, 미술 자료든지 간에 유아의 성취 가능성을 생각해서 선택해야만 한다. 2세 유아는 과정 중심이고, 초기에 감각발달을 위해 핑거페인팅, 찰흙과 같은 미술 자료를 즐긴다. 반면 3세 유아는 결과에 관심을 가지지만 비의도적인 결과이다. 어떤 결과를 성취하는 것을 즐거워하며 결과를 보여 주는 데 관심이 있다. 핑거페인트는 너무 형체가 없어 흥미를 극대화할 수 없을지도 모른다. 미술 자료는 우연적일지라도 유아가 다른 사람에게 보여 줄 수 있는 어떤 것을 만들거나 기술을 나타내기 때문에 유아들에게 제공해야만 한다. 미술 자료에는 페인트 붓, 이젤, 마크펜, 크레용 등이 포함된다.

4세 유아의 놀잇감은 유아의 사회적 능력과 더 많은 활동 영역이 포함되어야 한다. 그러므로 유아들에게 사회적 상호작용을 촉진하고 자신의 대근육 기술을 적용해 볼 수 있는 자전거, 장난감 마차와 같은 탈것을 제공하는 것이 적절하다. 또한 소근육 기술을 개발할 수 있는 놀잇감, 즉 바느질 활동, 목공놀이 활동, 구슬 꿰는 활동, 색칠하고 그림 그리는 활동을 위한 놀잇감이 필요하다. 놀잇감을 선택할 때는 유아의 놀이를 좀 더 확장할 수 있는 것이어야 하며, 특히 책은 유아의 모험심을 자극할 수 있도록 일상생활을 초월한 주제를 다루는 것이어야 한다(이기숙 외, 1998).

4세 유아처럼 5세 유아도 그리고 색칠하고 가위로 작업하는 활동을 즐기지만 5세아는 정확성과 현실성에 관심이 더 많다. 유아는 성인의 지시를 받아들이며 성인이 한 것을 본보기로 작업하는 것을 좋아한다. 5세 유아는 어떤 것을 정확하게 만드는 데 관심을 가지고 자기가 만든 것과 다른 사람이 만든 것을 비교하는 경향도 있다. 또한 자신이 만든 것을 잘 알고 스스로 판단도 매우 잘한다.

유아가 활동을 계획하고 이행하는 기술 지향적인 놀잇감을 제공해 주는 것이 좋으며 때때로 성인과 함께 활동할 수 있는 기회를 경험하는 것도 좋다. 미술 자료는 놀이활동으로서 가치가 있으며 구조화된(예: 색칠하는 책) 혹은 비구조화된(예: 붓, 물감, 크레용, 풀, 가위, 찰흙, 밀가루풀) 자료 모두가 중요하다. 구조화된 미술 자료가 유아의 창의적인 표현 발달을 방해한다고 비판하지만 예술적인 결과는 창의적인 표현뿐만 아니라 기술도 포함된다.

5세 유아는 특히 그들의 기술 능력을 나타내고 발달시키는 데 관심이 있다. 이러한 이유 때문에 5세 유아는 실제 도구가 제공된 목공놀이 활동, 카드 놀이, 주사위로 하는 판 게임과 테이블 게임 같은 것을 좋아한다. 이 연령집단을 위한 게임은 이기기 위하여 고차원으로 조직된 전략을 요구하는 것보다 우연한 기회에 의해 성공할 수 있는 것이 좋다.

05 놀이발달에 영향을 미치는 요인

유아의 놀이에 영향을 미치는 요인은 크게 개인적 요인과 환경적 요인을 들 수 있다. 본 장에서는 환경적 요인을 가정환경과 사회 환경으로 구분하여 크게 3가지 요인을 중심으로 살펴보고자 한다.

1) 개인적 요인

(1) 연령

놀이에 있어서 유아의 연령을 고려하는 것은 놀이가 유아의 성숙에 미치는 영향을 알 수 있도록 할 뿐만 아니라 유아의 연령에 적합한 다양한 놀잇감 및 놀이 기회에 관한 유용한 정보를 제공해 줄 수 있다는 점에서 도움을 줄 수 있다. 유아들의 놀이는 연령별로 커다란 차이를 나타낸다. 연령이 증가할수록 혼자놀이에서 사회적 놀이로 변화하고, 놀이 지속 시간도 길어질 뿐만 아니라 복잡한 규칙이나 고도의 기술이 필요한 인지적인 놀이를 많이 하는 것으로 나다나고 있다.

(2) 인지 능력

유아의 인지 능력과 놀이 간의 관계를 알아보기 위해 상상놀이와 인지발달, 유아들의 지능 수준과 놀이의 차이에 대한 연구들이 있어 왔다. 먼저, 대부분의 연구에서 유아의 지능과 상상놀이 참여 간에 정적 상관이 있는 것으로 나타나 소꿉놀이, 병원놀이 등의 상상놀이를 많이 하는 유아들이 지능발달이 빠르다고 하였다. 또한 우수아와 정신지체아의 놀이 특성을 연구한 결과, 우수아는 자신보다 약간 나이가 많은 유아를 놀이 친구로 선호하며 인지적으로 복잡한 놀이를 선호한 반면에 정신지체아는 놀이 활동에서 독창성이 부족하고 규칙이 없는 단순한 게임을 선호하는 것으로 나타났다.

(3) 성

놀이에 관한 여러 연구에서 유아들이 참여하는 놀이 유형이나 내용, 선호하는 놀잇감 및 놀이 친구 간의 상호작용은 성별에 따라 차이가 있는 것으로 나타나고 있다. 남아와 여아의 놀이를 관찰해 보면 일반적으로 남아는 놀이에서 독립적이며, 탐색활동을 적극적으로 하기 때문에 거친 운동놀이, 대근육 활동과 기능놀이를 많이 하는 반면, 여아는 남아보다 일찍 소근육 능력이 발달하여 앉아서 하는 놀이나 구성놀이를 더 많이 하는 것을 알 수 있다. 그러나 4세를 넘어서면서 여아들도 적극적 놀이활동에 참여하게 되고 남아도 여아처럼 오래는 아니지만 앉아서 하는 놀이를 전보다 더 즐기기 시작하게 된다. 유아가 선호하는 놀잇감에서도 차이가 나타나 여아의 경우 인형이나 소꿉놀이를, 남아의 경우 블록이나 바퀴 달린 놀잇감, 구성놀잇감을 더 선호하는 것으로 나타난다.

2) 가정환경

다양한 요인들이 유아가 자라면서 경험하게 되는 놀이의 종류와 질, 그리고 유아가 얼마나 놀이를 즐기고 창의적인가를 결정하는 데 도움을 줄 수 있는데, 이 가운데 많은 요인들은 바로 가정환경으로부터 기인한다. 부모가 자녀와 상호작용하는 방법은 지속적으로 유아의 삶에 영향을 미친다.

(1) 부모

현대의 부모들은 직업과 가사 등으로 바쁜 시간을 보내기 때문에 자녀들과 충분히 놀이하는 시간을 갖지 못하는 경우가 많다. 따라서 장난감 구매나 구조화된 과외활동 프로그램에 자녀를 등록시켜 줌으로써 이러한 부족을 보상하려고 한다. 그러나 이러한 장난감이나 구조화된 활동보다는 오히려 부모와 유아가 함께 놀이시간을 갖는 것이 유아의 놀이 필요에 부응할 수 있는 가장 바람직한 방법이다.

부모-유아 놀이 상호작용, 부모의 양육 태도, 부모-유아 간의 애착의 질 등은 이후의 유아들의 놀이에서 또래 간에 상호작용에 긍정적인 영향을 준다. 예컨대, 부모가 유아에게 자주 체벌을 가하면서 통제하는 경우, 그 유아는 공격적인 행동 성향이 강해지고 상상놀이에 참여하는 빈도가 적어지며, 부모와 유아 간의 과잉 접촉은 유아의 독립적인 놀이나 탐색 기회를 박탈하여 유아의 자유로운 놀이발달이 제대로 이루어지기 어렵다. 또한 안정감 있는 부모-유아의 애착은 유아가 보다 더 탐색적이고 적극적으로 사물을 이용한 상징놀이에 몰두하도록 할 뿐만 아니라 보다 더 독립적이고 행동적인 융통성을 가지도록 하는 데 중요한 요소가 된다.

(2) 형제자매

가정환경에는 부모 요인 이외에 형제자매의 관계도 유아의 정서적·인지적·사회적 행동의 기반을 형성하는 데 중요한 역할을 담당하며 유아의 놀이행동에도 많은 영향을 미치는 것으로 나타난다. 형제자매의 놀이와 사회적 상호작용은 일반적으로 부모-자녀 간 행위 패턴과 다르며 또래관계와도 구별된다. 유아놀이에서 어머니는 감독자와 교수자의 역할을 수행하지만, 형제는 동등한 놀이 상대자로 참여하기 때문에 유아의 놀이에 많은 영향을 준다.

3) 사회환경

(1) 문화적 배경

놀이는 현재와 과거의 모든 인간 문화에서 관찰된다. 인간 놀이의 양과 유형은 사회나 문화권에 따라 상당한 차이가 있다는 것이 비교문화적으로나 각 사회문화 내에서 모두 관찰된다. 어떤 사회에서는 유아들이 고도로 복잡하고 정교한 게임에 몰두하는가 하면, 어떤 사회에서는 게임이 너무나 단순하며, 또 다른 사회에서는 어떤 경쟁적 게임의 종류가 거의 존재하지 않는다.

따라서 놀이는 국가별, 사회·경제적 배경, 유아가 살고 있는 지역 등에 영향을 받는다. 예를들어, 유아들은 놀이를 통해 문화 내에서 소중하게 여기는 가치, 지역사회 규범, 자신의 문화와 관련된 기술, 습관, 태도를 학습할 수 있는 기회 등을 가지게 된다. 또한 유아의 상징놀이를 관찰한 연구들에서 대체로 사회·경제적 지위가 낮은 하류층의 유아들이 중류층의 유아들에 비해 상징놀이를 적게 하는 것으로 보고하였다. 하류층의 유아들은 내용 면에서도 덜 세련되고, 단순한 놀이를 하는데 이것은 그들이 비교적 놀이 기회가 제한된 환경에서 생활하기 때문인 것으로 생각된다. 그러나 이에 대한 상반된 연구들도 있으므로 유아들을 둘러싼 배경 및 개인차를 검토하여 지도하여야 할 것이다.

(2) 교육 환경

① 유아교육기관의 경험

유아교육기관에서의 경험이 유아의 놀이에 미치는 영향은 유아의 사회적 상호작용과 사회적 놀이 및 성숙에 영향을 주며 사회적 상호작용에 영향을 준다는 것이다. 유아교육기관에서 많은 시간을 보낸 유아는 사회적으로 성숙한 연합놀이뿐 아니라 구성놀이에 더 많이 참여하였으며 혼자놀이, 방관자놀이, 몰입하지 않는 행동에 덜 참여하는 경향을 나타낸다고 하였다.

② 놀잇감 및 놀이 공간

놀잇감에 따라 유아의 사회놀이, 인지놀이 활동에 영향을 미치게 되며 어떤 재료인가에 따라 유아들의 놀이 유형과 놀이행동이 결정되므로 놀잇감의 양과 크기, 유형 등은 유아들의 사회놀이 활동에서 발생하는 상호작용의 질에 영향을 준다. 교사는 교실에서 유아가 단순한 것에서 복잡한 수준까지의 놀잇감(예: 몇 조각으로 구성된 퍼즐에서 수십 조각으로 구성된 퍼즐), 그리고 구체적인 것에서 추상적인 놀잇감(예: 분류 활동을 할 수 있는 실제의 나뭇잎과 나뭇잎 그림들)을 선택할 수 있도록 놀이실 환경을 구성해야 한다.

또한 다양한 놀잇감을 갖추고 놀이 활동 영역을 구획하거나 경계 지은 공간인 흥미 영역에서는 놀이 활동이 활발히 이루어지고 놀이 지속 시간도 길어지며, 다른 유아와 함께 노는 행동이 많이 나타나고, 놀잇감을 정리하는 행동도 나타난다. 반면 놀잇감이 부족하면 유아의 경험이 제한된다. 이 외에도 놀이 공간의 장소가 바깥인가, 실내인가에 따라 놀이 활동 유형이 달라진다. 실내놀이 공간에서는 구성놀이 활동이 주로 발생하고 바깥놀이 공간에서는 기능놀이와 다양한 놀잇감을 통한 창의적 상상놀이 활동이 발생한다.

③ 또래

출생 후 2~3개월인 영아들도 또래에 대해 분명하고 명백한 관심을 나타낸다. 아기들은 서로 의사소통을 하려고 노력하고 더 나아가서 또래와 협동놀이를 하려는 기초적인 신호를 보인다. 따라서 영아와 걸음마기 유아들도 자기중심적이지만 또래와 상호작용을 할 수 있으므로 유아의 사회성발달을 위하여 또래와의 상호작용은 매우 중요하다.

또래와의 친밀성, 또래의 성, 또래의 연령 등이 유아의 놀이에 많은 영향을 미친다. 예를 들어, 유아는 친하지 않는 또래보다 친한 또래와 있을 때 극놀이에 더 많이 참여한다. 또래와 친할 때 놀이에서 더 많은 사회적 조직과 협동, 더 높은 열의와 집중력을 나타낸다. 또한 유아가 특별한 또래집단과 더 편인함을 느낄 때 상상놀이는 더 복잡하게 되고 더 높은 수준의 인지 기능이 반영되므로 또래의 친밀성은 유아의 놀이에 영향을 준다.

대부분의 유아는 동성의 친구를 좋아하며 동일한 성의 또래와 놀 때 익숙한 놀이를 많이 한다. 그러나 동성끼리만 놀이할 때 전통적으로 성 유형화된 놀이를 하므로 교사들은 교실에서 혼성놀이를 하도록 유도하여야 하며, 학교에서의 교육과정은 성역할에 관한 비고정화된 가치를 강조하고, 남아와 여아가 더 많이 상호작용하도록 교실의 환경을 계획한다면 혼성놀이가 더 많이 일어날 수 있을 것이다.

유아가 성장함에 따라 점점 더 자신과 비슷하거나 동일한 연령의 친구를 선택하는 경향이 있다. 동일 연령의 친구들과 놀이할 때 더 적극적이고 언어적 상호작용의 범위가 넓으며 협동적인 극놀이가 많이 일어날 수도 있다. 그러나 협동적인 구성놀이 등은 동일 연령 집단보다 혼합 연령 집단에서 더 자주 일어나므로 유아에게 다양한 연령의 또래와 활발한 상호작용을 할 수 있는 기회가 주어지도록 해야 할 것이다.

앞부분에서도 간단히 언급하였지만 '2019 개정 누리과정' 에서는 유아교육의 기본적인 놀이를 반영하고 놀이시간을 충분히 편성하여 현장에서 유아가 중심이 될 것을 강조하며 '유아가 주도하는 놀이중심교육과정' 으로 나아가야 한다고 하였으므로 교사는 유아들의 다양한 놀이 특징을 잘 관찰하여 적절한 지원을 해주어야 할 것이다.

:: 참고문헌

김수영 · 김수임 · 김현아 · 정정희(2007). 놀이지도. 서울: 양서원.

김수영 · 김수임 · 허선자 역(1998). 유아의 놀이와 발달. 서울: 창지사.

박찬옥 · 정남미 · 임경애(2004). 유아놀이지도. 서울: 학문사.

삼성복지재단(1997). 어린이와 환경. 제5회 국제학술대회.

신은수 · 김은정 · 안부금 · 유영의(2001). 놀이와 유아교육. 서울: 학지사.

양옥승 외 공역(2003). 놀이와 아동발달. 서울:정민사.

이기숙, 오은순공역(1998). 우리 아이들의 놀잇감 선택 방법. 서울: 양서원

이숙재(2000). 유아를 위한 놀이의 이론과 실제. 서울: 창지사.

이은해 · 지혜련 · 이숙재(1993). 놀이이론. 서울: 창지사.

유영의(2004). 교사의 놀이 교수효능감에 따른 유아의 구성놀이 질의 차이. 덕성여자대학교 박사학위논문.

장혜순(2004). 유아놀이의 이론과 실제. 서울: 학지사.

지성애(1995). 유아놀이지도. 서울: 정민사.

최석란(2005). 놀이와 유아발달. 서울: 양서원.

Bronson, M.(1995). *The right stuff for children birth to 8: Selecting play materials to support development*. Washington, DC: National Association for the Education of Young Children.

Hughes, F. P.(1999). *Children, Play, and Development*. Allyn and Bacon.

Forman, G.(1998). Constructive play. In D. Fromberg & D. Bergen(Eds.). *Play from birth to twelve and beyond: context, perspective and meaning*(392-400). New York: Garland.

Gallahue, D. L. & Ozmum, J. C.(1995). *Understanding motor development: Infants, children, adolescents, adults*. IA: Brown & Benchmak.

Jeffree, D., & McConkey, R.(1976). An observation scheme for recording children's imaginative doll play. *Journal of Child Psychology and Psychiatry, 17*, 189-197.

Johnson, J. E., Christie, J. F., & Wardle, F.(2005). *Play, Development and Early Education*. Boston: Pearson Education, Inc.

Morrison, G. S. (1995). *Early Childhood Education Today*. NJ: A Simon & Schuster Company.

Parten, M.(1932). Social participation among preschool children, *Journal of abnormal and social psychology*, 243-269.

Smilansky, S.(1968). *The effect of sociodramatic play on disadvantaged preschool children*. NY: Wiley.

Weininger, O., & Fitzgerald, D.(1988). Symbolic play and interhemispheric integration: Some thoughts on a neurological model of play. *Society for Research in Child Development*, Monograph 86.

제 7 장

유아교육과 교사

학습목표

1. 전문직으로서의 유아교사직의 특성을 이해한다.
2. 교직윤리의 필요성과 유아교사에게 필요한 윤리강령을 이해한다.
3. 유아교사에게 요구되는 다양한 역할 유형과 자질에 대해 안다.
4. 유치원 교사와 보육교사의 교사 양성체제 및 자격 기준을 안다.
5. 현직교육의 개념, 목적 및 유형을 이해한다.

01 유아교사의 전문성

교직(教職)은 학생을 가르치는 직무(민중서림, 2003)로서, 의사나 법관, 과학자 같은 다른 전문직과는 다른 면이 있다. 인간을 대상으로 하고, 인간의 전인적 측면을 대상으로 하며, 성장해 가는 과정에 있는 미성숙한 사람을 대상으로 한다는 특징을 가지고 있기 때문이다(곽영우 외, 1997). 이에 비추어 볼 때 유아교사직은 앞으로 무한한 가능성을 가진 유아가 전인적인 성장과 발달을 할 수 있도록 도와주는 역할을 하는 직업이라고 볼 수 있다.

1980년대에 들어와 유아교사의 전문적 지위와 근무 조건에 관심이 모아지면서 유아교사라는 직업이 전문직인가, 유아교육을 담당하는 교사가 전문가인가에 대해서 본격적으로 논의되기 시작했다. 예로부터 교사는 동서양을 막론하고 특별한 소명의식을 가진 사람들만이 할 수 있는 일로 생각하여 교직을 천직(天職)으로 여겼다. 그러나 시대가 변화함에 따라 교사라는 직업이 과거에 비해 존경의 대상이 되지 못하고 높은 수준의 보수를 받지 못하면서 일을 하고 보수를 받는 일반 직업과 다를 바 없는 노동직으로 여겨지기도 했다.

이와 같이 유아교사직이 전문직인가에 대한 논란에 대하여 노동부의 직업 분류, 일반적인 전문직 조건에 비추어 유아교사직이 전문직인 근거를 밝히고 유아교사의 전문성 향상을 위한 방향에 대해서 살펴보고자 한다.

1) 직업 분류

통계청(2017)에서 개정 고시한 제7차 한국표준직업분류 내용을 참고하면 유치원 교사와 보육교사는 다음과 같이 분류되어 있다.

〈대분류〉 2. 전문가 및 관련 종사자

〈중분류〉 24. 보건·사회복지 및 종교 관련직

〈소분류〉 241. 의료진료 전문가

242. 약사 및 한약사

243. 간호사

244. 영양사

245. 치료 · 재활사 및 의료기사

246. 보건의료 관련 종사자

247. 사회복지 관련 종사자

2471. 사회복지사

2472. 보육교사

〈중분류〉 25. 교육 전문가 및 관련직

〈소분류〉 251. 대학 교수 및 강사

252. 학교 교사

253. 유치원 교사

2530. 유치원 교사

위에 제시된 바와 같이 유치원 교사와 보육교사는 직업 분류 항목 중 〈전문가 및 관련 종사자〉로 대분류되며, 보육교사는 〈보건·사회복지 및 종교 관련직〉 항목에서 〈사회복지관련 종사자〉의 하위 항목으로 분류되는 반면, 유치원 교사는 〈교육 전문가 및 관련직〉 항목에서 〈유치원 교사〉로 분류된다. 즉, 유치원 교사나 보육교사는 '영유아를 대상으로 일련의 놀이나 교육계획을 수립하고, 정해진 계획에 따라 교육과정 전반을 운영하는 영유아 교육 관련 종사자'로서 〈전문가 및 관련 종사자〉로 분류된다. 반면, 아동 복지시설, 어린이 카페, 탁아기관 등 보육 관련 시설에서 일하는 '보육 관련 시설 서비스 종사원'은 놀이나 교육적 활동 전반을 계획하거나 조직하는 업무를 수행하지 않으며, 주로 돌봄 대상 영유아를 보호하거나 몸을 씻고 옷을 입고 먹는 등의 기초생활을 원활하게 영위할 수 있도록 돕는 것에 직무의 초점이 맞추어져 있기 때문에 〈대분류 4. 서비스 종사자〉로 분류된다. 따라서 우리나라에 있는 모든 직업을 총정리하여 그 특성에 따라 분류한 통계청의 직업분류표에 기준할 때 유치원 교사와 보육교사는 모두 전문직으로 분류되고 있음을 알 수 있다.

2) 전문직의 조건

전문직(profession)이란 용어는 전통적으로 법학, 의학, 신학과 같이 높은 수준의 학식을 요구하는 직업에 사용되어 왔다(Spodek & Saracho, 1988). 그러나 전문직을 한마디로 정의하기는 어려우며 이러한 개념 자체도 시대에 따라, 학자에 따라 다르게 정의되어 왔다. 직업 분류와 관계없이 각 사회마다 전문직을 규정짓는 조건은 다양하겠지만 일반적으로 제시되고 있는 전문직의 조건을 기초로 유아교사직이 전문직인가에 대해 논의해 보면 다음과 같다(박은혜, 2003).

첫째, 전문직은 전문화된 지식과 이를 소화할 수 있는 지적인 능력을 요구한다. 어느 전문직이든 그 직종에 종사하는 사람들만이 가지고 있는 전문화된 지식이 있다. 전문화된 지식은 그 직업에 종사하는 사람들만이 배타적으로 공유하는 것이어서 외부인들이 이해하기 어려운 특성을 가지고 있으며, 아울러 상당한 희소가치를 가지고 있다. 교직이 고도의 전문직으로 받아들여지지 않는 이유는 웬만한 사람이면 누구나 다 교육에 대해 일가견이 있다고 생각하기 때문이다. 특히 부모들은 자녀의 발달과 학습에 대하여 그 누구보다 잘 알고 있다고 확신하기 때문에 교사들의 전문성을 인정하려 들지 않는 경향이 있다.

둘째, 전문직은 그 직업 종사자에게 자격증을 요구한다. 전문직은 그 직종에 종사할 수 있다는 허가를 내어주는 자격증을 필요로 한다. 전문직은 직업에 처음으로 입문하는 과정, 입문한 뒤의 현직 교육 등에서 상당히 희소가치를 인정받을 수 있다. 유치원의 경우 유치원 교사 자격증 소지자만이 교사로 근무할 수 있다. 이에 덧붙여 공립유치원의 경우는 평균 30 : 1 이상의 경쟁을 통과해야만 교사로 임용될 수 있다. 그럼에도 불구하고 20% 정도의 유치원 교사만이 학사자격증을 소지하거나 1년 동안의 보육교사 교육원을 통해서도 보육교사 자격증을 받고 어린이집에 근무할 수 있는 상황은 유아교사 자격제도에서 좀 더 보완되어야 할 문제이다.

셋째, 전문직은 종사자들의 자율성을 최대로 요구한다. 전문직에 종사하는 사람들은 자신이 하는 일에 대하여 외부의 간섭 없이 상당한 자율권을 가지고 의사결정을 할 수 있다. 유아교사들은 교육과정 운영에 있어 상급 학교의 교사들보다도 자율권을 가지고 있다. 하지만 이러한 자율권은 사회와 학부모 집단의 요구가 지나치게 강할 때 오히려 역으로 작용하여 교사의 교권이 상당히 침해되는 경우도 종종 발생한다. 특히 유아교육기관은 사립의 비중이 크기 때문에 그 문제가 더 심각해지기도 한다.

넷째, 전문직은 그에 상응하는 사회적인 지위와 경제적인 보상을 요구한다. 전문직에 종사하는 사람들에게는 그에 상응하는 사회적인 지위와 경제적인 보상이 주어지며 사회의 구성원들은 이를 인정하고 받아들인다. 우리나라에서 교사들에게 주어지는 사회적 지위는 그리 높지 않으며 그에 따른 경제적인 보상 역시 높지 않다. 사립유치원이나 어린이집에 근무하는 교사들의 경우 공립유치원 교사들에 비해 더 열악하다고 볼 수 있다.

다섯째, 전문직은 고유의 윤리강령을 가지고 있다. 전문직의 특성 가운데 하나는 상당한 의사결정을 요구한다는 것이다. 이러한 의사결정은 경우에 따라 상당한 개인적 가치의 개입을 요구하며 때에 따라서는 중요한 가치끼리 충돌하는 경우도 있다. 전문직은 이러한 상황에서 어떤 결정이 적절한 것인가에 대해 기준을 제시해 줄 수 있는 윤리강령을 가지고 있는 것이 필수적이다. 초·중등 교사 및 대학 교수들을 위해서는 사도강령이 있으며, 유아교사만을 위한 윤리강령이 있다.

여섯째, 전문직은 자신들의 권익을 보호할 수 있는 단체를 구성한다. 전문직에 종사하는 사람들은 끊임없이 새로운 지식을 습득하고 자신들이 하는 일의 전문성을 유지하고 또한 자신의 권익을 보호해 줄 수 있는 단체를 필요로 한다. 유아교육의 경우에는 학자들이 주로 활동하는 한국유아교육학회, 한국영유아교원교육학회, 열린유아교육학회, 한국영유아보육학회 등이 있고 현장 교사들이 많이 참여하는 대한어린이교육협회, 공립유치원연합회, 전국사립유치원연합회, 보육시설연합회, 보육교사협회 등의 전문단체들이 있다.

이상에서 전문직의 조건에 비추어 유아교사직이 전문직으로서의 요건에 충족되는지에 대해 논의해 보았다. 유아교사직은 전문직으로 인정받을 수 있는 요건도 일부 갖추고 있으나 그렇지 않은 요소도 갖고 있음을 알 수 있다. 그러나 유아교사는 교육과 훈련의 과정을 거쳐 유아교육에 대한 전문적 지식과 자격증을 가지고 있고 이를 기초로 학급 운영과 유아 지도 상황을 진단, 의사결정을 필요로 하는 창조적 전문직이라는 인식이 점차 더 확산되고 있다. 즉, 유아교사의 직무 수행은 특수한 역할을 수행하는 전문가의 정의에 부합되며, 교사가 전문가로 분류될 수 있는 근거이다.

유아교사직은 전문직인가?

● 전문직으로서의 유아교사에 대한 다음의 진술에 대하여 자신의 견해를 표시해 보세요.

① 전혀 그렇지 않다 ② 대부분 그렇지 않다 ③ 대부분 그렇다 ④ 매우 그렇다

1. 유아교사들은 그들의 근무 활동에 독점권을 가지고 있다. ① ② ③ ④
2. 유아교사들은 높은 자율성을 가지고 있다. ① ② ③ ④
3. 다른 직업과 비교해 볼 때 유아교사가 되기 위해서는 많은 기간의 교육과 훈련을 필요로 한다. ① ② ③ ④
4. 유아교사들은 사회에 필수적인 활동을 제공한다. ① ② ③ ④
5. 유아교사들은 자신 스스로를 감독할 수 있다. ① ② ③ ④
6. 전문가협회는 유아교육에 상당한 힘과 영향력을 행사한다. ① ② ③ ④

7. 유아교사들은 일반 대중들이 가지고 있지 않은 지식과 기술을 소유하고 있다. ① ② ③ ④
8. 유아교사들은 국민들로부터 많은 신뢰를 받고 있다. ① ② ③ ④
9. 유아교사들은 상당한 특권과 이익 혹은 보수를 제공받는다. ① ② ③ ④

※ 종합점수가 18점이 넘으면 당신은 유아교사직을 전문직으로 생각한다고 할 수 있다.

출처: 이칭찬(2001: 333-334).

3) 교직윤리

(1) 개념 및 필요성

일반적으로 전문가 집단은 사회에 대한 그들의 책임과 의무를 상세히 표현하고 있는 윤리강령을 가지고 있다. 의사는 의사 윤리강령을 가지고 있고 변호사는 변호사 윤리장전, 교원은 사도헌장과 사도강령을 가지고 있다. 이러한 전문직의 윤리강령은 전문직 종사자들이 과제를 수행하는 도중에 상충된 의무나 책임에 직면하게 될 때 무엇을 해야만 하는지에 대한 지침을 제공한다(이영애, 2001).

이 중 교직윤리는 교직행동에 대한 포괄적인 지침으로 교사가 그 직무 수행과 관련하여 스스로 또는 관련된 다른 사람들에 대하여 지켜야 할 것으로 기대되는 사회적 규범을 의미한다. 유아교사는 인간을 대상으로 하는 직업 중에서도 자신을 방어할 수 있는 능력이 부족한 어린 연령의 유아를 대상으로 하고 개인의 일생에 중대한 영향을 미칠 수 있기 때문에 다른 어떤 전문직, 다른 어떤 교직보다도 높은 윤리와 도덕적 규범이 요구된다. 전문가로서 유아교사에게 윤리강령이 중요한 이유를 캐츠(Katz, 1989)는 다음과 같이 설명하고 있다.

- 유아는 교사보다 권력이 적고 스스로 자신을 방어할 수 있는 능력이 부족하기 때문에 교사가 자신의 힘과 지위를 가지고 유아의 요구나 권리를 통제할 수 있다.

- 개인과 집단의 요구, 기관과 부모의 요구 등이 상충될 수 있기 때문에 다양한 요구를 가진 유아나 부모로 인해 갈등 상황에 처할 수 있다.
- 유아교육과정은 다른 상급학교의 교육과정과는 달리 교육 내용이 미리 결정되어 있는 것이 아니라 유아의 경험과 흥미에 따라 끊임없이 변화하기 때문에 교사 개인의 가치에 따라 교육과정의 내용 및 방법을 정할 수 있다.
- 유아교사의 역할이 다양하고 때로는 부모의 역할과 구분이 모호하기 때문에 유아 또는 부모들과의 관계에서 어느 한쪽에 치우치지 않는 역할을 수행하기 어렵다.

이처럼 유아교사가 직면하는 다양한 문제 상황에서 윤리강령은 철학적인 기초를 제공해 줌으로써 교사의 결정에 방향을 잡아 주는 역할을 할 수 있다. 가르치는 일은 필연적으로 수없이 많은 딜레마에 직면하게 한다. 윤리강령은 교사들이 바로 이런 딜레마에 직면했을 때 편의주의적으로 해결하기보다는 가장 합리적인 의사결정을 할 수 있도록 이끌어 주는 지침이 된다.

(2) 교직윤리의 내용

최근까지 우리나라에는 유아교사만을 위한 윤리강령이 없었기 때문에 유아교사가 지켜야 할 윤리강령이 제정되어야 한다는 논의가 있어 왔다. 이에 2010년 한국보육시설 연합회와 육아정책연구소에서는 보육교직원의 윤리강령을 제시하였다(김은설·박수연, 2010). 보육교직원의 윤리강령은 제Ⅰ장 영유아에 대한 윤리, 제Ⅱ장 가정에 대한 윤리, 제Ⅲ장 동료에 대한 윤리, 제Ⅳ장 사회에 대한 윤리로 다음과 같이 구성되어 있다.

보육교직원의 윤리강령

제Ⅰ장. 영유아에 대한 윤리

1. 영유아에게 고른 영양과 충분한 휴식을 제공하여, 몸과 마음이 건강한 사람으로 자라도록 돕는다.
2. 성별, 지역, 종교, 인종, 장애 등 어떤 이유에서도 영유아를 차별하지 않고, 공평한 기회를 제공한다.
3. 영유아는 다치기 쉬운 존재임을 인식하여 항상 안전하게 보호한다.
4. 영유아에 대한 정서적, 언어적, 신체적 학대를 행하지 않는다.
5. 기관 내외에서의 영유아 학대나 방임을 민감하게 관찰하며, 필요한 경우 관련 기관("아동보호전문기관" 등)에 보고하고 조치를 취한다.
6. 영유아의 인격을 존중하고, 개인의 잠재력과 개성을 인정한다.
7. 개별적 상호작용 속에서 영유아의 요구를 수용하기 위해 노력한다.
8. 영유아의 사회·정서·인지·신체발달을 통합적으로 지원하는 보육 프로그램을 실시한다.
9. 특별한 도움을 필요로 하는 경우, 전문가와 협력하여 영유아의 입장에서 최선의 대안을 찾는다.
10. 보육 활동을 계획, 실행, 평가하는 모든 과정에 영유아의 흥미와 의사를 반영한다.
11. 영유아의 개인적 기록과 정보에 대해 비밀을 보장한다.

제Ⅱ장. 가정에 대한 윤리

1. 상호 신뢰를 바탕으로 영유아의 가정과 동반자적인 관계를 유지한다.
2. 각 가정의 양육 가치와 의사결정을 존중한다.
3. 경제적 수준, 가족 형태, 지역, 문화, 관습, 종교, 언어 등 어떤 것에 의해서도 영유아의 가정을 차별대우하지 않는다.
4. 보육 활동 및 발달 상황에 관한 정보를 정확하게 제공하여 영유아에 대한 가정의 이해를 돕는다.
   다문화, 심신장애 등으로 의사소통에 도움이 필요한 경우 문제를 해결할 최선의 방법을 도모한다.
5. 기관 운영 전반에 관한 정보를 공개하여 영유아 가정의 알 권리에 응한다.
6. 보육 프로그램과 주요 의사결정에 영유아의 가정이 참여하도록 안내한다.
7. 필요한 사회적 지원, 전문 서비스 등 관련 정보를 제공하여 영유아 가정의 복리 증진을

돕는다.
8. 영유아 가정의 사생활을 보호하고 익명성을 보장한다.

제Ⅲ장. 동료에 대한 윤리

[원장]
1. 최상의 보육 서비스 제공에 필요한 인적, 물적 환경의 조성 및 유지를 위해 노력한다.
2. 보육교사를 신뢰하고 존중하며 전문성과 자율성을 인정한다.
3. 성별, 학연, 지연, 인종, 종교 등에 따라 보육교사를 차별하지 않는다.
4. 업무 관련 의사결정이 필요한 경우, 보육교사의 의견 개진 기회를 보장한다.
5. 보육교사에게 지속적 재교육 등 전문적 역량 제고의 기회를 부여한다.
6. 보육교사에게 적정 수준의 보상(보험, 급여 등)을 안정적으로 제공하며, 복지 증진에 힘쓴다.
7. 보육교사 개인의 기록과 정보에 대한 비밀을 보장한다.

[보육교사]
1. 존중과 신뢰를 바탕으로 협력하며, 서로의 전문성과 자율성을 인정한다.
2. 상호 간 역량 계발과 복지 증진에 부합하는 근무 환경이 되도록 힘쓴다.
3. 시설장 및 동료와 영유아 보육에 대한 신념을 공유한다.
4. 보육교사로서의 전문성 향상을 위해 스스로 노력한다.
5. 기관 내에서 영유아 및 보육교사의 인권과 복지를 위협하는 비윤리적 사태가 발생한 경우, 법률규정이나 윤리기준("한국보육시설연합회 윤리강령위원회" 참조)에 따라 조치를 취한다.

제Ⅳ장. 사회에 대한 윤리

1. 공교육에 대한 책임을 인식하고, 항상 질 좋은 보육 서비스를 제공한다.
2. 영유아의 안전을 위협하는 환경이나 정책이 발견될 시, 관계기관과 협의하여 개선한다.
3. 공적 책임이 있는 기관으로서 재정의 투명성을 유지하고, 부정한 방법으로 사적 이익을 취하지 않는다.
4. 영유아의 권익 보호를 위해 관련 정책 결정 및 법률 제정에 적극 참여하며, 사회적으로 이를 널리 알리는 데 앞장선다.
5. 지역사회 실정에 맞는 시설의 책임과 역할을 인지하고, 실천하고자 노력한다.

(3) 유아교사의 윤리적 딜레마 사례

유아교사들은 현장에서 영유아뿐 아니라 영유아의 가정, 동료와 기관, 지역사회와의 관계 속에서 수많은 딜레마를 경험하게 된다. 교사는 이러한 윤리적 딜레마를 접하게 될 때 이를 해결하고자 자신이 가진 윤리적 가치와 덕목 등을 기준으로 윤리적 의사결정을 내리고 행동한다. 실제로 유아교사가 직면하게 되는 윤리적 딜레마 상황에는 어떤 것들이 있을까? 〈표 7-1〉의 사례들을 살펴보고 이런 상황에 처한다면 어떤 판단을 내리고 행동할 것인지 토의해 보자.

표 7-1 유아교사의 교직윤리 관련 딜레마 사례

교직윤리 영역	갈등 덕목	사례
유아와의 관계	개인 존중 vs. 공정성	• 편식하는 아이에게 음식 남기기를 허용할 것인가? 모든 아이들에게 다 먹도록 하는 규칙을 적용할 것인가? • 부적응유아에게 좀 더 많은 시간을 할애할 것인가? 골고루 관심을 배분해 줄 것인가?
가정과의 관계	진실성 vs. 조화	• 지나치게 산만한 유아의 문제를 부모에게 있는 그대로 전달할 것인가? 긍정적인 부분 중심으로 전달할 것인가? • 학급을 바꿔달라는 부모의 요구를 들어줄 것인가? 부모를 설득할 것인가?
동료와의 관계	용기 vs. 순응	• 지나친 특성화 활동 운영에 대해 원장님께 개선을 요구할 것인가? 그대로 따라갈 것인가? • 우리 반의 독특한 환경구성을 동료와의 관계 때문에 포기할 것인가? 유지할 것인가?
지역사회와의 관계	성실 · 인내 vs. 체념	• 공공기관 협조(예: 초등학교 견학)를 구하기 어려운 상황에서 계획을 계속 시도할 것인가? 견학을 포기할 것인가? • 주민 권리에 관한 서명운동에 참여할 것인가? 교사로서 사회적 활동에 대해 중립을 지킬 것인가?

출처: 조형숙(2012).

02 유아교사의 역할과 자질

1) 유아교사의 직무

교사의 직무는 역할에 기반하고 있기 때문에 유아교사의 역할을 살펴보면 현장에서 교사들이 어떤 직무를 수행하게 될 것인지 알 수 있다. 영유아의 발달특성상 유치원과 어린이집 교사에게 기대되는 역할은 초중등 교사보다 더 복잡하고 다양하다. 유치원과 어린이집 교사가 현장에서 수행하는 직무영역과 내용을 정리하면 〈표 7-2〉와 같다.

표 7-2 유치원과 어린이집교사의 직무영역 및 내용

직무영역	직무내용
교수학습 준비	교육 계획, 교재교구 준비, 환경 구성, 수업 준비, 수업 협의
교수학습 실제	등하원 지도, 놀이지도, 생활지도, 상호작용, 활동운영
교수학습 평가	유아평가, 수업(교사)평가, 교육 · 보육과정 평가
전문성 신장	연수, 연구, 장학(컨설팅), 전문가로서의 책무
영유아보호관련 업무	건강, 청결, 안전
학부모관련 업무	부모와의 연계, 부모상담, 부모교육, 가족지원
행사관련 업무	행사준비, 행사진행, 행사 마무리
사무관련 업무	문서 작성, 문서 관리, 사무 관리, 물품 관리, 운영 관리
시설설비관련 업무	시설관리, 기자재 관리
대인관계 및 사회적인 업무	대인관계, 지역사회와의 관계
계	35

출처: 김은영(2013).

2) 유아교사의 역할

(1) 역할의 개념적 특성

역할이란 사회의 어떤 지위에 있는 사람에게 사회 구성원으로부터 공통적으로 기대되는 행동 유형을 말한다. 또한 역할은 특정한 사회에서 기대되는 것이며, 특정한 지위에 있는 사람에게 기대되는 행동양식(박은혜, 2003)으로, 시대나 사회 변화에 따라, 그 사람이 사회 속에서 차지하는 상대적 지위에 따라 다르게 정의되는 특성이 있다.

'특정한 사회에서 기대되는 것' 은 사회마다 특정한 지위에 대하여 기대하는 행동양식이 다르다는 것을 의미한다. 따라서 유아교사에게 기대되는 역할은 나라마다 다를 수 있고, 같은 나라라고 하더라도 지역마다 다를 수 있으며, 같은 지역이라 하더라도 기관에 따라 다를 수 있다. 이러한 맥락에서 유아교사의 역할에 관한 관점은 시대에 따라 사회 구성원들이 가지는 요구와 가치관, 아동관, 교육관 등이 바뀌면서 변화되어 왔다. 과거에는 유아교육이 단순히 '보호' 하는 개념으로 인식되어 유아교사의 역할이 어머니의 역할과 크게 다르지 않다고 생각했다. 그러나 유아기의 중요성에 대한 다양한 연구 결과들이 발표되고 '교육' 의 중요성이 강조되면서 1980년대와 1990년대에는 가르치는 자로서의 교사 역할이 더 부각되었다. 최근에는 취업여성의 증가와 핵가족화로 인해 유치원이나 어린이집에 다니는 유아의 연령이 하향화되고 장시간 기관에 머무는 유아들이 늘어남에 따라 '교육(education)' 과 '보호(care)' 를 이분화하지 않고 에듀 케어(Edu-care)의 개념으로 인식하면서 교사의 가르치는 역할과 보살핌의 역할이 모두 강조되고 있다. 이는 오늘날 유아교육이 일상적인 생활 속에서 전개되고 유아는 발달상 아직 모든 부분에서 미성숙하기 때문에 성인의 보호가 절대적으로 필요하다는 입장에서 보살핌의 중요성이 재강조되고 있는 것이다.

'특정한 지위에 있는 사람에게 기대되는 행동양식' 의 의미는 유아교사의 역할이 유아교사라는 사회적 지위를 가진 사람에게 요구되는 것으로 사회 속에서 차지하는 상대적인 위치에 따라 달라진다는 것이다. 유아교사는 국가 및 지역사회의 구성원이며, 교직 단체의 구성원이기도 하고, 특정한 유아교육기관에 소속되기도 한다. 또한 유아교육기관도 일정한 범위의 역할과 신분적 지위를 갖고 있는 다양한 구성원들의 집합체로 교사는 유아, 학부모, 동료교사, 사무원, 간호사, 원감이나 원장, 장학사 등의 교직과 관련된 구성원들과의 관계 속에서 자신에게 주어지는 기대에 기초하여 역할을 수행하게 된다. 이 밖에도 유아교사는 자신이 보조교사인지 주교사인지에 따라서, 보육교사인지 유치원 반일반 또는 종일반 교사인지에 따라서, 담당하고 있는 유아들의 연령에 따라서도 그 역할이 달라질 수 있다. 예를 들어, 유아를 종일 보살펴야 하는 보육교사나 유치원 종일반 교사, 그리고 어린 연령을 담당하는 영아반 교사의 경우에는 상대적으로 가르치는 일 못지않게 일상생활 지도, 건강·영양·안전과 관련된 교사 역할이 더 강조될 수 있다.

이상에서 살펴본 바와 같이 유아교사가 어떤 역할을 해야 하는가에 대한 관점은 시대나 사회에 따라 변화되어 왔고, 사회 속에서 교사가 가지는 상대적 위치에 따라 역할이 다르게 규정됨을 알 수 있다. 따라서 교사는 시대의 변화에 따라 사회가 유아교사에게 기대하는 역할이 무엇인지, 또한 자신의 지위에 따라 기대되는 역할이 무엇인지에 대한 바른 이해가 필요하며, 이를 기초로 유아교사로서 자신의 역할에 대해 숙고하고 개념을 정리하는 것이 필요하다.

(2) 유아교사의 역할 유형

유아교사들이 수행하는 직무는 유아를 가르치는 일에 국한되지 않는다. 학자들은 교사의 직무에 기초해서 유아교사의 역할에 대해 다양하게 분류하여 정의하고 있다.

- Katz(1970): 어머니 역할, 치료 역할, 교수 역할
- 이은화(1985): 환경 제공자, 관찰자, 프로그램 계획자, 연구자, 부모교육 담당자, 평가자
- Schickedanz et al.(1990): 교육과정 설계자, 계획자·조직자·평가자, 훈육자, 의사결정자
- 교육과학기술부(2009): 교육과정 설계자, 일과 계획 및 운영자, 상담자 및 조언자,

생활 지도자, 현장 연구자, 행정 업무 및 관리자, 의사결정자, 동료와의 협력자

- 교육부 · 보건복지부(2020): 유아 · 놀이중심 교육과정 이해하고 실천하기, 놀이를 통한 유아의 배움을 지원하기, 놀이와 배움을 기록하고 평가하기, 함께 배우며 성장하기
- 한국육아정책개발센터(2007)
  - 영아반: 계획과 준비, 욕구 충족과 신뢰감 형성, 놀이 지도, 관찰 및 평가
  - 유치반: 교육과정 설계자, 상호작용자, 놀이 촉진자, 환경 구성자, 기본생활습관 지도, 관찰 및 평가자, 부모 프로그램의 운영자, 연구자

이상 학자들 및 교육과학기술부에서 제시한 유아교사의 역할을 요약해 보면 교사는 유아의 전인적 성장·발달을 위해 유아를 보살피고 가르치는 역할을 수행한다. 보다 구체적으로 보호자, 양육자, 관찰자, 평가자, 상담자, 계획자, 교수자, 안내자, 연구자 및 의사결정자의 역할을 수행함을 알 수 있다. 이와 같은 유아교사 역할에 대해 구체적으로 이해하기 위해서 교육과학기술부(2009)에서 제시한 교사의 역할 유형에 대해서 살펴보고자 한다.

① 교육과정 설계자

교육과정 설계자로서의 교사 역할은 유아교육 이론과 실제를 토대로 유아의 능력에 적합하면서 지역사회 및 기관에서 중요하다고 여기는 가치나 신념 등을 반영하여 '왜, 무엇을, 어떻게, 어느 수준과 범위로 가르치고 평가하느냐'를 계획하는 것을 의미한다. 특히, 국가에서 일방적으로 만들어서 제공하는 '주어지는 교육과정'으로부터 교육을 직접 실천하는 각 유치원에서 다양하게 편성·운영하는 '만들어 가는 교육과정'으로의 전환이 강조되고 있어 그 역할이 더욱 중요하다고 볼 수 있다. 이를 위해 교사는 기관의 철학이나 자신의 철학을 명확히 설정해야 하고, 지역적·문화적 상황이나 특성 및 유아의 발달·욕구·흥미를 정확히 파악하고 반영해야 한다.

② 일과 계획 및 운영자

일과 계획 및 운영자로서의 교사 역할은 자신이 수립한 연간·월간·주간 교육계획에 의거하여 체계적이고 구체적인 일과를 계획하고 융통성 있게 일과를 수행하는 것을 의미한다. 유아는 환경과의 적극적인 상호작용을 통해 많은 것을 학습하므로 교사는 적합한 환경 및 학습 활동을 계획해야 하고, 유아가 활동에 참여할 때 지속적으로 관찰하고 적절한 개입과 의사소통을 해야 한다. 이를 위해 교사는 유아와의 상호작용 과정에서 유아가 스스로 문제를 해결하고 질문에 대한 답을 찾아갈 수 있도록 지원하는 역할을 해야 한다. 또한 교사는 놀이에 적합한 환경을 구성하고 필요한 자료를 제공해 주며, 유아의 놀이를 세밀하게 관찰하고 교사의 도움이 필요한 시점에서 적절히 개입하여 유아가 놀이를 심화, 확장시켜 가도록 촉진하는 역할을 해야 한다. 교사가 유아의 놀이에 얼마나, 어떻게 개입하느냐 하는 개입 여부와 개입 수준은 유아 놀이의 종류나 내용, 놀이의 발달 수준, 놀이에 참여한 유아 개인 및 집단의 특성 등을 토대로 결정해야 한다.

③ 상담자 및 조언자

상담자 및 조언자로서의 교사 역할은 유아와 상호작용하면서 정서적으로 지지하고 지원해 주는 보호자의 역할을 하는 것을 의미한다. 이 역할을 효율적으로 수행하기 위해 가정과의 협력이 필요할 경우에는 부모를 대상으로 상담자 및 조언자의 역할을 수행하는 것도 포함된다. 특히 교사는 유아들이 어린 연령일수록, 학기 초일수록, 그리고 종일반에 다닐수록 유치원 환경에 적응하기 위해 정서적 불안감을 더 느낄 수 있다는 점을 고려하여 유아가 정서적으로 안정감을 가질 수 있도록 지지해 주는 역할을 수행해야 한다.

④ 생활 지도자

생활 지도자로서의 교사 역할은 유아가 지켜야 할 예절이나 질서 또는 규칙에 대해 올바른 습관을 형성하도록 지원하는 것을 의미한다. 유아기는 기본생활습관이 형성되는 중요한 시기일 뿐만 아니라 이 시기에 형성된 습관이 평생 동안 영향을 미치게 되므로 유치원 교사는 매일의 생활을 통해 그리고 놀이 상황을 통해 유아가 올바른 습관을 형성할 수 있도록 도와주어야 한다.

⑤ 현장 연구자

현장 연구자로서의 교사 역할은 유치원 현장에서 부딪히는 실제적인 문제 상황을 해결하기 위해 노력하거나 새로운 이론 및 활동을 현장에 적용하는 것을 의미한다. 전문가로서의 교사는 어느 한 수준에 머무르지 않고 지속적으로 발전해 가야 하므로 교사는 연구자로서의 태도와 능력을 갖추는 것이 필요하다. 따라서 유치원 교사는 전문적이고 다양한 시각으로 교육 활동을 이해하고 반성적으로 사고함으로써 자신의 전문성을 높여 갈 뿐만 아니라 유아가 전인적인 발달을 이루도록 지원하기 위해 연구자로서의 역할을 수행해야 한다.

⑥ 행정 업무 및 관리자

행정 업무 및 관리자로서의 역할은 시설·설비, 교재·교구 구입 및 관리, 원장·동료·학부모·장학사와의 관계 형성, 원아 모집 및 학급 편성, 유아의 영양·건강·안전 지도 등과 관련된 역할을 수행하는 것을 의미한다. 이러한 역할을 수행하기 위해 교사는 유치원 교육과정 계획 수립 시 교육계획과 연계하여 연간 행사, 부모교육 프로그램, 유아의 영양·건강·안전 프로그램, 교사교육 프로그램 등을 구체적으로 계획하는 것이 필요하다. 이를 위해서는 전년도 유치원 운영평가 결과나 학부모 또는 원 내 교사의 요구를 반영하여야 한다. 또한 시설·설비 및 교재·교구 구입 계획도 연초에 동료 교사들과 미리 협의하여 계획한다. 특히 유아교육의 효과를 높이기 위해서는 무엇보다 가정과 협력하는 것이 중요하므로 매월 또는 매주 가정통신문을 통해 유치원이나 학급의 여러 소식을 전하고 수업의 진행 상황을 알려주며, 식단을 공개하여 유치원 생활을 이해하도록 돕는다.

⑦ 의사결정자

의사결정자로서의 교사 역할은 유치원 현장에서 일어나는 모든 일에 대해 전문적으로 판단하고 결정을 내리는 것을 의미한다. 특히 가르친다는 것은 매우 불확실하고 역동적이며 상황의 변화에 적절하게 대처해야 하는 복잡한 과정이다. 그뿐만 아니라 교사들이 현장에서 직면하는 문제 중에는 고정된 정답이 없는 경우가 많기 때문에 그때그때의 상황에 적합한 최선의 방안을 찾아내고 결정을 내리는 의사결정자로서의 역할이 더욱 강조되고 있다.

⑧ 동료와의 협력자

동료와의 협력자로서의 교사 역할은 유치원 조직의 일원으로서 동료 구성원들과 협력적인 관계를 형성하여 경험을 공유하며, 공동의 책임감과 목적을 갖고 유치원 교육의 질을 높이는 데 참여하는 것을 의미한다. 동료 교사들끼리 상호 협력하여 전문성 개발을 도모함으로써 교사들은 동료 교사에 대한 존경, 교사의 일에 대한 자신감, 만족감 및 동기유발 등이 향상될 수 있다. 그뿐만 아니라 더 나아가 유아와 부모 모두에게 긍정적 영향을 미치게 되므로 질적인 유아교육을 제공할 수 있게 된다. 이를 위해 교사는 비교적 형식화된 과정인 수업 관찰 및 피드백 제공뿐 아니라 공동의 관심사나 경험 등에 대해 공유함으로써 상호 협력적으로 전문성 발달을 이루어가는 것이 바람직하다.

3) 유아교사의 자질

유아교사가 갖추어야 할 자질은 개인적·성격적 특성뿐만 아니라, 교육적 지식이나 기술, 가치관 등에 이르기까지 포괄적으로 규정된다. 유아교사에게 필요한 자질을 개인적 자질과 전문적 자질로 구분하여 보면 다음과 같다.

(1) 개인적 자질

개인적 자질은 교사가 발달적으로 가지고 있는 특성을 의미하며, 학자들은 유아 교사에게 필요한 자질을 다음과 같이 제시하였다.

- 이기숙·이연섭·이영자(1986): 유아를 좋아하고 사랑하는 사람, 교육과 연수를 받아 자격이 있으며 유아를 다룬 경험이 풍부한 사람, 심신이 건강한 사람, 과제 중심적이어서 교재나 교구 개발에 즐거움을 느끼는 사람
- 염지숙·이명순·조형숙·김현주(2016)
  - 인성: 유아에 대한 사랑, 인간에 대한 사랑, 성실성, 봉사성, 사려성, 자발성, 도덕성, 원만한 인간관계
  - 건강: 신체적 건강, 긍정적 자아관, 타인에 대한 긍정적 사고, 건전한 인생관, 정서적 안정
- 교육인적자원부(2000): 신체적·정신적 건강, 온정적인 성품, 인간과 생명에 대한 존엄성, 성실하고 열성적인 태도

(2) 전문적 자질

전문적 자질은 유아교사로서 필요한 전문적 지식과 기능을 의미하는 것으로, 일반적으로 직전교육을 통해 습득되고 현직교육을 통해 향상된다. 유아교사의 전문적 자질에 대하여 학자들은 다음과 같이 제시하였다.

- 이기숙·이연섭·이영자(1986): 교육 프로그램을 계획하고 실천하는 능력, 부모·전문가 및 여러 관계자들을 참여시키는 능력, 아동의 성장·발달을 촉진시키는 능력, 고도의 지적 전문성, 직업윤리, 지속적인 전문적 성장
- 염지숙·이명순·조형숙·김현주(2016)
  - 지식: 일반교양지식, 유치원 교육과정에 대한 지식, 교수 방법 및 평가에 대한 지식, 유아에 대한 지식
  - 교수 기술: 교육과정 구성 기술, 프로그램 실천 및 평가 기술, 의사소통 기술, 부모 및 전문가 참여 기술, 창의성, 융통성, 교재교구의 제작 및 활용 기술

- 교육관: 교육에 대한 소명감, 직업윤리, 전문성 함양의 노력
- 교육인적자원부(2000): 전문적 지식, 교수 기술, 올바른 교육관과 직업윤리

이상에서 제시한 여러 학자의 관점을 보면 유아교사의 개인적, 성격적 특성이나 교육기술뿐 아니라 가치관 등 포괄적 요인이 유아교사의 자질에 포함되어야 함을 알 수 있다. 유아교사는 신체적, 지적, 사회적, 정서적으로 아직 미성숙한 어린 유아들을 가르치기 때문에 육체적·정신적으로 매우 고단하고 다른 상급학교 교사와는 비교도 되지 않을 정도의 인내력을 요구하는 직업이다. 따라서 훌륭한 유아교사가 되기 위해서는 개인적 자질로서 인성과 신체적·정신적 건강이 매우 중요하다. 그러나 이것만으로는 부족하며, 유아의 전인적 성장과 발달을 도울 수 있는 유아교사가 되기 위해서는 전문적 지식과 교수 기술, 바른 교육관 등의 전문적 능력과 자질이 요구된다.

03 유아교사 교육

우리나라의 유아교사는 유치원 교사와 보육교사로 구분되며, 유아교사를 대상으로 하는 교육은 크게 교직에 들어가기 전의 교사 양성교육과 교사가 된 후의 현직교육으로 구분된다. 본 장에서는 교사 양성체제와 자격기준을 중심으로 교사 양성교육을 살펴보고 교사가 된 후 교사의 자질 향상을 위한 현직교육에 대해서 살펴보고자 한다.

1) 양성교육

유아교사 양성교육의 역사는 1915년 이화학당에 2년 과정의 유치원 사범과가 설

치됨으로써 시작되었고, 1928년 이화보육학교로 독립될 때까지 98명의 교사를 배출한 이래(이상금, 1987) 최근에는 매년 5만여 명의 교사가 유치원 교사 또는 보육교사 자격증을 갖고 배출되고 있다.

현행 우리나라의 유아교사 양성체제는 이원화되어 있다. 유치원 교사의 경우 2년제 또는 3년제 전문대학의 유아교육과와 4년제 대학의 유아교육과를 졸업한 자 또는 아동 관련 학과에서 교직과정을 이수한 학생 중 일부가 유치원 2급 정교사 자격증을 받고 정교사에 임용된다. 보육교사는 2년제 또는 3년제 전문대학과 4년제 대학, 방송통신대학, 사이버대학에서 전공과목과 관계없이 일정 기준의 학점을 이수하면 2급 보육교사 자격을 취득할 수 있으며, 이 외에도 보육교사교육원에서 1년 과정의 교육을 통해 3급 보육교사 자격을 취득하게 된다. 해당 법령 역시 유아교육법과 영유아보육법이라는 상이한 법령의 적용을 받고 있으며, 소관부처 또한 유치원 교사 양성은 교육부가, 보육교사 양성은 보건복지부가 담당하는 등 그 체계가 이원화되어 있다. 유치원 교원의 자격기준(유아교육법 제22조 별표 1, 2)과 어린이집 교직원의 자격기준(영유아보육법 제21조/ 동시행령 제21조 별표 1)은 〈부록 2〉, 〈부록 3〉에 제시하였다.

이러한 교사 양성체제에 대해서 유치원 교사와 보육교사의 자격 취득의 경로가 너무 다양할 뿐 아니라 사전교육기간 또한 1년 훈련과정부터 4년제 대학까지 교사 양성 기간에도 차이가 있어서 각 양성기관에서 배출되는 교사의 전문성 격차가 문제점으로 지적되고 있다. 또한 유아교육과 보육의 대상 인구는 제한적이고 출산율 감소에 따라 점차 감소 추세에 있는 데 반해서 유아교사의 공급 과잉을 우려하는 목소리도 크다(임승렬 · 이미화, 2007; 조부경, 2013).

현행 유치원과 어린이집의 교원 자격 및 양성 과정을 비교하면 〈표 7-3〉과 같다.

표 7-3 유치원과 어린이집의 교직원 자격 및 양성과정 비교

구분	유치원	어린이집
1. 직급별 명칭	원장/원감/수석교사 유치원 1급/2급 정교사 유치원 준교사	원장 보육교사 1급/2급 보육교사 3급
2. 기준 법령	유아교육법	영유아보육법
3. 자격	교육부 장관이 자격증 검정 수여	보건복지부 장관이 자격증 검정 수여
4. 자격 취득 최소 학력	전문대학 졸업(이상)	보육교사교육원 졸업(이상)
5. 자격 취득 양성과정의 학점/시간	• 대학 : 72학점 ※ 교직적성 및 인성검사와 응급처치 및 심폐소생술 실습 필요	• 대학 : 17과목(51학점) 이상 • 보육교사교육원 : 22과목(65학점) 이상 ※ 대면교육과 보육실습 기준 강화
6. 양성학과/기관	• 유아교육(학)과(2, 3, 4년제) • 아동학 계열(4년제: 일정비율) • 아동보육/복지(학)과(2, 3, 4년제: 일정비율) ※ 전공학과 중심	• 보육교사교육원(1년) • 유아교육 또는 아동복지 관련 학과(2, 3, 4년제) ※ 이수 과목 중심의 개방형 체제

〈표 7-3〉에서 알 수 있듯이 유치원과 어린이집의 교직원 자격기준과 양성과정은 교육부와 보건복지부의 이원화된 양성체제 속에서 부여하는 자격의 종류와 명칭, 기준 법령, 양성교육과정, 양성기관과 기간이 다르고 매우 복잡하다. 교사 양성체제 및 자격을 비교해 보고 문제점을 분석하면 다음과 같다.

첫째, 유치원 교사는 교육부 장관이, 보육교사는 보건복지부 장관이 수여하는 자격증제도로 운영되고 있다. 보육교사 자격증 교부 등에 관한 업무는 「영유아보육법」 제22조에 따라 한국보육진흥원 보육사업지원국 자격관리팀에서 보육교사의 자격을 검정하고, 자격증을 발급하고 있다.

둘째, 유치원 교사는 2년제 이상 전문대학에서 양성되는 반면 보육교사는 고등학교 졸업 이상자를 대상으로 한 1년 과정의 훈련과정에서부터 양성되기 때문에 유아교사 간의 학력 차이가 크다. 비록 교사 양성에 필요한 기간이 곧 교사의 질적 수준을 대변하는 것은 아니더라도, 영유아를 가르치는 교사의 전문성은 교사 양성 과정과 밀접하게 관련이 있으므로 신중한 검토와 개선이 필요하다. 게다가 이러한 유아교사의 교육 연한을 현재 우리나라 초·중등과 같은 상급학교 교원의 4년제 양성 과정과 비교해 보면 유아교사의 낮은 학력은 자칫 유아교사에 대한 사회적 인식이나 신분과 처우에도 부정적인 영향을 미칠 우려가 있다.

셋째, 유치원 교사의 양성은 유아교육과와 아동 관련 학과 등 전공학과 중심으로 운영되고 있으며, 전공 50학점, 교직 18학점, 실습 4학점의 총 72학점을 이수하면 자격증이 부여된다. 반면 보육교사의 양성과정은 대학에서 과목 중 17과목(51학점)을 이수하면 자격증을 부여하는 개방체제로 되어 있어 전문성 제고를 위해 제도적 개선이 필요하다. 이러한 제도는 2004년 영유아보육법 개정으로 전공학과 중심이 아닌 이수과목 중심의 개방형 체제로 전환된 것으로, 전공과 관계없이 일정 기준의 자격기준을 충족시킨 자에게 자격증이 부여되는 방식이다. 또한 보육교사교육원 등 교육훈련시설의 경우에는 22과목(65학점) 이상을 이수하면 보육교사 3급 자격을 취득할 수 있다. 이처럼 보육교사의 자격기준이 지나치게 완화되면서 보육교사의 공급 과잉과 함께 교사자질 및 전문성 향상에 부정적인 영향을 초래하였다.

이러한 영향으로 교사의 전문성 제고와 인성함양을 위하여 유치원교사와 보육교사의 자격기준을 강화하였다. 유치원교사의 경우 교원자격의 검정령 제19조 별표 1(개정 2015. 12. 15)에 따라 유치원 교사자격취득을 위하여 '교직적성 및 인성검사' 실시를 의무화하고 2년 이하의 교원양성 이수자의 경우에는 재학기간 중 1회 이상, 2년을 초과하는 교원양성과정 이수자의 경우에는 2회 이상의 적격판정을 받도록 규정하고 있다. 또한 응급처치 및 심폐소생술 실습도 재학기간 중 2회 이상을 의무화하였다. 보육교사의 경우 「영유아보육법 시행규칙」제12조 제1항, 별표 4(개정 2016. 1. 12)에 따라 대면교육을 강화하고 보육실습을 4주 160시간에서 6주 240시간으로 기준을 강화하였다.

2) 현직교육

현직교육(in-service education)은 직전교육(pre-service education)의 반대 개념으로서 교직을 수행하고 있는 과정에서 전문성을 향상시키기 위한 모든 교육활동을 말한다. 교사가 되기 위해 필요한 기초적인 내용을 체계적으로 교육받는 것이 직전교육이라면, 현직교육은 현직에 종사하는 교사들이 개인적 혹인 집단적으로 교사로서의 자질 함양이나 교육과정과 관련된 새로운 정보를 계속해서 교육받는 것(박은혜, 2003)이라고 볼 수 있다.

우리나라에서 이루어지는 유아교사를 위한 현직교육은 크게 개인 중심의 현직교육과 유아교육기관 중심의 현직교육, 기관 중심의 현직교육으로 구분된다(한국유아교육학회, 2011). 개인 중심의 교육은 교사가 개인적으로 전문성 제고를 위해 전문 분야와 관련된 책을 보거나 기타 전문단체의 프로그램, 대학원 교육을 받는 것을 말한다. 유아교육기관 중심의 현직교육은 유아교육기관 내에서 교직원들의 필요와 요구에 의하여 공개수업이나 연구수업, 강습회 등에 참여하는 것을 말한다. 기관 중심의 현직교육은 교육과학기술부, 교육청, 각종 교원연수원, 그리고 시·도지사가 보수교육을 위탁한 기관에서 실시되는 연수를 의미한다. 기관 중심의 현직교육을 유치원 교원의 교원연수와 어린이집 교직원 보수교육으로 나누어 자세히 살펴보면 다음과 같다.

(1) 유치원 교원의 교원연수

유치원 교원의 연수에 관한 규정은 「유아교육법 시행령」 제28조와 「교원 등의 연수에 관한 규정」 제3조와 제6조에 명시되어 있다. 유치원 교원 대상의 기관 중심 현직교육은 크게 자격연수와 직무연수, 특별연수로 구분되며, 이를 정리하면 다음과 같다(한국유아교육학회, 2011).

- 자격연수: 자격연수는 상위 자격을 취득하기 위하여 받는 연수를 의미한다. 이 같은 자격연수에서는 1, 2급 정교사, 원감, 원장 자격 취득을 위한 연수가 포함

되며, 구체적인 사항은 〈표 7-4〉와 같다. 자격연수 교육과정은 각 연수원장이 「교원 등의 연수에 관한 규정 시행규칙」에 제시된 '교원자격연수 표준교육과정' (교육과학기술부 고시 제2012-10호, 2012. 6. 15 전부개정)을 기본 모형으로 기본 소양, 역량 영역, 전문 영역의 과목과 시간을 결정한다.

- 직무연수: 직무연수는 교육의 이론·방법 및 직무수행에 필요한 능력 배양을 위한 연수를 의미한다. 직무연수 과정과 내용은 「교원 등의 연수에 관한 규정」에 근거하여 연수원장이 정하여 운영하고 있다. 현재 우리나라에서 유치원 교원을 대상으로 실시되고 있는 대표적인 직무연수는 신규임용 예정 교사연수, 자율장학연수, 교사·원감·원장·장학사 등 직급에 따른 연수 등이 있다.
- 특별연수: 특별연수는 국외 및 국내 연수, 원격연수 등이 포함된다. 국외 및 국내 연수는 「교원 등의 연수에 관한 규정」에 근거하여 선발 및 연수가 이루어지고 있다.

표 7-4 유치원 교원의 자격연수 현황

구분	교육 대상	연수 기간	이수 시간
자격연수	원장	25일 이상	180시간 이상
	원감, 1급 정교사, 2급 정교사	15일 이상	90시간 이상

출처: 교원 등의 연수에 관한 규정 제7조(개정 2013. 7. 15) 별표 1.

(2) 어린이집 교직원의 보수교육

어린이집 교직원을 위한 보수교육은 「영유아보육법」 제23조 및 「영유아보육법 시행규칙」 제20조 제4항의 별표 7에 근거하여 「보육사업안내」에 제시되어 있다. 교육대상에 따라 어린이집 원장과 보육교사의 보수교육의 종류를 정리하면 〈표 7-5〉, 〈표 7-6〉과 같다.

표 7-5 어린이집 원장대상 보수교육

직무교육					사전직무교육
일반직무교육		특별직무교육			어린이집 원장 사전직무교육
기본교육	심화교육	영아보육 직무교육	장애아보육 직무교육	방과후교육 직무교육	

출처: 보건복지부(2019). 보육사업안내.

표 7-6 보육교사대상 보수교육

직무교육					승급교육	
일반직무교육		특별직무교육			2급 보육 교사 승급 교육	1급 보육 교사 승급 교육
기본교육	심화교육	영아보육 직무교육	장애아보육 직무교육	방과후교육 직무교육		

출처: 보건복지부(2019). 보육사업안내.

보수교육은 직무교육과 승급교육으로 구분되며, 교육은 시·도지사가 보수교육을 위탁한 기관, 즉 보육 관련 학과가 설치된 대학(전문대하 포함)이나 보건복지부령으로 정하는 전문기관에서 실시된다. 어린이집 교직원의 보수교육 현황은 〈표 7-7〉과 같다.

- 직무교육은 어린이집 교직원의 자질 향상을 위해 실시되는 교육으로서 보육에 필요한 지식과 능력을 유지·개발하기 위하여 어린이집 교직원이 정기적으로 받는 교육이며, 교육 시간은 40시간을 원칙으로 한다. 일반직무교육과정과 영아보육, 장애아 보육, 방과후 보육을 내용으로 하는 특별직무교육과정으로 구분된다.
- 승급교육은 보육교사가 3급에서 2급 또는 2급에서 1급으로 상급자격을 취득하기 위하여 받아야 하는 교육과정으로서 교육시간은 80시간을 원칙으로 한다.
- 원장사전직무교육은 보육교사 1급 자격 소지 후 1년(가정어린이집 원장), 또는

3년 경력(일반 어린이집 원장)을 갖춘 사람을 대상으로 사전직무교육이 80시간 실시된다. 「영유아보육법 시행규칙」 제11조 2항 '어린이집 원장의 사전직무교육' 조항이 신설(2011. 12. 8)됨에 따라 2014년부터 어린이집 원장의 자격을 취득하기 위한 사전직무교육이 실시되었다.

표 7-7 어린이집 교직원의 보수교육 현황

구분			교육대상	교육시간	비고
직무교육	일반 직무 교육	보육교사	현직에 종사하고 있는 보육교사로서 보육업무 경력이 만 2년을 경과한 자와 보육교사 직무교육(승급교육 포함)을 받은 해부터 만 2년이 경과한 자	40시간	매 3년마다
		원장	어린이집 원장의 직무를 담당한 때부터 만 2년이 지난 경우	40시간	매 3년마다
	특별 직무 교육	영아보육	영아보육을 담당하고 있는 일반직무교육의 대상자와 영아보육을 담당하고자 하는 보육교사 및 어린이집 원장	40시간	이수하고자 하는 자
		장애아보육	장애아보육을 담당하고 있는 일반직무교육 대상자와 장애아 보육을 담당하고자 하는 보육교사 및 어린이집 원장	40시간	이수하고자 하는 자
		방과후보육	방과후보육을 담당하고 있는 일반직무교육 대상자와 방과후 보육을 담당하고자 하는 보육교사 및 어린이집 원장	40시간	이수하고자 하는 자
승급교육	2급 승급 교육		보육교사 3급의 자격을 취득한 후 보육업무 경력이 만 1년이 경과한 자	80시간	이수하고자 하는 자
	1급 승급 교육		보육교사 2급의 자격을 취득한 후 보육업무 경력이 만 2년이 경과한 자 및 보육교사 2급의 자격을 취득한 후 보육 관련 대학원에서 석사 학위를 취득한 경우 보육업무 경력이 만 6개월을 경과한 자	80시간	이수하고자 하는 자
원장 사전 직무 교육	–		「영유아보육법」 시행령 [별표 1] 제 1호의 가목부터 라목 (일반, 가정, 영아전담, 장애아전담 어린이집 원장)까지 어느 하나의 자격을 취득하고자 하는 자	80시간	이수하고자 하는 자
비고	어린이집에서 특수교사나 치료사로 근무하는 자도 일반 · 특별직무교육 대상으로 보수교육을 이수하여야 한다(일반직무교육이나 특별직무교육 중 선택적으로 이수가능).				

:: 참고문헌

곽영우 · 권상혁 · 서정화 · 신통철 · 최성락 · 하상일 · 황희일(1997). 예비교원을 위한 교사론. 서울: 교육과학사.

교육인적자원부(2000). 유치원 교육 활동 지도 자료 1. 총론.

교육과학기술부(2009). 유치원 지도서 1. 총론.

교육부 · 보건복지부(2020). 2019 개정 누리과정 놀이실행자료. 서울: 교육부 · 보건복지부.

김은설 · 박수연(2010). 보육시설장 · 교사 윤리강령 개발연구. 한국보육시설 연합회 · 육아정책연구소 수탁보고 2010-01.

김은영(2013). 유치원과 어린이집 교사의 직무 및 수행여부 분석. 한국교원교육연구, 30(2), 121-145.

민중서림(2003). 민중 실용 국어사전(개정판).

박은혜(2003). 유아교사론. 서울: 창지사.

보건복지부(2019). 보육사업안내.

이기숙 · 이연섭 · 이영자(1986). 유아교사 양성대학의 교육과정 모형에 대한 이론적 고찰. 유아교육연구, 6, 30-50.

이미화 · 장명림 · 신나리 · 김문정 · 김현철(2006). 육아지원인력의 수급전망과 전문성 제고 방안 연구. 육아정책개발센터. 연구보고 2006-03.

이영애(2001). 유아교육에서의 교직윤리. 유아교육담당 장학자 연수 교재. 서울: 한국어린이육영회.

이은화(1985). 유아교육 교사의 역할과 자세. 유아교사 연수 교재. 서울: 새세대육영회.

이상금(1987). 한국 근대 유치원 교육사. 서울: 이화여자대학교 출판부.

이칭찬(2001). 교사론. 서울: 동문사.

임승렬 · 이미화(2007). 유치원 교사와 보육교사의 수급방향과 과제. 유아교육현장 · 학문 · 정책 간 협력. 한국유아교육학회 2007년 정기학술대회. 323-340.

조부경(2013). 유아교육 · 보육통합을 위한 교원정책 방안. 한국유아교육연구, 15(1), 25-53.

조형숙(2012). 유아교사의 교직윤리 의식함양을 위한 교육과정 모형 개발. 유아교육학논집, 16(4), 373-394.

통계청(2017). 제7차 한국표준직업분류. http://www.kostat.go.kr/portal/korea/index.action

한국유아교육학회(2011). 유아교육백서 2006~2010. 서울: 양서원.

한국육아정책개발센터(2007). 보육프로그램 1세/5세.

Ade, W.(1982). Professionalization and it' s implications for the field of early childhood education. *Young Children, 37*(3), 25-32.

Broudy, H. S.(1984). The university and the preparation of teachers. In L. G. Katz & J. D. Raths(eds.), *Advances in teacher education*. N.J.: Ablex Publishing Coporation.

Eiskovitz, Z., & Beker, J.(1983). Beyond professionalism: The child and youth care worker as a craftsman. *Child Care Quarterly, 12*(2), 93-112.

Hildebrand, V.(1979). *Introduction to early childhood teacher education*. N.Y.: Macmillan Publishing Co., Inc.

Katz, L. G.(1989). 유아교사를 위한 제언. 이차숙(역). 서울: 양서원.

Katz, L. G.(1970). Teaching in preschools: Roles and goles. *Children, 17*(2), 42-48.

Schickedanz, J. A., York, M. Z., Stewart, I. S., & White, D. A.(1990). *Strategies for teaching young children(3rd ed.)*. N.J.: Prentice-Hall, Inc.

Spodek, B., & Saracho, O. N.(1988). Professionalism and the early childhood education. In B. Spodek, O. N. Saracho & D. L. Peters(eds.), *Professionalism and the early childhood practitioner*. N.Y.: Teachers College Press, Columbia University.

제 8 장

유아교육과 부모

학습목표

1. 부모 역할의 특성은 무엇이며, 부모기의 단계는 어떻게 발전해 가는지 이해한다.
2. 부모의 양육 태도 유형에 대해 이해한다.
3. 부모 참여 및 부모교육의 필요성을 이해한다.
4. 대표적인 부모교육 이론에는 어떤 것들이 있으며, 그 특성은 무엇인지 안다.
5. 유아교육기관에서 활용될 수 있는 부모 참여 및 부모교육 형태를 안다.

유아는 태어나면서부터 부모와 상호작용을 시작하여 많은 영향을 받게 된다. 부모와의 상호작용을 통해 사랑을 경험하고 부모의 행동 모방을 통해 그들의 가치관을 내면화하기 때문에 부모는 자녀의 전인적 발달뿐 아니라 삶의 모든 측면에 결정적 역할을 하게 된다. 사람들은 결혼을 하게 되면 부모가 되는 것이 당연한 과정이라 생각해 준비 없이 부모가 되는 경우가 많다. 그러나 부모가 자녀의 삶에 미치는 영향을 생각한다면 부모로서 바람직한 자질을 갖추는 것은 자녀교육을 위해 반드시 필요한 과정이라 볼 수 있다.

따라서 본 장에서는 현대의 부모들이 좋은 부모로서 원활한 역할을 수행하기 위해 필요한 부모 역할에 대한 이해를 토대로 부모의 양육 태도, 부모교육의 이론 및 유아교육기관과 가정과의 협력을 위한 부모 참여와 부모교육에 대해 살펴보고자 한다.

01 부모 역할과 양육 태도

결혼한 부부는 자녀 갖기를 기대하는 것이 당연하며 자녀를 낳게 되면 대부분의 부모들은 부모로서의 역할 수행을 하게 된다. 가정환경은 유아들의 건전한 지적 · 사회적 · 정서적 · 신체적 성장과 발달에 중요한 영향을 미치며 이 가운데 부모-자녀 관계에서 상호작용의 질이 중요하다는 인식이 증가하고 있으므로 보다 적극적인 자세로 부모 역할을 수행함으로써 올바른 부모-자녀 관계를 형성해 나가야 할 것이다.

1) 부모의 역할

역할은 어떤 사람에게 수행하도록 기대되는 과업을 뜻한다. 일반적으로 가족 구성원의 역할이 분명히 정의되고, 그 역할이 해당된 사람에게 부여되어 잘 수행될 때 가정의 기능이 순조롭게 이루어지게 된다. 특히 자녀 양육은 무엇보다 중요한 역할이므로 부모로서의 역할에 대한 명확한 개념을 가지고 일관성 있게 수행하는 것이 필요하다. 그러나 대부분의 사람들이 부모 역할에 대한 준비나 훈련이 없이 부모가 되다 보니 갑자기 맞이하는 부모 역할 때문에 혼란스럽고 스트레스를 받거나 좌절하는 경우가 많다.

부모 역할은 과거로부터 오랫동안 수행되어 왔으나 그동안의 급격한 사회 변화로 인해 전통적인 자녀 양육 방식을 그대로 따를 수 없게 되어 시대적 특성에 부합하는 부모 역할에 대한 새로운 개념 정립이 필요하게 되었다.

(1) 부모의 역할 특성

부모 역할은 크게 아버지 역할과 어머니 역할의 2가지로 분류된다. 과거에는 자녀를 양육하는 데 있어서 아버지 역할보다 어머니 역할을 강조하는 경향이 있었으나 현대사회에 와서는 아버지 역할과 어머니 역할을 동등하게 다루는 방향으로 나아가고 있다.

전통적인 가족학의 관점에서 살펴볼 때 어머니의 역할은 표현적 역할(expressive role)로서 묘사되었다. 어머니는 임신과 출산의 순간부터 시작하여 자녀를 성장시키고 발달시키며 감정적 교류를 함으로써 자녀에게 결정적 영향을 미치게 된다. 어머니는 가족 구성원 간의 중재자이며 위안자의 역할을 주로 함으로써 표현적·정서적 역할을 담당한다. 아버지의 역할은 전통적으로 가족의 생계를 책임지는 도구적 역할(instrumental role)이 강조되었으며, 가정의 대표자나 관리자로 묘사되었다(Bigner, 1979; Zelditch, 1955). 따라서, 자녀 양육의 역할에서 아버지는 가족 부양자로 밖에 나가 돈을 벌어 오고 최종적 판단의 결정자로서 자녀 행동을 최후로 통제하는 통제적 역할로, 어머니의 역할은 가족의 소비 생활과 가사일을 담당하고 인간관계를 도모하며 가족 간에 협조와 이해가 원활하게 되도록 애정과 정서적 역할을 수행하는 양육적 역할로 구분되었다.

그러나 이렇게 뚜렷하게 나뉘었던 부모 역할은 현대사회의 변화로 인해 점차 그 구분이 모호하게 되는 경향을 보이고 있다.

20세기 산업화와 도시화 현상은 가족 구조의 변화를 가져와 대가족과 확대가족이 핵가족화되면서 자녀 양육과 교육에 관한 부모의 역할은 점점 더 증가하였으며, 책임도 더 가중되게 되었다. 핵가족 속에서 젊은 부부들은 부모의 도움 없이 자녀의 문제를 스스로 책임져야 했으며, 어머니와 아버지가 자녀 문제를 공동으로 해결해야 하는 과정에서 아버지 역할의 중요성이 대두되게 되었다. 즉, 과거에는 어머니의 역할로만 인식되었던 양육행동을 아버지도 분담해야 하는 시대적 요청이 생겨나게 된 것이다. 또한 1960년대 이후 여성의 노동시장 참여와 여성해방운동의 영향으로 여성 취업률이 높아지고 남녀 성역할 이데올로기가 약화되면서 가정에서 부부간 역할 평등과 역할 분담 요구가 나타나기 시작했다. 이러한 현상들은 가정에서 아버지 역할의 중요성을 부각시켜 자녀 양육에서 아버지 역할을 강조하는 데 결정적인 영향을 미쳤다.

(2) 부모기의 단계

각 나라의 문화권에 따라 부모기에 대한 관습이나 통념이 조금씩 다를 수 있지만 대부분의 부모들은 자녀를 갖고 부모기(parenthood)를 맞이하게 된다. 부모의 역할은 한 성인의 생애와 관련되어 어느 시기에 수행되어야 하는 것을 의미하는 것이며 자녀의 성장과 함께 부모의 역할도 달라지게 된다.

갈린스키(Gallinsky, 1992)는 부모로서의 역할 수행을 여섯 단계-이미지 형성 단계, 양육 단계, 권위 형성 단계, 설명 단계, 상호 의존 단계, 떠나보내는 단계-로 설명하고 각 단계에 따른 역할 수행을 제시하고 있다.

① 제1단계: 이미지 형성 단계(The image making stage)

이미지 형성 단계는 임신 기간 동안 태어날 자녀를 중심으로 부모로서 자신의 이미지를 형성하고 수정해 가는 과정을 말한다. 자신의 내부뿐 아니라 자녀에게 영향을 미칠 수 있는 다른 중요한 사람들과의 관계에서 일어나는 변화에 대해서도 준비한다.

예비 부모로서 태어날 아기 출생으로 인해 나타나게 될 변화에 대한 다양한 상상을 하게 되며 임신 후 첫 3개월은 임신의 수용, 4~6개월이 되면 태아에 대한 이미지 형성과 부모가 될 준비, 그리고 7~9개월이 되면 출산 준비를 하게 된다.

② 제2단계: 양육 단계(The nurturing stage)

양육하는 단계는 자녀의 출생으로부터 약 18개월에서 24개월까지를 일컫는다. 이 기간 동안 부모는 출산과 자녀에 대해, 부모로서 스스로에 대해 이미 형성되어 있는 이미지와 자신의 실제 경험을 비교하며 출산, 애착 형성, 아기 양육 등의 역할을 수행한다.

아기 출생으로부터 부모에게 부여된 새로운 역할을 받아들이고 출산으로 인해 일시적으로 불균형이 일어난 가족관계를 바로잡아 자신의 정체감이 균형을 이루도록 노력하는 것이 필요하다.

③ 제3단계: 권위 형성 단계(The authority stage)

권위 형성 단계는 자녀의 나이가 만 2세경부터 만 4~5세까지를 말한다. 이 시기의 부모는 자녀에게 한계를 설정하고 강화하기도 하며 자율과 책임의 양면성 사이에서 부모로서의 권위를 형성해야 한다.

이 시기에 권위를 형성하는 것이 중요한 이유는 자녀들의 의사소통 능력이 급격히 증가하고 자아정체감이 서서히 형성되기 때문이다. 부모는 자녀와 좀 분리되는 듯한 느낌을 가지게 되며 자녀가 자신의 분신으로서의 연장이 아니라는 것을 이해하기 시작한다.

④ 제4단계: 설명 단계(The interpretive stage)

설명 단계는 만 5세에서 초등학교 시기까지의 자녀를 둔 부모의 시기이다. 이 시기에는 부모가 주로 자녀들에게 여러 가지 현실을 설명하고 연결해 주는 역할을 수행해야 한다. 자녀들은 부모, 형제, 친척, 친구, 교사 등 주변 사람들의 생각과 자기 자신에 대한 평가를 참조하여 자아 개념을 형성하기 때문에 부모는 자녀에게 어떤 부분을 어떻게 설명할 것인지 또한 어떤 종류의 지식, 기술, 가치를 향상시켜야 하는지 결정해야 한다. 이 과정에서 부모는 자신들의 지나온 부모기를 평가하고 재해석하며, 새로운 단계에 대비하는 등 많은 변화를 겪게 된다.

⑤ 제5단계: 상호 의존 단계(The interdependent stage)

상호 의존기는 자녀의 십대 시기 동안 계속되는 단계이다. 이 시기 동안에 부모는 성인이 다 되어가는 자녀와 함께 새로운 관계 형성을 수립해야 하며 3단계 권위 형성 시기에서 부딪쳤던 허용과 통제와 같은 문제에 대한 대책 마련이 필요하다. 부모는 갑자기 변한 자녀를 보고 놀라움 또는 충격을 느끼기도 하며 긍지와 고통과 같은 상반된 감정을 가지게 되기도 한다. 십대 청소년들은 일면 성숙한 것 같아 보이지만 아주 미성숙한 면 역시 있다. 부모들에게는 이러한 자녀들의 문제에 대해 어떻게 대처해야 할지 결정해야 하는 것이 중요한 과업이 된다.

십대 자녀를 둔 부모들이 자녀 문제에 대처하기 위해서는 먼저 부모 자신에 대한 이해가 선행되어야 하며, 자녀의 정체감을 수용하여 자녀와 새로운 결속을 형성함으로써 다음 세대를 살아갈 자녀를 독립된 인격체로 인정하는 것이 필요하다.

⑥ 제6단계: 떠나보내는 단계(The departure stage)

이 단계는 자녀의 청년기에 해당되며 자녀가 집을 떠나는 시기이다. 부모들은 자녀가 언젠가는 자신의 곁을 떠날 것이라 예측해 왔지만 이 시기가 되면 이 문제에 대해 더 깊이 생각하게 된다. 즉, 부모기의 모든 경험을 평가하고 자녀의 떠남에 대해 준비하고 수용하며 적응하는 과정에서 부모로서 자신의 이미지를 재정의하게 된다.

2) 부모의 양육 태도

부모의 양육 태도란 부모가 자녀를 양육하는 가운데 일반적으로 나타나는 태도를 말한다. 부모의 자녀 양육 태도는 부모 역할 수행과 부모-자녀 관계의 질을 결정해 주며 유아의 전반적 발달에 중요한 영향을 미친다.

부모의 양육 태도를 이론적으로 체계화한 최초의 학자는 시몬드(Symonds, 1949)이다. 그는 부모의 양육 태도를 거부적-과보호적, 우세적-복종적의 두 차원으로 구분하였으며 다시 거부의 경우를 소극적 거부와 적극적 거부로, 과보호는 불간섭과 불안형으로, 복종은 복종형과 익애형, 그리고 우세는 기대형과 엄격형으로 세분화하였다. 시몬드의 부모 양육 태도는 부모의 양육 방식을 체계화했다는 점에서 상당한 기여를 하였지만, 정신분석학의 임상사례에 의존하여 양육 태도를 설명함으로써 부모의 양육 태도를 부정적 측면을 중심으로 설명했다는 한계를 가지고 있다.

바움린드(Baumrind, 1966)는 부모가 자녀의 수준에 맞는 기대를 설정하고 자녀의 능력을 인정하며 그 결과에 대해 긍정적 평가와 격려하는 태도를 지닐 경우, 그 자녀들이 일반적으로 높은 자아 존중감을 가지고 있음을 밝혀 주었다. 그는 아동 양육 방식을 부모가 자녀에게 표현하는 온정의 정도, 규칙의 분명함과 적용에서의 일관성 정도, 그리고 부모와 자녀 간의 의사소통 정도에 따라 허용적 태도(permissive attitudes), 권위주의적 태도(authoritarian attitudes), 권위 있는 태도(authoritative attitudes)로 나누어 분석하였다.

허용적 양육 태도는 아동을 독립적 개체로 대하여 자율성을 강조하는 방식을 말하며, 권위주의적 유형은 독재적 양육 태도로서 아동의 행동을 통제하는 데 체벌이나 강압적 방법을 사용하기도 하고 아동에게 지켜야 할 규칙과 행동 규범을 거의 설명하지 않고 절대적 행동 기준에 의해 평가하는 경우를 말한다. 또한 권위 있는 태도는 독재적 태도와 허용적 태도의 장점을 잘 조합한 양육 방식으로 어느 정도 제한된 범위 내에서 아동이 자율성을 갖도록 격려한다. 통제를 할 경우 이성적 설득과 명백한 권위 혹은 심리적 강화 등을 통해 아동의 행동 통제를 시도한다. 이러한 태도는 의사소통을 권장하고 부모가 행하는 행동 방식에 대해 이유를 설명해 주어 유아의 높은 자아 존중감과 연관이 되기도 한다.

바움린드(1973)는 부모의 양육 태도는 학자에 따라 다르게 분류되고 있지만 공통적으로 제시한 긍정적 양육 태도는 민주적인 방식으로 자녀를 양육하는 것이라고 한다. 민주적인 부모는 자녀의 요구를 최대한 수용하고 언어적 상호작용을 격려하며 따뜻하고 반응적인 방식으로 상호작용하고 자녀를 통제할 필요가 있을 경우 합리적 기준을 정하여 통제한다고 주장한다.

또한 쉐퍼(Schaefer, 1959)는 정상적인 부모의 양육 태도를 30년간 장기적으로 기록하여 시몬드, 바움린드와는 다른 부모의 양육 태도에 관한 가설적 모형인 애정–거부(love–hostility)와 자율–통제(autonomy–control)의 두 차원으로 분류하였다.

(1) 애정적-자율적 태도

부모가 자녀에게 자율적·허용적·민주적·수용적 양육 태도를 보이는 유형이다. 이런 양육 방식을 가진 부모는 자녀에게 관심을 가지고 대화를 나누며 자녀의 의사를 존중하고 허용적이고 관용적 태도를 보인다. 또한 통제나 복종을 피하고 부정적 감정도 표현할 수 있도록 해 자녀의 정서적 안정을 돕는다.

이러한 유형의 부모 양육 태도를 가진 부모로부터 자란 자녀는 능동적이고 외향적이며 독립적이고 사회 적응 능력이 높다. 또한 창의적이고 자신이나 타인에게 적대감이 없다.

(2) 애정적-통제적 태도

이 유형은 부모가 자녀에게 애정을 주면서도 자녀의 행동에 제약을 많이 하는 태도이다. 부모가 의존성을 조장, 과보호, 소유적 태도를 보이는 경향이 많다. 자녀를 소유물로 생각하여 독립적 행동을 할 때 좌절감을 느끼기도 하며 새로운 탐색 기회를 제한하여 학습의 기회를 축소시킨다.

따라서 이러한 부모의 자녀들은 애정적-자율적인 부모의 자녀보다 더 의존적이고 사교성, 창의성이 적은 편이며 상상적 적대감정을 품게 된다.

(3) 거부적-자율적 태도

거부적-자율적 태도는 부모가 자녀를 수용하고 받아들이지 못하는 동시에 자녀를 마음대로 행동하도록 두는 형태이다. 이러한 양육 유형을 보여 주는 부모는 자녀에 대해 거리감, 무관심, 태만, 냉담한 태도를 나타낸다. 따라서 자녀들은 불안정한 정서를 가져 공격적이고 위축된 행동을 나타내거나 행동 조절이 자유롭지 못하게 된다.

(4) 거부적-통제적 태도

거부적-통제적 태도의 부모는 자녀를 따뜻하게 받아들이지 않을 뿐만 아니라 행동을 체벌 혹은 심리적 통제로 규제하는 특징을 지닌다. 즉, 권위적·독재적·거부적 태도를 나타내게 된다. 특히 정서적으로 미성숙하고 불안정하여 일관성 없는 태도로 심하게 훈육하며 절대적 기준에 따라 유아의 태도와 행동을 평가하는 경우가 대부분이다.

이러한 부모 밑에서 성장한 유아는 자아에 대한 분노가 발생하며 내면적 갈등과 고통을 지니게 되어 사회적 적응이 어려우며, 자학적·퇴행적이 되기도 한다. 특히 정신질환을 보이는 유아들의 부모에게서 이러한 태도가 많이 나타난다.

이와 같이 부모의 자녀에 대한 양육 태도가 다양하게 나타나는 것은 부모들의 사회경제적 지위, 가정환경, 가족 구조 등이 부모와 유아와의 관계, 부모의 태도, 요구 및 기대에 영향을 미치게 되기 때문이다(Simons, Whitbeck, Conger, & Melby, 1990). 특히 현대사회에서 부모의 역할은 신체적 양육과 정신적 양육 과정이 모두 포함된 통합적 역할이 강조됨으로써 다양한 부모 양육 태도를 이해하고 적용하는 것이 필요하다.

02 부모 참여 및 부모교육

바람직한 유아들의 성장과 발달은 유아교육기관이나 교사의 노력만으로 이루어지기 어려우며 부모의 협조와 참여가 절대적으로 필요하다. 즉, 유아교육기관과 가정과의 긴밀한 연계와 상호 협력이 이루어질 때 유아교육의 목적이 더욱 효과적으로 달성될 수 있는 것이다. 따라서 유아교육기관에서 효과적인 부모 참여와 교육이 이루어지기 위해 다양한 방안을 강구해야 할 것이다.

1) 부모 참여 및 부모교육의 개념

취업모의 증가와 자녀 출산율의 급격한 감소, 그리고 핵가족화와 같은 현대사회의 특성은 과거의 가족 구조에 급속한 변화를 가져왔고 이는 부모-자녀 관계에서도 매우 다양한 측면의 변화를 요구하고 있다. 그럼에도 불구하고 부모교육에 대한 사회적 인식은 매우 부족한 실정이며 올바른 부모 역할을 수행하기 위해 준비가 필요하다고 생각하는 사람도 많지 않다. 이에 따라 대부분의 부모들은 체계적 부모교육을 받은 경험 없이 부모가 됨으로써 부모로서의 역할을 불만족스럽게 만드는 원인이 되고 있다.

자녀의 성장 과정을 잘 이해하고 부모-자녀 관계에서 보다 만족스러운 상호작용을 경험함으로써 자녀 성장에 필요한 최적의 환경을 조성해 주고 적응력 있게 키워 가기 위해서는 체계적인 부모교육이 반드시 필요하다.

부모교육(parent education)은 부모의 역할을 효과적으로 수행하는 데 필요한 지식, 정보, 그리고 기술을 의도적으로 계획된 활동을 통해 제공하는 것을 말한다(Fine, 1980). 따라서 부모교육 프로그램의 목적은 부모-자녀 간의 상호작용의 질을 개선하고, 부모와 자녀의 행동을 긍정적으로 변화시키기 위한 의식적인 목적 지향적 활동으로 볼 수 있다. 『유아교육사전』에서도 부모교육이란 이미 부모가 된 사람들이나 예비 부모들을 위한 일종의 성인교육으로 볼 수 있다고 정의했다. 부모교육은 자녀의 양육이나 교육, 가정생활의 개선 등에 관한 지식을 얻거나 일반교양을 높이기 위한 것을 목적으로 한다(한국유아교육학회, 1996).

부모교육에 대한 연구는 1920년 이후부터 본격적으로 시작되었으며 초기에는 전문가들이 가르치고 부모는 배운다는 교사와 학습자의 특성이 강조되었다. 그러나 1960년대 이후 부모교육에 대한 관점은 전문가가 가르치고 부모가 배우는 일방적 관점이 아니라 동등한 입장에서 교육 활동에 참여함으로써 보다 효율적인 교육이 가능하다는 쌍방적 관점으로 변화하였다(정옥분 · 정순화, 2007).

부모교육과 유사한 의미로 사용되어 온 용어로는 부모 참여(parent participation), 부모 훈련(parent training), 부모 개입(parent involvement), 부모 지지(parent support), 부모 역할하기(parenting) 등이 있다.

부모 참여는 부모가 가족생활에 영향을 주는 교육 프로그램에 직접 참여하여 자녀 발달과 교육에 도움을 주고자 하는 의미를 지니고 있다. 부모 참여 프로그램의 목적은 부모도 특정 기관의 프로그램 결정자로서 전문가와 지식 또는 정보를 교환하며 책무성을 받아들이도록 하는 데 있다(김진영 · 김정원 · 전선옥, 2000). 유아교육 프로그램에 부모를 참여시키는 것은 유아교육의 오랜 목표였다. 부모는 다양한 측면에서 유아교육기관에 자원으로서의 역할을 수행하고 교사를 보조해 왔다.

또한 부모 훈련의 의미는 부모에게 효율적으로 부모 역할을 수행하도록 교육시키는 과정을 말하며 부모교육과 대체해 사용할 수 있고 부모 개입은 부모 참여와 유사하게 쓰이고 있다. 부모 지지란 친지나 교회, 부모회, 지역단체, 아동복리시설, 병원, 교육기관, 기타 다른 사회사업기관으로부터의 지지 및 지원을 포함하는 의미로 사용되고 있다(정갑순, 2006). 부모 역할하기란 용어는 비교적 최근에 나온 용어로서, 자녀 지도에 필요한 모든 반응, 활동, 기술을 포함하는 것이다. 이러한 부모 역할하기는 자녀를 양육하고 보호하며, 지도하는 일련의 연속적 상호작용 과정을 의미한다.

이와 같이 부모교육과 관련된 용어들 가운데 가장 많이 사용되고 있는 용어는 부모 참여이다. 부모교육이라는 개념 속에는 부모가 보다 효과적인 유아교육 및 발달에 참여하기 위해 교육을 받는다는 수동적이고 소극적 의미가 함축되어 있어 부모 훈련의 의미와 동등하게 해석될 수 있는 측면이 있다. 반면 부모 참여란 유아교육 및 발달을 위해 가정의 부모와 유아교육기관의 교사가 적극적 동반자로 동등한 입장에서 상호 유대관계를 유지함으로써 효율적인 교육을 위해 노력하는 모든 과정을 의미하는, 보다 포괄적이고 적극적인 개념으로 본다(이기숙, 1982).

이상과 같은 부모교육 및 부모 참여에 대한 개념들을 종합해 볼 때 부모 참여란 보다 효율적인 유아교육의 목표 달성을 위해 가정과 유아교육기관이 서로 능동적으로 협력하여 행하는 모든 활동으로 볼 수 있으며, 부모교육의 의미까지 포함하는, 보다 확대된 개념으로 정의할 수 있다.

2) 부모 참여 및 부모교육의 필요성

코메니우스가 모성교육의 필요성을 주장한 이래 자녀 양육에 대한 어머니의 역할뿐만 아니라 부모교육의 필요성은 지속적으로 강조되어 왔다. 부모교육의 역사를 살펴보면, 1950년대까지는 가정적·경험적 사실에 근거하여 그 필요성이 강조되었고 과학적·객관적 관점에 근거한 것은 아니었다. 그러나 1960년 이후 각국 정부들이 유아교육에 참여하게 되고 또 아동 발달과 부모-자녀 관계에 대한 연구들이 축적됨에 따라 부모 참여 및 부모교육의 필요성이 점차 현실화되었다. 현대 여러 나라의 부모 참여 및 부모교육 동향을 살펴보면 저소득층 가정을 대상으로 하고, 국가의 개입이 보편적 경향을 지니고 있으며, 조기 교육의 시작 연령이 하향화되고 어머니뿐 아니라 아버지까지도 참여시키려 노력하고 있다(권대도 외, 2005).

부모는 부모교육의 주체로서 부모기에 대한 올바른 인식, 자녀 양육에 대한 지식, 사회 변화에 따른 부모-자녀 관계의 변화와 같은 여러 가지 측면에서 교육이 필요하다. 과거에는 부모의 역할을 신체적 필요를 채워 주는 것과 동일시하였으나 20세기 들어서면서 부모 역할의 다양성이 제기되면서 부모교육의 필요성은 더욱 강조되었다.

① 영유아기 자녀를 둔 부모는 그들에게 가장 큰 영향력을 지닌 존재이기 때문에 교육과 양육의 효율성을 위해서 부모 참여 및 부모교육이 필요하다.

부모는 영유아의 신체, 인지, 사회, 정서 발달 등 모든 발달 영역에 영향을 미친다. 그러나 부모들은 자녀를 양육한 경험이 적어 어떻게 자녀를 양육해야 할지 몰라 혼란스러워할 때가 많다. 초기 발달에서 부모의 영향을 고려한다면 부모 참여 및 부모교육은 자녀 성장발달에 긍정적 영향을 미칠 수 있는 가장 효과적인 방법이라 할 수 있다.

② 부모 역할은 인간이 사회에서 맡는 역할 가운데 하나이기 때문에 준비가 필요하고, 그 준비로서 부모 참여 및 부모교육이 필요하다.

누구나 결혼하면 부모가 되고, 부모가 되면 자녀를 낳아 기르기 때문에 자녀를 기르는 것은 특별한 교육이 없이도 할 수 있는 일이라는 인식이 오랜 기간 동안 보편적이었다. 그러나 부모 역할은 사회에서 맡는 많은 역할 가운데 하나라는 인식이 대두되면서 전문적 지식과 기술을 습득할 수 있는 형식적 부모교육의 중요성이 부각되었다(Galinsky, 1992).

③ 부모는 부모로서뿐 아니라 한 인간으로서 성장할 기회를 가져야 하기 때문에 부모 참여 및 부모교육이 필요하다.

과거에는 부모교육을 부모가 자녀에게 수행하는 역할을 강조하는 것으로 한정했으나, 부모로서의 역할을 일생을 통해 이루어 가는 성인 역할의 한 측면으로 인식함에 따라 부모 자신이 인간으로서 성장할 기회가 제공될 필요성이 대두되었다. 부모는 부모교육을 통해서 부모로서 성장하는 것뿐 아니라 인간으로서도 성장하고 발달할 기회를 얻을 수 있기 때문에 부모 참여 및 부모교육이 필요하다.

④ 현대사회의 급격한 변화와 가족 형태의 다양한 특성들은 자녀 양육에 많은 갈등과 스트레스를 느끼도록 해 부모 참여 및 부모교육이 필요하다.

현대사회가 다양해짐에 따라 가족의 형태도 다양해져 이혼가족, 편부 또는 편모가족, 조손가족, 핵가족, 대가족, 입양가족 등이 생겨남에 따라 부모 역할을 수행하는 사람들이 겪는 어려움이 여러 형태로 나타날 수 있어 이에 대한 부모교육이 필요하다. 또한 빠른 속도로 변화하는 사회 현상에 따라 사회 구성원들의 가치관도 급변하여 과거의 부모들이 자녀를 양육하던 방식대로 자녀를 양육할 수 없어 적절한 부모 역할 모델의 부재로 인한 어려움을 겪는 경우도 많아졌다(한국부모교육학회, 1997). 따라서 현대사회 부모들이 의미 있는 부모 역할에 대한 모델과 이미지를 정립할 수 있도록 하기 위해 부모 참여 및 부모교육이 필요하다.

⑤ 유아교육기관과 가정과의 연계성 확립을 위해 부모 참여 및 부모교육이 필요하다.

가정에서 부모가 자녀 교육을 전적으로 담당했던 과거와 달리 현대사회에서는 가정과 유아교육기관이 공동으로 교육을 담당하고 있다. 따라서 유아교육이 효과적으로 이루어지기 위해서는 가정과 교육기관이 협력적 관계를 유지해야 한다. 교육기관에서는 각 기관의 교육 내용을 부모 참여 및 부모교육을 통해 부모들에게 알려주고 가정에서도 교육기관과 일관성 있는 환경을 제공하도록 지원하는 것이 중요하다. 또한 부모들도 교육기관과 가정과의 긴밀한 연계를 유지하고 가정에서 발생하는 여러 가지 문제를 함께 해결해 나가기 위해 부모 참여 및 부모교육이 필요하다.

⑥ 정부나 국가 차원에서 투자의 효율성 측면을 고려해 볼 때 부모 참여 및 부모교육이 필요하다.

사회구성원 충원이나 사회복지의 관점에서도 부모 참여 및 부모교육은 중요하다. 최근 대두되고 있는 저출산 문제는 부모 역할에 대한 우리 사회의 인식 부족이나 부모 역할에 대한 준비 부족과도 관련이 있다. 우리 사회는 전통적으로 자녀 양육을 여성의 몫으로 간주했을 뿐만 아니라 부모 역할 수행에 대해 큰 가치를 부여하지 않았다. 따라서 우리나라의 저출산 문제는 부모 역할에 대한 지식, 기술 등의 부족과 자신감 결여와 관련이 있다고 볼 수 있다.

또한 부모 참여 및 부모교육은 사회복지를 실현하는 효율적 방법 가운데 하나라고 볼 수 있다. 미국에서 저소득층 가정의 유아를 대상으로 실시한 헤드스타트 프로그램은 초기에 미리 투자하여 후에 많은 효율성을 올린 교육 방법으로 주목받고 있다. 국가에서 부모를 교육하여 효율적 부모 역할을 수행하도록 지원한다면 유아들이 최적의 성장과 발달을 이루어 우리 사회 발전의 원동력이 될 수 있을 것이다.

3) 부모교육의 이론

20세기 후반부터 부모 역할 및 자질 향상에 대한 관심과 부모와 자녀의 수평적 관계 형성에 대한 중요한 자각은 여러 가지 부모교육의 전략을 개발하는 이론을 발전시키게 되었다. 대표적인 부모교육 이론은 드라이커스(Dreikurs)의 민주적 부모교육 이론, 기노트(Ginott)의 인본주의적 부모교육 이론, 고든(Gordon)의 부모 효율성 훈련 이론, 번(Berne)의 상호교류분석 이론 등이 있다.

(1) 드라이커스의 민주적 부모교육 이론

드라이커스(Dreikurs)는 아들러(Adler)의 개인심리학 이론을 부모교육에 적용시켜 과거의 권위적 방법이 아닌 민주적 방식의 부모-자녀 관계를 강조하였다. 아들러와 드라이커스는 가족 내에서 일어나는 사회화 과정을 중요시하여 상호 존중감,

민주적 의사결정 등을 통해 사회적으로 책임 있는 아동으로 자라도록 하였다.

드라이커스의 민주적 부모교육 이론에서 부모-자녀 상호작용은 다음과 같은 가정에 그 기초를 두고 있다.

첫째, 아동의 모든 행동은 반드시 원인과 목적이 있으며 사회적 관계성이나 배경 내에서 이해할 필요가 있다.

둘째, 사회집단에 소속하려는 욕구는 가장 기본적이며 중요한 욕구이다.

셋째, 유아를 포함한 모든 인간은 누구나 그들의 행동에 대한 지침으로 인생을 설계한다.

드라이커스의 민주적 부모교육의 원리는 다음과 같다.

① 생활양식

생활양식은 사회화 과정을 통해 형성되는 인성, 태도, 신념, 능력 등을 의미한다. 자녀는 부모와의 상호작용을 통해 자신의 행동을 조절해 가면서 생활양식을 형성해 가며 아들러는 4~5세경에 거의 형성이 된다고 보았다.

아동의 생활양식은 가정의 영향을 받게 되므로 유아기는 생활 태도와 양식이 형성되는 중요한 시기이다. 이 시기의 자녀는 부모에게 상대적 열등감을 느끼며 자기 스스로 부정적 개념을 가지고 있다. 유아는 이러한 열등감에 대한 보상으로 가상적 목표를 세우게 되며 바람직하지 못한 행동을 통해 목표를 달성하게 되면 이러한 행동이 생활양식이 되어 버린다. 따라서 부모는 자녀가 달성하려는 행동 목표가 무엇인지 파악하고 바람직한 방법으로 목표를 달성할 수 있도록 해야 한다(김진영 외, 2000; 양옥승 외, 2001).

② 가상적 목표

효과적 부모 역할을 수행하기 위해서는 부모가 자녀의 사고방식, 가족 구성원과의 관계에 대해 유아가 느끼고 있는 생각 등과 같은 자녀 행동의 가상적 목표를 이해해야 한다.

유아는 이러한 가상 목표를 달성하기 위해 관심 끌기, 힘 행사하기, 보복, 부적절성 혹은 무능함 보이기 등의 행동을 하는 경우가 많다. 이러한 행동 목표는 가족집단에서 소속감을 획득하기 위해 잘못 설정된 접근 방법이다. 그러나 부모가 자신을 사랑한다고 느끼며 소속감과 안정감을 가지는 유아는 긍정적 방향으로 목표를 세우고 잘 적응하게 된다.

③ 창조성

유아는 자신의 욕구 충족을 위해 가상적 목표를 설정하고 목표의 성공을 위해 다양한 행동 양식을 창조하게 된다. 이러한 과정에서 부모의 반응은 중요하며 잘못된 행동에 대해 자녀의 의도대로 반응하게 되면 바람직한 방법보다는 잘못된 방법으로 목표를 달성하고자 한다. 따라서 부모는 자녀의 잘못된 행동을 변화시키기 위해서 자신의 태도를 먼저 변화시키고 다음으로 자녀의 긍정적 행동을 격려해 줌으로써 자녀가 바람직한 방법으로 스스로 창조해 나가도록 해야 한다.

④ 행동 통제

부모는 유아에게 스스로 책임 있는 결정을 하도록 자연적 귀결과 논리적 귀결의 행동 통제 방법을 사용하도록 제시하고 있다. 자연적 귀결은 자연스런 상황에서 유아 자신의 행동으로 인해 자신이 보상받는다고 느낄 수 있는 방법을 말한다. 예를 들면, 아침에 늦잠을 자면 유치원에 지각하게 되는 것이다. 아이들에게 자연적 귀결을 적용하기 어려운 경우 논리적 귀결을 사용할 수 있다. 논리적 귀결은 상황에 따른 결과가 유아 자신의 행동뿐 아니라 부모에 의해 정해지는 방법이다. 이때 행동 결과에 대한 판단 준거는 미리 정해 놓은 규칙에 근거한다(양옥승 외, 2001). 논리적 귀결의 예를 살펴보면, 벽에 크레용으로 낙서를 하면 그 대가로 벽의 낙서를 지우는 노력과 수고를 투자해야 한다는 것이다. 이를 통해 아이가 스스로 행동의 결과로 인해 나타나는 불편함을 체험하고 잘못된 행동 목표를 수정할 기회를 가지게 된다.

이상과 같은 교육 원리를 가지고 있는 드라이커스의 민주적 부모교육 이론에 근거한 부모교육 프로그램은 집단 토의를 중심으로 하는 부모 연구 집단과 상담 중심의 부모-교사 교육센터 활동으로 대표되고 있다(Gamson, Hornstein, & Borden, 1989).

(2) 기노트의 인본주의적 부모교육 이론

기노트(Ginott)는 인본주의 심리학을 부모교육에 적용시켜 부모-자녀 간의 의사소통을 향상시킬 수 있는 기법을 제안하였다. 기노트는 정상적인 아이가 정서장애나 행동장애를 일으키는 원인이 부모의 성격보다는 자녀 양육에 대한 경험과 지식이 부족해 효율적 자녀 양육 방식을 모르기 때문이라고 보았다. 따라서, 인본주의적 부모교육 이론은 부모 중심 치료나 상담보다는 유아를 중심으로 하는 교육을 강조하여 부모와 자녀 사이에 긍정적 상호작용 경험을 중시하였다. 기노트의 인본주의적 부모교육의 원리는 다음과 같다.

① 부모와 자녀 간의 의사소통

부모가 자녀와 의사소통할 때 전제 조건이 되는 것은 유아를 존중하는 마음과 의사소통하는 기술을 익히는 것이다. 바람직한 의사소통을 위해 부모는 자녀에게 민주적 태도와 관심을 가지고 부드럽게 대해 주어야 하며, 문제가 있을 때 행동 자체에 집중하기보다는 그 행동에 대한 자녀의 감정에 집중하여 반응을 보이며, 기본적으로 자녀의 행동을 판단하고 비판하기보다 이해하려는 태도를 지녀야 한다.

② 유아의 행동 지도

유아의 행동으로 인해 부모가 화가 나거나 갈등 상황이 생기는 경우가 많다. 부모가 유아와의 갈등을 해결하고 긴장을 해소하기 위해서는 기본적으로 자녀가 부모를 화나게 할 수 있고 부모도 화낼 수 있다는 점, 그리고 자녀도 부모 행동에 대해 불만을 가지고 반응할 수 있다는 점을 인정해야 하며, 죄의식이나 수치심을 갖지 말고 자신의 감정을 솔직하게 표현하는 것이 필요하다.

③ 부모의 잘못된 태도

부모들이 자녀와의 관계에서 패배감을 느끼게 되는 경우 자녀에게 위협, 뇌물 주기, 빈정대기, 훈계, 외압 등으로 자녀를 부모에게 복종시킨다. 그러나 이러한 태도는 자녀의 잘못된 행동을 반복시키는 결과를 초래하게 된다. 자녀는 부모가 자신의 말을 주의 깊게 들어주고 자신을 있는 그대로 수용해 줄 때 자신의 긍정적·부정적 감정을 솔직하게 표현한다.

④ 훈육 방법

부모가 유아를 훈육할 때 자녀에 대한 기본적 신뢰를 기초로 분명하고 간결한 언어로 해야 한다. 또한 자녀에게 수용할 수 있는 행동과 수용할 수 없는 행동을 분명히 알려주어야 한다. 효과적인 유아 훈육의 4단계는 다음과 같다(이재연 · 김경희, 1989).

- 1단계: 유아가 원하는 바를 인정하고 간단한 말로 반복해서 말해 준다.
- 2단계: 잘못된 행동에 대해서는 분명하고 단호하게 통제하는 말을 해 준다.
- 3단계: 유아가 원하는 바를 최소한 일부분이라도 수용할 수 있는 다른 방법을 제시해 준다.
- 4단계: 부모가 유아의 행동을 통제할 때 유아에게 일어날 수 있는 분노의 감정을 표현할 수 있도록 허용하고 도와주어야 한다.

기노트의 인본주의적 부모교육 프로그램은 실제적인 문제를 중요시하여 이에 필요한 양육 기술을 익히도록 하고 있다. 부모교육자를 통해 양육 기술 단계를 익힌 부모들은 자녀와의 상호작용 과정에서 이를 직접 활용해 봄으로써 자녀와의 관계를 긍정적으로 발전시킬 수 있다. 인본주의적 부모교육 프로그램의 교육과정은 이야기 털어놓기 단계, 감수성 증진 단계, 개념 형성 단계, 기술 익히기 단계를 거치도록 구성되어 있다.

(3) 고든의 부모 효율성 훈련 이론

고든(Gordon)은 부모-자녀 간의 문제는 부모-자녀 간의 인간관계에서 발생한 것이므로 양자의 관계를 개선하는 방법을 부모에게 교육해야 한다는 생각에서 부모 효율성 훈련(Parent Effectiveness Training: PET) 프로그램을 개발하였다. 고든이 제시한 부모 효율성 훈련 원리는 효율적 수용 능력과 언어 사용 능력을 향상시킴으로써 부모-자녀 관계를 원만하게 할 수 있는 능력이 개발될 수 있다고 보는 것이다.

① 수용성의 수준 파악하기

부모가 일상생활에서 자녀의 행동을 보는 견해는 항상 일정하지가 않다. 자녀들의 행동은 부모에게 수용적 행위 혹은 비수용적 행위 가운데 하나로 보인다. 부모는 자녀의 행동을 판단하기 전에 자신의 수용성 수준이 어느 정도인지 파악할 필요가 있다. 수용성의 정도는 부모의 기분, 집안 사정, 주위 환경, 사회 분위기에 따라 변하며 자녀 특성에 따라서도 달라진다.

② 문제의 소유자 가려내기

첫 번째 단계에서 부모의 수용성 수준을 파악한 이후에 부모와 자녀 가운데 누구에게 문제가 있는지 파악해야 한다. 만약 자녀의 어떤 행동이나 말에 대해 부모가 거부 감정을 가졌다면 이는 부모가 문제를 소유하고 있는 것이다. 반면에 부모가 수용할 수 있고 아무 문제도 없는데 자녀가 어려움을 겪고 있는 경우 문제 소지자는 자녀이다. 자녀가 문제가 되는 사람일 경우는 적극적 경청을 통해, 문제가 되는 사람이 부모일 경우에는 나-전달법을 통해 문제를 해결할 수 있다. 나아가 부모와 자녀가 모두 문제를 가질 경우에는 대안 찾기의 방법으로 문제를 해결할 수 있다.

③ 적극적 경청

적극적 경청(active listening)은 자녀가 문제를 소지하고 그 문제에 관해 부모에게 이야기할 때 부모가 사용하는 기술이다. 적극적 경청은 말하는 사람의 이야기를 비판 없이 그대로 수용하고 그 사람의 감정을 이해하려고 노력하며 적극적으로 의사소통에 참여하는 것을 말한다. 경청은 침묵하며 들어주는 것에서부터 시작하여 소극적 경청과 개방적 반응, 그리고 적극적 경청으로 나아가는 것이다.

적극적 경청의 방법을 통해 부모는 자녀 문제를 자신이 해결해 주는 것이 아니라 자녀 스스로 문제를 해결해 나가도록 도와줄 수 있다.

④ 나-전달법(I-Message)

나-전달법은 문제가 되는 사람이 부모일 경우에 자신의 생각과 감정을 자녀에게 효과적으로 전달하는 기술이다. 나-전달법은 너-전달법을 사용하는 경우와 달리 자녀의 행동을 판단하지 않는 가운데 부모의 감정 상태를 전달할 수 있기 때문에 원만한 관계로 이끌 수 있고 부모가 수용할 수 없는 자녀 행동까지도 변화시킬 수 있는 유용한 방법이다. 나-전달법은 감정의 진술, 자녀 행동에 대한 비판단적 진술, 그리고 자녀 행동이 부모에게 미치는 효과에 대한 진술을 포함한다.

⑤ 무승부법(No-lose Method)

부모가 자녀에게 나-전달법이나 적극적 경청의 방법을 사용한다 하더라도 해결되지 않는 문제들이 있을 때 활용할 수 있는 방법이다. 부모와 자녀가 갈등 상황에 부딪히게 되었을 때 일반적으로 부보는 이기고 자녀는 지게 되는 방식이나, 부모가 지고 자녀가 이기게 되는 방식이 나타날 수 있다. 이는 서로가 자신의 방식대로 상대를 납득시키려 하거나 두 사람 가운데 한 사람은 패배감과 무력감을 느끼게 되며, 지금까지 확장시킨 수용 능력을 다시 축소시키게 되는 문제점을 발생시키게 된다.

이와는 달리 무승부법은 부모와 자녀가 협력하여 해결책을 모색하므로 모두에게 손해가 없으며 동시에 이러한 대안 찾기 과정을 통해 자녀의 인지 능력이나 문제해결 능력도 향상된다는 장점을 가지고 있다. 무승부법을 사용하는 경우, 문제를 확인하는 단계, 해결책 탐색, 해결책 평가, 최상의 해결책 결정, 결정된 해결책의 수행방법 결정, 그리고 평가 단계를 거치게 된다.

(4) 번의 상호교류분석 이론

인간관계에 있어서 상호 교류의 원리에 관심을 둔 에릭 번(Berne)은 심리분석에 관한 이론을 부모교육에 적용하여 부모-자녀 관계를 향상시키고자 하는 교류 분석(transactional analysis: TA) 이론을 정립하였다.

번(Berne)에 의하면 의사소통을 할 때 한 사람은 일종의 자극이 되고 그 자극은 상대방의 반응을 수반하게 된다. 이러한 자극과 반응은 의사 교류가 될 때까지 지속된다. 모든 인간은 자극을 받고자 하는 기본 욕구를 가지고 있다. 자극의 욕구는 '인간을 인식하는 기본 단위'로서 교류분석 이론에서는 '스트로크(stroke: 쓰다듬기)'를 통해 이루어진다. 인간 인식의 기본 단위인 스트로크는 언어, 표정, 감정, 몸짓 등 다양한 교류 단위로서 언어적이나 혹은 비언어적으로 표현된다. 스트로크가 긍정적으로 이루어질 때는 자극의 욕구가 채워지고 자신을 중요하고 가치 있는 사람으로 보는 반면 부정적으로 이루어질 경우 열등감, 부적절감을 소유한 아동으로 자라게 된다고 보았다.

또한 교류분석의 기본은 개인의 자아 상태의 구조를 분석하는 것에서 출발한다. 자아 상태란 현실에 대한 정의, 정보처리, 그리고 외부 세계에 대한 반응들로 조직되며 이를 근거로 상호 간의 의사소통의 교류 방식과 각본을 분석하게 된다.

상호교류분석 이론은 개인의 인성 구조를 부모 자아(parent ego: P), 아동 자아(child ego: C), 성인 자아(adult ego: A)로 구성되었다고 보고, 유아나 성인의 행동을 관찰함을 통해 세 가지 형태 가운데 어떤 자아가 작용하는지 알 수 있다고 하였다. 번의 이론에서 부모교육의 목적은 개인이 자신의 자아 상태를 자율적으로 선택할 수 있는 능력을 함양하도록 하는 것이다.

- 아동 자아 상태는 출생 시부터 지니게 되는 기본 자아로서 원천적 욕구, 기본 감정을 표출하는 심리적 기제이며, 환경과의 상호작용을 통해 얻는 자극과 반응에 대한 경험과 느낌을 말한다(최외선 외, 2010). 즉, 아동이 보고 들은 것에 대한 내적 사건의 기록으로서 주로 감정적인 것을 포함한다. 예를 들면 욕구, 고통, 창조성 등의 정서 상태를 의미한다. 아동 자아 상태는 천성적 아동 자아와

개작된 아동 자아로 나눌 수 있다. 천성적 자아는 좋은 감정과 나쁜 감정을 모두 자발적으로 표현할 수 있는 상태이고, 개작된 아동 자아는 자신이 느끼는 것을 자연스럽게 표현하기보다는 부모가 원하는 것에 맞추어 표현하고자 하여 자연스럽지 못한 자아이다. 개작된 자아 상태를 가진 사람은 부모의 영향에서 벗어나 자발적으로 자신을 표현함으로써 즐거움과 자유를 누릴 수 있어야 한다.

- 부모 자아 상태는 각 사람들의 삶에 영향을 미친 의미 있는 타인들을 통하여 모방하거나 학습하게 되는 태도, 또는 지각한 정보를 내면화하여 기록한 것으로 이러한 기록이 개개인의 성격의 한 부분이 된 것이다. 이러한 부모 자아 상태는 아동에게 행동의 규칙을 가르쳐 주고 명령하고 지시하는 것과 같은 비판적 부모 자아 기능을 하거나 아동의 성장을 도와주고 이타적이며 보호적인 양육적 부모 자아 기능을 하게 된다.
- 성인 자아 상태는 아동 자아의 감정적 생활 개념과 부모 자아의 학습된 생활 개념에서 얻은 정보를 근거로 하여 그것을 처리하며, 논리적 법칙에 따라 판단하며 어떤 결론에 도달하도록 진행시키는 것을 포함한다. 성인 자아는 유아의 자율감이 발달함에 따라 발달하게 되며 부모 자아와 아동 자아를 중재하고 평가하며 정보 수집, 처리한다.

아동 자아, 부모 자아, 성인 자아 상태 등 각 개인이 지니게 되는 세 개의 자아 상태는 적절하게 사용되어야 한다. 즉, 각 개인이 갖게 되는 외부 세계에 대한 감정, 사고, 행동 등에 대해 자율적으로 반응할 수 있도록 각 자아 상태의 유연성과 유동성이 요구되는 것이다. 이와 같은 교류분석 이론에 근거한 부모교육 프로그램의 주요 목적은 부모와 자녀가 모두 긍정적 자아 상태를 자율적으로 선택하여 활용할 수 있는 능력을 길러 줌으로써 보다 긍정적 생활 태도를 가질 수 있도록 하는 것이다(김진영 외, 2000).

교류분석 이론에서는 사회적 의사소통의 기본 단위를 교류라 하며 자아 상태의 교류가 원만하게 이루어지도록 함으로써 개인의 적응 능력을 향상시킬 뿐 아니라 상호 간의 갈등을 감소시킬 수 있다고 본다. 번은 교류분석 이론에서 부모-자녀 간의 상호 교류 과정에서 이루어지는 의사소통의 방식을 보완적 상호 교류, 교차적 상호 교류, 잠재적 상호 교류의 세 가지 형태로 구분하고 있다.

① 보완적 상호 교류(commplementary transaction)

보완적 상호 교류는 부모, 성인, 아동 자아 상태에서 자극과 반응이 평행을 이루거나 상호 보완적이어서 의사소통이 부드럽게 진행되는 유형이다. 예를 들면, 엄마가 아이에게 "유치원에는 몇 시까지 가는 거지?"라고 성인 자아 상태에서 성인 자아 상태의 자극을 보내면 "10시까지 가요"라고 아이가 반응한 것은 어머니의 기대와 일치하여 성인 자아 상태로 응답한 것이다.

② 교차적 상호 교류(crossed transaction)

상호 간의 의사소통에서 기대하지 않은 자아 상태가 개입되어 자극과 반응이 교차를 이루는 형태를 말한다. 이런 경우 대화는 끊어져 버려 교류가 이루어질 수 없게 된다. 엄마가 성인 자아 상태로 응답하기를 기대하고 "몇 시까지 가야 하니?"라고 자극을 보냈을 때 아이가 "어제 말했잖아요"라는 아동 자아 상태로 반응하는 경우이다.

③ 잠재적 상호 교류(ulterior transaction)

잠재적 상호 교류는 협의 사항 및 주제, 즉 전달하고자 하는 메시지가 심리적으로 숨겨져 있는 것이다. 보완적 상호 교류와 교차적 상호 교류는 그 자아 상태가 외적으로 나타나고 있으나 잠재적 상호 교류는 겉으로 드러나는 사회적 수준과 숨겨져 있는 심리적 수준이 다르게 일어나는 것을 의미한다. 예를 들면, 엄마가 아이에게 "유치원에 몇시까지 가는 거지?"라고 묻는 경우 표면적으로는 객관적 정보를 얻기 위한 성인 자아에 근거한 것으로 보이지만 내면적으로는 '왜 빨리 준비하지 않니? 시간이 없는데' 라는 심리적 메시지가 담겨 있는 경우 부모 자아도 반응하는 것이다.

4) 유아교육기관에서의 부모 참여 및 부모교육

유아교육에서 부모 참여 및 부모교육의 중요성이 강조되면서 유아교육기관에서도 다양한 형태의 부모 참여 및 부모교육을 실시하여 유아교육의 효과를 극대화하고자 한다. 이를 통해 부모들의 유아교육에 대한 이해를 증진시키고 가정과 교육기관의 협력을 강화하는 것은 매우 중요하다.

(1) 부모 참여 및 부모교육 운영 계획

유아교육기관에서 부모 참여 및 부모교육을 운영하기 위한 계획은 교육 프로그램을 수립할 때 함께 고려해야 하며 연간 계획에서부터 개별 기관의 사정을 기초로 해서 단계적으로 실시해야 한다. 부모 참여 및 부모교육을 위해 기관 자체적으로 계획을 수립할 경우 고려해야 할 기본적인 원칙은 다음과 같다(교육부, 2000; 이은화 · 김영옥, 1999).

첫째, 부모 참여 및 부모교육이 유아교육기관의 전체 교육 및 운영계획에 포함될 수 있도록 연간, 월간 교육 계획을 수립하고, 세부적 절차나 방법 등을 구체적으로 마련한다.

둘째, 부모 참여 및 부모교육을 실시하는 내용, 방법, 시기, 일정 등은 개별 유아교육기관과 지역사회 특성을 충분히 고려하여 실천 가능한 범위 내에서 계획한다.

셋째, 부모 참여 및 부모교육의 계획과 운영은 부모들의 직업, 학력, 생활 수준, 시간적 여유뿐 만 아니라 그들의 필요와 요구를 사전에 파악하여 실시하도록 한다.

넷째, 부모 참여 및 부모교육은 교육기관 주도로 이루어지기보다는 부모들이 자발적으로 참여하도록 유도하고 참여에 편안함을 느낄 수 있는 분위기를 제공한다.

다섯째, 부모 참여 및 부모교육은 실천 가능한 구체적이고 쉬운 일부터 시작하여 점차 활동 폭을 넓혀 가야 한다.

여섯째, 부모 참여 및 부모교육에는 부모뿐 아니라 조부모, 형제들도 참여 기회를 제공할 수 있도록 계획한다.

(2) 부모 참여 및 부모교육 운영 형태

유아교육기관에서 실시하는 부모 참여 및 부모교육 운영 형태에는 학부모 오리엔테이션, 면담, 강연회, 참여수업, 워크숍, 토의, 가정통신문, 가정방문 등이 있다.

① 학부모 오리엔테이션

일반적으로 학부모 오리엔테이션은 신입 원아 학부모들에게 유아교육기관의 전반적 운영 방침과 교육 내용에 대해 소개하여 가정과 유치원의 일관성 있는 교육을 제공하고자 하는 것이다. 부모 오리엔테이션은 신학년도 개원일 전에 실시하는 경우가 많으며 부모 모임 일주일 전에 반 편성, 개인 기록부 등을 포함한 통신문을 각 가정으로 발송한다. 모임 당일에는 기관 안내 소책자, 신학년도 연중 계획표, 3월 교육계획안, 교육기관 소개 비디오, 부모 및 교사 이름표, 다과 등을 준비한다.

학부모 오리엔테이션의 내용 및 진행 방법

- 교육기관의 철학, 기본 방침, 운영 방향, 교육과정, 하루 일과 운영, 연중 주요 행사 계획 등에 대한 전반적 이해를 돕는다.
- 학부모 수가 많을 경우 두 집단으로 나누어 이틀에 걸쳐 실시할 수 있다.
- 교사 소개와 각 반의 담임을 배정, 발표한다.
- 기관의 주요 프로그램을 소개하는 슬라이드나 비디오를 보면서 설명한다.
- 1년 동안 진행할 행사에 대해 협조를 구하기 위해 연중 행사 계획표를 함께 살펴본다.
- 몇 개의 조로 나누어 기관의 실내외 환경을 직접 둘러보도록 한다.
- 질의응답 시간과 요구 사항에 대한 건의를 할 수 있는 기회를 준다.

② 면담

부모 면담은 부모와 교사가 대면하여 유아에 대한 의견을 교환함으로써 가정과 교육기관이 상호 연계를 가지고 유아교육의 목표를 달성하고자 하는 활동이다(정갑순, 1996). 이는 가정과 기관의 상호 목표와 가치체계를 교환하고 이해하는 데 도움을 줄 수 있으며 유아도 효율적으로 지도할 수 있는 바람직한 지도 방안을 모색하는 기회가 된다. 또한 부모와 교사가 직접 만나 친밀감을 갖고 가정과 기관에서 유아의 생활 전반과 행동에 대해 다양한 특성을 이해하는 데 도움이 된다.

부모 면담은 정기적 면담과 비정기적 면담, 개별 면담과 집단 면담으로 나눌 수 있다. 개별 면담은 교사 또는 부모의 요청으로 이루어지며 정기적인 기간을 두고 계획적으로 이루어지기도 하고 수시로 이루어지기도 한다. 개별 면담은 기관과 가정에서 이루어지는 교육을 자연스럽게 연결시켜 주거나 유아의 부적응 행동이나 문제행동을 예방하거나 치료할 수 있다. 면담을 위해서는 유아 행동과 발달 상태에 대한 관찰 내용과 같은 구체적인 자료를 준비하는 것이 필요하다.

집단 면담은 한 반의 부모들이 함께 인사를 나누어 서로 유아교육에 대한 정보를 공유하며 각 유아의 특성에 대한 정보도 얻을 수 있어 효과적이다. 개원 후 1~2개월 정도 지난 후 실시하고 면담 1주일 전에 부모가 준비할 내용, 일시, 장소 등을 기록한 가정통신문을 발송한다.

③ 강연회

부모 강연회는 유아교육기관에서 연중 정기적으로 계획을 세워서 중요한 주제에 대해 강연을 진행하는 것으로 연간 부모교육계획안에 따라 체계적으로 실시하도록 한다. 강연히를 실시하는 목적은 첫째, 유아교육에 내한 바른 이해 및 인식을 돕고, 둘째, 유아 발달에 대한 이론과 기술을 습득하며 양육의 바른 태도를 함양하고, 셋째, 유아 발달의 촉진자로서 필요한 환경 구성, 상호작용 방법, 역할 모델을 습득하도록 도우며, 넷째, 부모들의 자아실현을 돕는 데 있다.

강연회의 주제로 적합한 예는 유아교육의 중요성, 자녀 발달에 대한 지식과 정보, 부모-자녀 관계 특성, 대화법, 문제행동과 지도법, 효과적 학습 환경 조성 및 상호작용 기술 등이 있다.

④ 참여수업

학부모 참여수업은 부모와 유아가 함께 교육 활동에 직접 참여함으로써 유아교육기관에서 제공하는 교육 내용 및 유아에 대해 올바른 이해가 이루어질 수 있도록 한다. 연중 1~2회 정도 실시하며 유아교육기관의 실정에 맞도록 융통성 있게 실시한다.

참여수업을 계획할 때는 먼저 많은 부모가 참여할 수 있도록 참여수업의 필요성을 충분히 알리고 참여 가능한 날짜를 사전에 파악한 후 참관 날짜와 방법에 대한 구체적 안내문을 보낸다. 소그룹으로 나누어 실시하도록 하고 효율성을 높이기 위해 사전에 간단한 오리엔테이션을 실시하는 것이 바람직하다.

⑤ 워크숍

워크숍은 부모들이 주어진 작업을 실제로 참여해서 배우거나 실습해 보는 프로그램이나 유아교육기관에서 유아의 교육 자료를 제작하거나 부모들의 능력 및 취미 활동이나 자기 개발을 위해서 준비한 활동을 의미한다. 교구를 직접 제작 활용해 보는 등의 활동을 통해 교육에 대한 이해뿐만 아니라 교사의 교육 활동을 더 잘 이해함으로써 부모와 교사 간의 의사소통 능력 향상에도 도움이 된다.

유아교육기관에서 할 수 있는 워크숍 주제로는 교재교구 제작, 가족신문 만들기, 유아용 도서 제작, 노래 및 손유희 하기, 인형 제작 및 역할극 해 보기, 폐품 이용하여 만들기, 특정 행사 준비물 만들기, 노래 및 게임 배우기 등이 있다.

⑥ 가정통신문

유아교육기관에서 가장 많이 활용되고 있는 부모교육 방법으로 기관에서 진행되고 있는 다양한 정보를 알려줌으로써 가정과의 지속적 연계 유지와 부모-자녀 간의 상호작용을 촉진시켜 준다. 가정통신문을 통해 제공될 수 있는 내용으로는 기관에서 이루어지고 있는 교육 활동, 학습 활동을 위한 준비물, 행사에 대한 공지 및 협조 사항, 현장학습이나 특별활동, 부모교육 안내, 가정에서 유아와 함께 할 수 있는 활동 소개, 부모에게 유용한 정보 제공, 아이디어 교류 등이 있다.

최근에는 유아교육기관의 홈페이지를 개설하여 컴퓨터 통신을 통해 부모와 유아교육기관 간에 여러 가지 문제 상황, 행사, 질문과 답변 등을 교류할 수 있게 되었다.

:: 참고문헌

교육부(2000). 유치원 교육활동 지도자료-총론.

권대도 · 김수영 · 임영심 · 임춘금 · 정정희(2005). 보육학개론. 서울: 양서원.

김진영 · 김정원 · 전선옥(2000). 유아, 부모, 교사를 위한 부모교육. 서울: 창지사.

양옥승 · 김미경 · 김숙령 · 김영연 · 김진영 · 박선희 · 서현아 · 오문자 · 장혜순 · 조성연 · 조은진 · 최양미 · 현은자(2001). 유아교육개론. 서울: 학지사.

이기숙(1982). 유아교육을 위한 부모교육. 유아교육세미나 연수자료. 서울특별시 교육연구원.

이은화 · 김영옥(1999). 부모교육. 서울: 동문사.

이재연 · 김경희(1989). 부모교육. 서울: 양서원.

정갑순(1996). 부모교육론. 서울: 창지사.

정옥분 · 정순화(2007). 부모교육. 서울: 학지사.

최외선 · 박충선 · 김갑숙 · 도미향 · 최선남 · 김영희(2010). 부모교육. 서울: 양서원.

한국부모교육학회(1997). 부모교육학. 서울: 교육과학사.

한국유아교육학회(1996). 유아교육사전. 한국사전연구사.

Baumrind, D.(1973). *Current patterns of parental authority*. Developmental Psychology Monograph.

Baunrind, D.(1966). *Current patterns of parental authority*. Developmental psychology Monograph.

Bigner, J. J.(1979). *Parent-child relations: A introduction to parenting*. NY: Macmillan Publishing Co.

Fine, M.(1980). *The Second Handbook on Parent Education*. NY: Academic Press.

Gallinsky, E. (1992). *The six stages of parenthood*. 김세희, 김정준, 송미선, 장화선, 전선옥(편역). 서울: 양서원.

Gamson, B., Hornstein, H., & Borden, B. L.(1989). *Adler-Drikurs parent study group leadership training*. NY: Academic Press.

Schaefer, E. S.(1959). A circumplex model of maternal behavior. *Journal of abnormal and Social Psychology, 59*, 226-235.

Simons, R., Whitbeck, L., Conger, R., & Melby, J.(1990). Husband and wife differences in determinants of parenting. *Journal of Marriage and the Family, 52*(2), 375-392.

Symonds, P. M. (1949). *Psychology of parent-child relationship*. New York: Appleton-Century.

Zelditch, M. Jr.(1955). *Role differentiation in the nuclear family. A comparative study*. NY: Free Press.

제 9 장

유아교육의 주요 문제

학습목표

1. 현재 유아교육계에서 중요한 문제로 대두되고 있는 여러 문제를 짚어 본다.
2. 우리나라 유아교육계의 주요 문제는 무엇인지, 해결 방안은 무엇인지 생각해 본다.

01 영아 교육

최근 사회적·경제적·교육적 환경의 변화로 인해 유아교육 대상 연령이 하향화되는 추세에 있다. 이에 따라 영아 교육에 대한 수요가 점차 급증하고 있다. 즉, 취업모의 증가와 영아기의 중요성에 대한 인식 증가, 핵가족화로 인한 가정에서의 사회적 상호작용 빈도 감소와 같은 복합적 요인들과 함께 영아의 보호와 교육에 대한 요구가 증대되고 있는 것이다.

영아들을 위한 교육은 인간 발달의 기초를 형성하는 중요한 시기라는 점에서 다른 어떤 시기보다 신중하게 접근하는 것이 요구된다고 볼 수 있다. 따라서 영아 교육은 취업모의 요구와 사회적 필요성을 수용하는 동시에, 질 높은 교육을 제공함으로써 영아들이 건전한 성장과 발달을 이룰 수 있도록 지원해야 할 것이다. 이에 본 절에서는 영아기의 개념 및 영아 교육의 필요성, 영아 발달의 특징 분석을 통해 영아 교육에 대한 시사점을 살펴보고자 한다.

1) 영아기의 개념 및 중요성

영아기에 대한 개념은 학자나 발달 이론에 따라 다양하게 정의될 수 있다. 영아기는 다른 발달 단계에 비해서 매우 짧은 시기 동안 급속한 변화가 일어난다는 점에서 이 시기의 특성에 적합한 교육적 지원이 필요하다. 유아교육사전(한국유아교육학회, 1996)에서는 영아기를 출생에서 만 2세 미만으로 보고 있으며, 이를 나시 출생에서 8개월까지의 초기 영아기와 9개월에서 24개월까지를 후기 영아기로 구분하고 있다.

한편 일반적인 학교 체제와 관련 지어 영아기 개념을 살펴볼 때 만 3세 미만의 영아 시기를 영아기로 구분하고 있다. 유치원의 교육 대상도 만 3세부터 포함시키고 있다는 점에서 출생에서부터 만 35개월까지를 영아기로 볼 수 있다.

영아기는 인간 발달의 근본적 기초가 형성되는 발달의 결정적 시기(critical period)

로 인식되고 있다. 피아제의 인지발달 이론, 프로이트의 성격 발달, 에릭슨의 영아기의 기본적 신뢰감과 자율성 발달과 같은 사회정서 발달, 보울비의 애착 이론 등과 같은 연구들은 영아의 능력에 대한 새로운 인식과 함께 영아 교육에 관심을 갖게 하는 중요한 계기가 되었다.

2) 영아 발달의 특징

영아를 대상으로 하는 교육을 제공하기 위해서는 영아 발달의 특성을 이해하는 것이 중요하다. 최근 영아를 대상으로 하는 연구들은 영아가 가지고 있는 다양한 능력들을 밝혀 주고 있으며, 영아는 기질적으로 개인차가 뚜렷하며 환경에 적극적이고 능동적으로 대처하고 적응하는 존재라는 점을 강조하고 있다(DeCasper & Fifer, 1980; Field, 1990). 영아들의 발달 특성과 영아기의 경험을 살펴보면 다음과 같다.

(1) 영아의 인지발달

영아기의 인지발달은 피아제의 이론을 중심으로 밝혀져 왔다. 출생 직후는 반사능력에 의존하지만 점차적으로 감각운동 쉐마를 이용해 주변의 사물을 탐색하고 문제를 해결해 간다. 그 결과 제한된 범위에서의 대상 영속성, 표상, 모방 및 지연된 모방, 인지적 측면에서의 기능놀이, 원인과 결과에 대한 이해 등이 가능하게 된다.

(2) 영아의 신체발달

이 시기의 가장 놀라운 변화는 출생 직후 운동 능력이 미약하여 자신의 몸을 스스로 조정하지 못하던 영아가 만 3년까지 혼자 걷고, 안정적으로 달리거나 뛰어오를 수도 있게 된다는 것이다. 또한 영아의 생후 몇 년간의 운동 능력 발달은 뇌 신경계의 정상성을 알려주는 중요한 지표이며 인지발달과도 밀접하게 관련된다(이기숙 외, 2002). 출생에서 일 년 반 동안 영아는 보행 습득을 통해 스스로 다닐 수 있는 능동적 존재로 변화된다. 운동 능력 발달 속도에는 개인차가 있으나 계열성을 가지고 발달해 간다. 즉, 고개 들기, 뒤집기, 앉기, 기어다니기, 일어서기, 걷기, 뛰기의 순서로 발달하는 것이다. 영아기 때 이루어지는 눈과 손의 협응 기능은 손 뻗기, 움켜쥐기, 잡기, 옷 벗기 등이 있다.

(3) 영아의 언어발달

영아기의 언어발달은 크게 언어 이전 시기와 언어 이후 시기로 구분할 수 있다. 언어 이전 시기는 울음, 옹알이 등의 음성과 제스처, 그리고 시선을 이용한 주의 집중 등을 사용하여 의사소통을 하게 된다. 이 시기는 이후 언어발달에서 중요한 역할을 하며 사용하는 모국어의 발음, 문법적 규칙, 의사소통 규칙도 점차적으로 이해하게 된다. 출생 후 1년이 경과하면 의미 있는 첫 단어를 말하게 되면서 언어발달이 가속화된다(이화여자대학교 교육과학연구소, 2004). 1년 6개월에서 2년 사이에 두 단어를 조합하여 의사소통하는 시기를 거쳐 어휘, 문장 길이와 복합성이 급속도로 증가하게 된다. 만 2세 말경에 모국어 문법 규칙에 맞는 문장 사용 능력이 점차 증가하고 타인과의 의사소통도 점차적으로 원활해진다.

(4) 영아의 사회·정서 발달

영아기 사회·정서 발달의 내용은 다른 영역에 비해 광범위하게 나타난다.

정서발달에서는 기본적 정서, 자기-인식적 정서, 타인 정서를 이해하고 반응하는 것, 그리고 정서적 자기규제 능력 발달이 이루어지게 된다. 이 시기 동안 각 영아의 기질이 점점 분명해지게 되어 주위 사람과 상호작용하는 데 영향을 미치게 된다. 사회적으로는 자신에 대한 인식과 함께 타인과 상호작용하는 기본적 기술(욕구 표현하기, 차례로 말 주고받기, 부탁하기, 거절하기)이 서서히 발달하게 된다. 사회적 상호작용 기술은 주 양육자인 어머니를 중심으로 관계를 형성하는 데서 출발하여 점차적으로 가족, 친지, 이웃, 또래와도 관계를 확대하게 된다.

이러한 사회·정서 발달의 기초를 이루는 것이 주 양육자나 교사와의 성공적 애착 관계 형성이라 볼 수 있다. 애착은 특정 대상에게 강한 친밀감을 형성하는 것으로 타인과의 관계뿐 아니라 영아의 인지, 신체, 언어 및 사회·정서 발달에도 지속적으로 영향을 주기 때문에 매우 중요한 과제이다.

3) 영아기 교육

영아 교육은 영아들을 대상으로 이들의 발달적 특성을 고려하여 교육하는 것을 의미하며 유아나 아동을 대상으로 하는 교육과 유사점도 있지만 차이점도 많기 때문에 주의해야 한다. 영아교육과정 구성을 위해서는 유아교육에서 강조하고 있는 일상생활과 놀이를 중심으로 영아의 발달적, 개인적, 가족적, 사회적 특성을 고려하여 교육과정 모든 영역이 통합되도록 해야 할 것이다. 따라서 다음과 같은 교육과정의 특성을 고려해야 한다.

첫째, 영아기는 일생의 어떤 때보다 급속한 발달적 변화를 겪는 시기이므로 각 세부적 단계마다 적절한 보호와 교육적 자극이 필요하다. 이러한 자극이 제공되지 않는 경우 발달 지체가 일어날 수 있으므로 유의해야 한다.

둘째, 영아기의 애착 형성은 중요한 발달과업이므로 특히 부모와 교사와 안정적 애착이 형성되도록 도와주어야 한다. 성인과의 따뜻하고 안정된 관계를 통해 영아는 자신이 하나의 개체로 인정받음을 느끼고 신뢰감을 형성하게 된다.

셋째, 영아들을 위한 교육과정은 영아의 흥미와 요구에 기초하여야 하며 개별적 관심과 반응에 기초하여 구성해야 한다.

교사나 부모는 지속적으로 관심을 가지고 관찰함으로써 영아의 흥미와 요구를 파악할 수 있으며 영아를 교육과정의 '적극적 동반자' 로 인식하거나 '반응적 교육과정' 이 되도록 이끌 수 있다.

넷째, 영아를 위한 교육과정은 통합적으로 운영되어야 한다.

다른 발달 단계와 마찬가지로 영아기의 발달은 각 영역이 서로 유기적으로 연계되어 있다. 따라서 각 발달 영역을 분리해서 가르치기보다는 통합적으로 가르치는 것이 효율적이다.

다섯째, 영아교육과정의 구성은 기본생활습관 형성과 일상적 보살핌을 중심으로 이루어지도록 한다.

영아기는 배변과 이유와 같은 기본생활습관 교육이 주요 내용으로 포함된다. 이러한 과업 수행을 통해 영아들은 자신감과 성취감을 느끼게 된다. 또한 영아를 담당하는 교사는 기저귀를 갈아 주고, 먹이고, 재워 주기와 같은 돌봄의 과정을 통해 교육이 이루어질 수 있도록 준비하는 것이 필요하다.

02 다문화·반편견 교육

21세기는 세계화로 인한 개방과 다양성의 시대로서 지구촌 시민으로서 함께 살아가기 위한 인식 전환과 공존과 협력의 능력이 필요한 시기이다. 산업사회에서 현대사회로 변화하면서 사회는 매우 복잡하고 다양해졌으며 이러한 사회 속에 질서와 조화를 이루기 위해서는 서로를 인정하고 수용하는 자세, 즉 개개인의 특성과 문화를 이해하고 공유할 수 있는 다문화주의적 자세를 가져 편견 없는 삶을 실천하는 것이 매우 중요하다.

이러한 세계화의 추세는 그동안 단일민족 사회였던 우리나라에 다양한 국적을 가진 이주자가 증가하도록 해 국제결혼 가정과 외국인 근로자 가정, 새터민 가정과 같은 다문화 가정이 형성되는 데 큰 영향을 미쳤다. 다문화 사회로의 변화는 단일 민족, 단일 문화 전통에 익숙해 있던 우리 사회가 고유한 문화 정체성을 유지하면서 타 문화에 대해서 수용적 자세를 지니는 다문화주의적 자세를 가지도록 요구하고 있다. 뿐만 아니라 현실적으로 인종적·문화적 차별로 인해 소외되는 계층이 발생하지 않도록 다양한 민족 집단들 간의 통합 문제도 중요한 문제로 다가오고 있다.

이에 따라 우리나라에서는 다문화가족지원법이 제정되어 다문화 가족에 대한 정의를 "결혼이민자와 출생 시부터 대한민국 국적을 취득한 자로 이루어진 가족, 또는 귀화 허가를 받은 자와 출생 시부터 대한민국 국적을 취득한 자로 이루어진 가족" 가운데 어느 하나에 해당하는 가족(제2조)으로 하고 다문화 가족을 지원하는 다양한 정책을 실행하고 있다.

유아교육기관에도 다문화 가정의 자녀들이 증가함에 따라 이들의 적응을 위한 교육 지원과 함께 우리와 다른 문화를 가진 사람들을 이해하고 수용하는 능력을 증진하기 위한 다문화교육에 대한 관심이 증가하고 있다. 다문화를 통한 세계 이해는 자기 자신에 대한 정체성 확립은 물론 집단 공동체 의식을 형성하여 다양성과 평등성에 대한 인식하에 편견 없는 세계를 지향하게 한다.

따라서 본 절에서는 국제화 시대에 필요로 하는 다문화적 역량을 증진시키기 위한 다문화·반편견 교육에 대해 살펴보고자 한다.

1) 다문화·반편견 교육의 개념 및 필요성

편견은 적절한 사전지식, 사고, 이성 등이 없는 상태에서 다른 사람이나 상황에 대해 가지게 되는 태도나 의견 혹은 감정 등을 말하며, 공정하지 못하고 한쪽으로 치우친 생각이나 경향을 말한다(Johns, Derman, & Sparks, 1992). 편견은 충분한 근거도 없이 다른 사람이나 집단에 대해 좋아하거나 적대시하는 부당한 판단을 하도록 만든다.

편견을 가질 수 있는 영역으로는 인종(race), 능력(ability), 나이(age), 외모(appearance), 믿음(belief), 계층(class), 문화(culture), 가족 구성(family composition), 성(gender), 성적 관심(sexuality)의 10가지가 제시되고 있다(Hall & Rhomberg, 1995). 이러한 삶의 다양한 요소들에 대한 편견과 고정관념을 줄일 수 있는 대안으로서 다문화·반편견 교육이 제시되고 있으며 많은 학자들이 이러한 교육은 유아기 때부터 실시되는 것이 바람직하다는 점을 지적하고 있다.

다문화·반편견 교육은 새로운 교수 방법을 말하는 것이 아니라 새로운 가치관에 입각하여 불공평한 생각이나 행동을 수용하지 않으며 편견에 대한 문제점에 직면하여 바로잡으려는 자세를 기르는 교육적 노력의 총체라고 볼 수 있다. 베이커(Baker,

1994)는 반편견 교육이란 모든 유아들이 다양성을 수용하고 서로 활발하게 상호작용하며, 편안한 감정이입을 발달시켜 자신 있고 폭넓은 자아정체감을 형성하도록 돕는 것이라 하였다.

장영희(1997)도 반편견 교육을 우리 삶 안에 있는 다른 문화에 대한 고정관념이나 차별, 편견적 행동이 다른 사람에게 상처를 준다는 것을 알게 하고, 다른 문화에 대한 긍정적 수용 과정에서 자신의 문화적 정체성을 스스로 구성할 수 있도록 방향 짓게 하는 것이라 정의하였다. 모리슨(Morrison, 1997)은 다문화 교육에 대한 정의를 "다른 인종·성·계층·언어 및 문화적 배경을 가진 사람들을 이해하고 존중하도록 함으로써 다양한 문화 세계에서 유아들이 함께 생활하고 의사소통하는 것"으로 하였다. 따라서 다문화·반편견 교육은 "성, 인종, 민족, 능력, 장애 유무 등에 상관없이 모든 사람을 존중하도록 교육함으로써 특정 성이나 인종, 장애인에 대한 편견을 갖지 않도록 교육하는 것을 의미한다"(이기숙 외, 2002: 재인용). 또한 이미 사회 속에 깊이 존재하고 있는 편견과 고정관념을 벗어나도록 함으로써 민주사회 시민으로서의 의식을 가지도록 교육하는 것이다.

인간은 태어나면서부터 문화 속에서 타인과 상호작용하며 살아가게 된다. 이러한 과정에서 기존 사회의 가치관과 관습이 순기능적으로 역할하게 되어 자신에 대한 정체감과 타인에 대한 이해 및 존중감을 발달시키는 경우가 많으나 이와 대조적으로 사회적으로 형성된 편견과 고정관념에 영향을 받게 되는 경우도 있다. 따라서 최근 논의되고 있는 세계화의 추세는 민족과 국가라는 거시적 차원에서뿐 아니라 우리가 살고 있는 사회 내에서 소외되고 차별받아 왔던 계층문제, 인종문제, 장애문제에까지 관심을 확대하여 편견과 차별을 해소하려는 노력을 교육을 통해 시도하고자 하고 있다. 이러한 측면에서 다문화·반편견 교육은 시대적, 사회적으로 요구되는 중요한 과제라 볼 수 있다.

이와 같은 맥락에서 최근 강조되고 있는 다문화 교육의 목표도 자신과 타인을 존중하는 태도를 갖도록 하여 나와 다른 외모와 문화, 생활방식을 가진 사람과 더불어 살아가도록 하는 것이라 볼 수 있다.

2) 다문화·반편견 교육의 내용 및 교육과정

유아기는 사람의 외모, 능력, 장애, 성 등에 대한 기본적 인식이 형성되는 시기이며 이러한 인식을 기초로 태도나 가치관을 형성하는 시기이다(장영희, 1997; Banks, 1993). 2세경부터 성, 인종에 관한 차이점을 인식하며, 3~4세경이 되면 자신이 속한 가족, 문화 등에 근거한 문화적 정체성을 이해하기 시작하고 편견의 영향을 받게 된다. 실제로 3~5세 유아를 대상으로 인종에 대한 인식을 조사한 국내 연구에서도 유아들이 흑인, 백인, 황인종에 대한 차이점을 인식하고 있었으며 흑인에 대한 부정적인 고정관념을 가지고 있음이 밝혀졌다(권대도 외, 2005). 이 시기에 부모나 교사가 보여 주는 차이에 대한 반응은 유아들의 가치관 정립에 중요한 영향을 미치게 된다. 따라서 다문화 교육과 반편견 교육은 교사와 유아를 포함하여 자신의 정체성을 바로 확립하고 이를 기초로 자신과 타인을 있는 그대로 이해하고 수용하는 것이 중요하다고 볼 수 있다.

스팍스(Sparks, 1992)는 다문화·반편견 교육의 내용에 차이(difference), 다양성(diversity), 존중(respect), 수용(acceptance) 등의 주요 개념을 공유하는 다문화주의와 반편견 교육을 함께 고려하도록 하였으며 유아들을 위한 반편견 및 다문화 교육과정의 목표를 다음과 같이 제시하였다.

● 목표 1: 긍정적 자아정체감 발달

자신의 정체감에 대해 긍정적으로 생각하는 것이 중요하다. 자신에 대한 긍정적 사고는 개인 정체성과 집단 정체성 확립에 도움을 준다.

- 자신의 신체적 특징에 대한 인식
- 성의 인식, 성의 불변성에 대한 인식
- 독립적이고 자율적 존재로서의 자신 인식
- 신체적 능력에 대한 인식
- 가족, 언어, 풍습, 종족 정체감에 관련된 자신에 대한 인식
- 종족의 불변성에 대한 이해

- 집단, 또래 계층과의 관련에서 자신에 대한 인식
- 보다 큰 사회집단과의 관련에서 자신에 대한 인식

● 목표 2: 다양성에 대해서 편안하고 감정이입된 상호작용하기

다양한 외모나 성, 인종, 능력을 가진 사람과 감정이입적 상호작용이 이루어질 수 있는 기회를 제공한다. 사람들 사이의 차이점과 유사점을 이해하고 차이에 대해 묻고 배우며 협의하고 수용하는 과정에서 반편견적 이해와 태도를 발달시키게 된다.

- 신체적 특징, 능력, 사회적 행동, 언어의 유사성과 차이점 인식
- 하나 이상의 속성을 사용하여 분류하는 능력
- 계층에 포함되는 것에 대한 이해
- 자기중심성은 점차 감소하고 다른 사람의 견해를 보는 능력의 증가

● 목표 3: 편견에 대해 비판적 사고 기르기

불공평한 상황에 처했을 때 그냥 넘어가는 것이 아니라 자신과 다른 사람이 어떻게 느끼는가에 대해 진지하게 생각할 수 있는 기회를 가지도록 한다.

- 전체와 부분들을 독립적으로 볼 수 있는 능력
- 사람, 사물, 사건에 대해 긍정적, 부정적인 면을 비판적으로 해석, 비교, 사고하는 능력
- 추상적인 단계에서 문제해결을 시작하는 능력

● 목표 4: 편견에 대한 행동 취하기

편견적 행동에 대해 이의를 제기하고 이를 행동으로 옮기는 것을 학습하도록 돕는다.

- 사회적으로 수용되는 방법으로 생각과 감정을 표현하는 단계
- 이야기를 이해하고 등장인물의 행동, 느낌, 생각을 이해하는 능력
- 신념이나 가치에 따라 행동을 시작하고 계획, 조직하는 능력

이러한 다문화 교육과 반편견 교육을 위한 교육과정 실행에서 교사들은 먼저 자신의 신념을 분석하여 정체성을 바로 하고 그것을 기초로 타인을 수용하며 유아가 자란 사회문화적 맥락을 이해하는 반성적 사고를 통한 교육이 필요하다. 바람직한 다문화·반편견 교육을 위해 교사들이 가져야 할 태도는 다음과 같다(Boutle, 1999).

첫째, 교사들이 유아들의 모델이 되어 주기

둘째, 다른 사람에게서 나타나는 차이점에 대해 인정하기

셋째, 정형화된 사고 피하기

넷째, 유아들에게 존재하는 차이 인정해 주기

다섯째, 학급 내에서 다양성을 발견하고 인정해 주기

여섯째, 잘못된 다문화 프로그램 피하기

문화에 따른 기존의 편견을 극복하고 각 문화의 독특성을 존중하는 사회가 되기 위해서는 유아기부터의 긍정적 자기정체성 발달과 사회적 편견에 적극적으로 대처하는 자세가 필요하다. 다문화·반편견 교육과정에서 제시하는 목표를 중심으로 교육의 방향을 살펴보면 다음과 같다.

- 유아기에 자기 정체성과 집단 정체성이 형성되므로 이에 대한 적극적 이해와 대처가 필요하다.
- 다문화·반편견 교육은 사람들의 서로 다른 차이점을 강조하며 이를 인간 존엄성 측면에서 접근하는 것이 바람직하다. 다른 사람에게 관심을 가지고 함께 협력할 수 있도록 지원한다.
- 다문화·반편견 교육은 교육과정의 특정 영역에서 제공하기보다는 일상생활 가운데 자연스럽게 일어나는 교육 상황을 적절하게 활용하거나 교육과정의 여러 영역에 걸쳐 다양하게 제공하는 것이 효과적이다.
- 효과적인 다문화·반편견 교육 실천을 위해 가정과 학교와의 상호 협력적 관계를 통해 반편견 교육을 제공한다.
- 문화의 이질성과 함께 동질성을 파악하기 위해 각기 다른 문화권의 소재에서 같

은 주제를 찾거나 또는 같은 주제를 각기 다른 다양한 장면으로 연계할 수 있다.

03 종일제 교육

최근 유아들을 둘러싼 사회·경제적 변화들, 즉 유아기 자녀를 둔 취업모의 증가와 자녀 수 감소, 유아교육 대상 연령의 하향화, 유아교육의 중요성에 대한 새로운 인식 등으로 우리나라뿐만 아니라 세계적으로 종일제 교육에 대한 수요가 급격하게 증가하고 있다. 유아들의 발달적 특성에 기초한 확장된 교육 경험의 제공과 부모들의 사회적 요구에 부응하기 위해 종일제 교육이 나타나게 된 것이다(Gullo, 1990).

이러한 종일제 교육에 대한 관심에 부응하여 우리나라에서도 유치원과 어린이집에서 종일제 프로그램을 운영하고 있다.

유치원의 경우 1995년부터 지역특성, 유치원 실정, 그리고 교육적 필요에 따라 종일반을 운영할 수 있는 법을 개정하였으며 1998년 「초 · 중등 교육법 시행령」(1998. 2. 28. 대통령령 제1564호)과 「유아교육 진흥법」(1998. 9. 17 법률 제5567호)에 의해 종일반 운영이 이루어져 오다가 2004년 「유아교육법」이 제정되고 이후 현재까지 종일반 운영이 권장되어 왔다. 최근에는 「유아교육법」 제2조 6항에 의거하여 "방과후 과정"으로 운영되고 있다. "방과후 과정"이란 「유아교육법」 제13조 1항에 따른 교육과정 이후에 이루어지는 그 밖의 교육활동과 돌봄을 말한다. 유치원의 방과후 과정에는 1일 8시간 이상 운영하도록 하는 종일제 교육(09:00~17:00), 1일 13시간 운영하는 에듀케어(07:00~20:00), 그리고 교육과정 포함 1일 15시간(07:00~22:00) 운영하도록 하는 엄마품 온종일 돌봄교실이 있다.

어린이집은 「영유아보육법」에 근거하여 1일 12시간을 기준으로 종일반을 운영하는 것을 원칙으로 하며 2012년 개정된 「영유아보육법 시행규칙」 제28조에서는 기준보육시간 외에 시간을 연장하여 보육 서비스를 제공하는 시간연장제 보육을 실시하도록 하고 있다.

따라서 본 절에서는 종일제 교육의 기본 개념과 유형, 종일반 운영의 기본 원리 및 운영 방안을 중심으로 살펴보고자 한다.

1) 종일제 교육의 개념

종일제 프로그램에 대한 관심은 종일제 교육에 대한 개념에 변화를 가져오는 계기가 되었다. 과거에는 종일제 교육이 취업모 자녀를 위한 신체적 건강을 중심으로 하는 보호의 개념을 강조했으나 최근에는 유아의 전인적 발달을 도울 뿐만 아니라 사회 서비스 및 영양, 건강 서비스 기능을 통합하는 포괄적 방향으로 나아가고 있다.

칼드 웰(Caldwell, 1989)은 유아에게 교육과 탁아는 전인적 발달을 위해서 양분될 수 없는 것이므로 종일제 프로그램은 교육과 보호가 발달적으로 적절하게 제공되어야 한다고 주장하였다. 따라서 종일제 교육은 단순한 보호적 기능에 머물 것이 아니라 유아의 전인적 발달을 지원할 수 있도록 구성되어야 한다.

교육부(2017)는 유아교육법에 기초하여 유치원 방과후 과정 및 돌봄교실을 운영하도록 하고 있다. 만 3~5세 유아들에게 교육과정을 포함하여 하루 8시간 이상의 교육을 제공하도록 하는 종일반을 운영하도록 하고 있으며, 종일제 이 외에도 방과후 과정에는 에듀케어와 엄마품 온종일 돌봄교실 등이 포함되어 있다. 이러한 종일제를 포함한 방과후 프로그램은 취업부모와 일반 학부모의 다양한 수요에 부응하고 유아들의 전인적 성장과 발달을 위해 국가와 사회가 아이들의 교육과 보호를 책임지고 지원하도록 하는 것을 목적으로 한다. 이러한 종일제 프로그램의 정의는 종전의 신체적 보호만을 강조하던 목적에서 벗어나 전인적 발달을 돕기 위해 교육과 보호를 모두 포함하는 역할 수행을 요구하고 있으며, 건강, 영양, 안전 및 지역사회 서비스 기능을 통합하는 포괄적 방향으로 나아가야 함을 나타내고 있다(양옥승, 1996; 이기숙, 1990; 이영자, 1995).

종일반은 유아들이 장시간 부모와 떨어져 지냄으로 인해 정서적으로 불안해할 수 있고 교사나 유아가 피로감을 느껴 교수 활동 준비나 놀이 활동에 집중하기 어렵다는 점, 그리고 오전과 오후 교육 활동의 연계성이 부족할 수 있다는 점에서 운영상의 어려움이 있을 수 있다. 그러나 개별 유아들의 발달 수준, 학습 능력, 흥미와 요구 등을 고려한 질 높은 교육 프로그램을 제공한다면 유아들에게 긍정적 영향을 미칠 수 있다(배지희 · 이봉선 · 탁옥경, 2005; Elicker, 2000; Rothenberg, 1995).

2) 종일반의 유형

종일반의 유형은 집단 구성 방식과 학급 운영 형태에 따라 혼합 연령 독립 종일반, 혼합 연령 오후 재편성 종일반, 단일 연령 독립 종일반으로 나눌 수 있다(교육과학기술부, 2008).

(1) 혼합 연령 종일반

현재 운영되고 있는 종일반은 대부분 혼합 연령 학급으로 이루어져 있는데, 이는 연령별 학급 구성을 위한 유아의 수가 부족하기 때문이다. 혼합 연령 종일반은 3~4세, 4~5세, 또는 3~5세 유아들로 구성할 수 있으며, 전체 유아의 수는 20명 내외가 적합하다(교육부, 2000).

혼합 연령 학급의 경우 다양한 연령대의 유아로 구성되어 가족과 같은 특성을 지닐 수 있다. 최근 출산율 저하로 인해 유아들이 가정에서 경험하기 어려운 형제 관계와 유사한 경험을 할 수 있다는 장점이 있다. 좀 더 나이 든 유아는 동생을 돌보아 주는 경험, 양보, 배려, 타협과 같은 사회적 기술들을 경험해 보게 되며 나이가 어린 유아의 경우 자신보다 앞선 형이나 누나의 경험을 보면서 자극을 받고 학습할 수 있는 기회를 갖게 된다.

반면, 이러한 학급 구성은 유아들 간의 발달 수준이나 능력의 차이로 인해 교사가 교수-학습 활동을 계획하고 지도하는 데 어려움을 겪을 수 있다는 단점이 있다. 따라서 혼합 연령 종일반 담당 교사들은 각 연령층의 유아들의 발달 수준, 흥미, 요구에 부응하는 교육과정을 제공하는 것이 필요하다.

① 혼합 연령 독립 종일반

혼합 연령 독립 종일반은 만 3~5세 유아들이 한 학급으로 소속되어 오전 등원 시간부터 오후 귀가 시까지 1일 8시간 이상을 함께 생활하는 것을 말한다.

혼합 연령 독립 종일반의 유아들과 교사들은 장시간을 함께 지내기 때문에 가정과 같은 분위기에서 친밀한 관계를 형성할 있어 유대감과 소속감이 깊어질 수 있다는 장점을 가지고 있다. 교사는 각 연령층에 대한 폭넓은 이해와 경험이 요구되며, 오전과 오후 프로그램의 연계성을 고려한 교육과정 계획과 운영이 필요하다.

혼합 연령 독립 종일반 유아들의 연령별 발달 수준, 지식, 경험의 차이로 인해 차별화된 교육과정 적용이 필요하며 이를 위해서는 최소한 2명의 교사가 배정되는 것이 바람직하다(교육과학기술부, 2008).

② 혼합 연령 오후 재편성 종일반

혼합 연령 오후 재편성 종일반의 경우 만 3~5세 유아들이 오전에는 각자 반일반 학급에서 생활하다가 오후에 종일반 유아들로 재편성되어 종일반 교실에서 새로운 친구들과 오후 생활을 하게 되는 것을 말한다. 이는 주로 종일반 지원 유아가 20명 미만이거나 종일반을 독립적으로 운영하는 데 필요한 시설과 설비가 부족한 경우 운영하는 형태이다. 현재 우리나라에서는 대부분 독립된 종일반보다 오후 재편성 종일반 프로그램을 운영하고 있다(배지희 외, 2005; 정미라 외, 2004). 오후 재편성 종일반은 여러 학급에서 온 유아들이 모이기 때문에 오전과 오후 교사가 달라 유아들의 발달 특성이나 요구 파악이 어렵고, 오전과 오후의 교육활동 간 연계성이 부족하며 종일반 학급에 대한 소속감이 결여되는 문제점들을 가지고 있다.

혼합 연령 오후 재편성 종일반의 경우에도 유아들의 연령별 발달 수준, 지식, 경험에 차이가 있어 차별화된 교육과정 운영이 필요하며, 오전의 반일반 학급에서의 교육 활동과 연계성을 고려하기 위해서는 가급적 2명 이상의 교사가 배정되는 것이 필요하다(교육과학기술부, 2008). 교사들은 정기적으로 교육 계획을 협의하고 매일의 일과 운영에 대한 긴밀한 정보 교환이 중요하다.

(2) 단일 연령 독립 종일반

단일 연령 독립 종일반의 경우, 유아들을 만 3세, 만 4세, 만 5세 연령별로 나누어 학급 구성을 한 후 교육 프로그램을 제공한다. 단일 연령 학급 유아 수는 만 3세의 경우 10~15명, 4세 학급은 20명 이하, 5세는 25명 이하로 하는 것이 적절하다(교육부, 2000).

단일 연령 학급의 경우 유아들의 발달 수준이나 요구가 비슷해 교사가 일과 계획 또는 환경 구성 등을 하는 것이 용이하며, 활발한 또래 상호작용이 일어날 수 있으나 또래 간의 배려 부족으로 인한 다툼, 분쟁이 많이 생기고 다양한 인간관계를 경험하기 어렵다는 단점이 있다.

종일반 프로그램이 효과적으로 운영되기 위해서는 종일반 학급 및 교직원 구성, 교육 계획 및 일과 운영, 시설설비, 부모교육, 건강, 안전, 영양 등과 같은 다양한 요인들이 고려되어야 한다. 종일반 프로그램의 질적 요인으로는 물리적 공간의 조직과 활용, 학습 자료 제공과 활용 방안, 교사-유아 간 상호작용의 양과 유형을 들고 있다. 이 외에도 교사-유아 비율, 집단 크기, 유아 발달과 종일제 프로그램에 대한 교사의 훈련 정도, 교사 처우 등이 포함될 수 있다(Scarr, Eisenberg, & Deater-Deckard, 1994). 즉, 질 높은 종일제 프로그램은 이러한 내적 요인들의 질적 수준에 의해 좌우된다는 것이다(정미라 외, 2004).

많은 연구들이 종일반 프로그램의 교육적 효과에 대해 밝혀 주고 있다(배지희 외, 2005; Elicker, 2000; Fromberg, 1995; Harman, 1982). 종일제 프로그램은 저소득층 유아들에게 많은 혜택을 줄 수 있으며, 유아들의 신체발달이나 사회적 상호작용 능력에 긍정적 효과를 가져온 것으로 나타났다. 또한 종일제 프로그램과 반일제 프로그램을 비교했을 때 종일반 유치원에 참여한 유아가 인지적, 신체적, 언어적 기술이 더 높게 나타났으며 또래 협동놀이를 많이 하는 것으로 보고되고 있다. 그러나 이와는 상반된 결과로서 일부 연구에서는 종일반에 참여하는 유아가 장시간 가정과 격리됨으로써 오는 정서적 적응의 어려움, 피로현상, 프로그램 부재로 인한 단조로움 등과 같은 부정적 측면에 대해서도 지적하고 있다(Harman, 1982). 종일제 프로그램의 장기적 효과에 대해 연구한 에리카(Elicker, 2000)도 종일반에 참여한 유아들이 인지적 측면에서는 높은 점수를 받았으나 문제행동을 나타내는 빈도도 높아 종일반 프로그램 효과에 대한 논쟁을 불러일으키고 있다.

3) 종일제 프로그램 운영의 기본 원리

종일제 프로그램은 기본적으로 일반 교육과정 구성과 운영에서 고려해야 할 요소, 즉 유아 발달 수준과 교수-학습 방법, 일과 운영의 원리에 기초해서 이루어져야 한다. 그러나 반일제 프로그램과 달리 하루의 대부분을 기관에서 생활하기 때문에 프로그램을 계획하고 운영하는 데 다양한 상황을 고려하여야 한다.

첫째, 유아들의 연령과 개인차에 따른 발달 특성을 정확히 파악한 후 이들의 흥미와 요구를 교육과정에 반영하는 것이 필요하다.

둘째, 종일반 프로그램은 교육과 보호가 모두 고려되어야 하며 특히 일과 중에 자연스럽게 두 요소가 통합되도록 운영해야 한다.

셋째, 종일제 프로그램은 교육기관이 가정과 같은 느낌을 가지도록 해 유아가 편안하고 안정된 분위기에서 교육받을 수 있어야 한다.

넷째, 장시간 기관에 머무르기 때문에 교육과정을 구성할 때 유아의 신체적 리듬을 존중하여 피곤하지 않도록 해야 하며 동적 활동과 정적 활동, 실내외 활동 간의 균형이 이루어져야 한다.

다섯째, 유아들이 건강, 안전, 위생 등의 기초적인 생활습관이나 태도 형성, 사회생활에 필요한 습관과 태도의 기초를 제공하기 위한 교육을 제공하는 것이 필요하다.

여섯째, 가정과의 연계, 부모의 요구, 지역사회의 특성을 교육계획과 일과 운영에 반영해야 한다.

일곱째, 부모의 출·퇴근 시간을 고려하여 등·하원 시간을 탄력적으로 운영하도록 한다. 이때 교사는 서로 시간 간격을 두고 근무함으로써 프로그램 운영 시간이 길어짐에 따라 근무 부담이 과중해지지 않도록 한다.

4) 종일제 프로그램의 운영 방안

(1) 물리적 교육 환경

종일반 유아들은 기관에서 긴 시간을 보내게 되므로 물리적·심리적으로 안전하고 편안한 교실 환경을 마련해 주는 것이 중요하다. 독립된 종일제인 경우나 오후 재편성 종일제 어느 경우라도 가급적 별도의 종일제 교실을 확보하는 것이 효율적이나 여건상 어려울 경우 기관의 교실과 복도 바닥에 난방공사를 실시하도록 하여 일반 가정집과 같은 분위기로 꾸민다. 또한 별도의 교실 없이 반일제 교실로 사용하던 특정 연령의 학급을 그대로 이용하는 경우 타 연령 유아들의 발달에 부적절한 교육환경이 제공될 수 있어 주의가 필요하며, 다른 연령의 유아들을 위해 별도의 교재교구를 보충해 주는 것이 필요하다.

종일제 프로그램을 운영하는 기관에서는 유아들에게 낮잠이나 휴식시간을 제공하는 것이 필요하며 이 경우 유아들이 편안함을 느낄 수 있도록 별도의 낮잠 및 휴식을 위한 공간을 마련해야 한다. 낮잠 공간을 별도로 확보하기 어려운 경우, 유희실이나 시청각실을 활용하거나 종일반 활동실에 교구장이나 커튼을 이용해서 공간을 확보하도록 한다. 모든 유아들이 일률적으로 낮잠을 자도록 하기보다는 원하는 유아들이 정해진 시간에 혹은 원하는 시간에 낮잠이나 휴식을 취하도록 하는 방식이 바람직하다.

이 외에도 위생적인 주방설비, 유아들이 온몸을 이용해 활발하게 대근육 활동을 할 수 있는 넓은 실내 공간과 실외의 종합 놀이기구 시설, 그리고 유아들의 신체적 안전과 건강관리, 정서적 안정을 위한 다양한 시설 및 설비들이 필요하다.

(2) 종일제 교육을 위한 교육 프로그램 개발 및 적용

종일제를 실시하는 유치원이나 어린이집이 증가하고 있으나 종일제 운영을 위한 별도의 교육과정이나 교육 프로그램은 부족한 실정이다. 종일제 교육 프로그램은 유아들의 발달적 특성을 잘 이해하고 이들의 교육적 요구에 부합하는 체계적이고 다양한 교육 프로그램 개발이 필요하다. 또한 3~5세가 혼합된 교실인 경우, 각 연령별 발달 특성을 반영하여 구체적 교육 내용과 활동을 계획해야 하며 부모들의 교육적 요구를 조사한 후 교육과정에 반영하도록 하여야 한다. 특히 독립 종일제가 실시되는 경우, 하루를 단위로 교육과 보호가 통합된 여유 있고 융통성 있는 프로그램 구성과 운영이 필요하다. 오후 재편성 종일반의 경우 오전에는 서로 다른 교실에서 교육 활동이 이루어진 후 오후에 같은 교육 내용을 경험하기 때문에 종일반 교사와 오전반 교사와의 긴밀한 협조를 통해 사전 교육 내용 파악이 필요하며 혼합 연령으로 구성되는 경우가 대부분이므로 연령별 특성을 이해하고 개인의 발달에 적합한 개별적 교육 활동을 제공하는 것이 중요하다. 현재 오전 활동을 심화·확대하여 오후 활동을 운영하거나 오전과 같은 주제를 다루되 활동만 다르게 전개하는 경우, 그리고 오전과는 별개의 오후 프로그램을 제공하는 경우가 대부분이다. 따라서 오후 재편성 종일반을 위한 교육과정 계획에서는 무엇보다 오전과 오후 활동을 자연스럽게 연계시켜 주는 프로그램이 중요하다. 즉, 반일제 프로그램에서 제공된 생활주제와 관련된 소주제를 선정하여 심화하거나, 오전에는 사정상 할 수 없었던 독자적 주제를 선정하여 교육과정을 운영하는 것도 바람직한 방법이다.

(3) 교사

종일반 교사들은 반일반 교사들보다 유아들과 더 많은 시간을 함께 해야 하기 때문에 교육과 보호와 관련된 다양한 역할을 수행해야 한다. 종일반의 특성을 고려할 때 요구되는 교사의 구체적 역할은 다음과 같다. 첫째, 안전하고 건강한 학습 환경을 조성하고 준비하는 역할이 중요하다. 둘째, 유아들의 신체, 인지, 사회, 정서 발달과 같은 전인적 발달을 지원할 수 있는 교육과정을 계획하고 실행할 수 있어야 한다. 셋째, 유아들에게 사회적 모델로서의 역할을 수행함으로써 사회적·정서적 발달을 지원한다. 넷째, 종일반 유아들이 가지는 신체 및 심리적 부담을 배려하여 양육자적 역할을 수행해야 한다. 이를 위해 전문적인 교사 양성교육이 필요하고 지속적인 직무연수 및 교사 지원 체계가 마련되어야 한다.

또한 종일반 운영에서 오전과 오후의 담임 교사를 별도로 지정하는 것이 바람직하며 효과적 일과 운영을 위해 오전 담임과 오후 담임 간의 긴밀한 교사 협의가 필요하다.

교사들의 과중한 업무 부담을 경감하고 질 높은 교사와 유아 간 상호작용이 이루어지도록 하기 위해서는 교사 대 유아 비율을 낮추어야 할 뿐 아니라 종일반에 최소한 2명의 교사가 함께 근무하는 것이 필요하며 보조교사 지원이 적극적으로 이루어져야 한다.

(4) 부모 및 지역사회 요구

종일반의 유아들은 부모와 떨어져 있는 시간이 길기 때문에 부모가 자녀의 특성을 이해하고 지도하는 데 어려움을 겪을 가능성이 높다. 따라서 유아교육기관과 부모는 동반자적 입장에서 유아를 교육하는 데 협력적 관계를 유지해야 한다.

교사들은 인터넷, 알림장이나 초청 강의 등을 통해 개별적으로 혹은 다양한 방법을 이용하여 수시로 부모교육을 실시하고 올바른 유아교육의 방법에 대해 설명하는 것이 필요하다.

최근 저출산 문제가 사회적 이슈로 등장함에 따라 지역사회 구성원들도 유치원이나 어린이집에서 제공하는 종일제 프로그램에 대해 인식하고 관심을 나타내는 경우가 많아졌다. 육아와 자녀 교육이 개인과 가정만의 문제가 아니라 국가적·사회적 책임이라는 인식 확산이 필요하며 지역사회 구성원들도 종일제 프로그램의 활성화를 위해 직·간접적인 지원을 제공해야 한다.

(5) 행·재정 지원 체계

유치원에서의 질 높은 종일제 프로그램 확대를 위해서는 국가적인 차원의 행·재정 지원 체계가 체계적이고 적극적으로 이루어져야 한다. 정부에서는 관련 부처 간의 협력과 통합을 통해 종일제 프로그램 운영이 활성화될 수 있도록 지원하여야 한다. 종일제 학급 운영을 위한 제반 여건이 마련되지 않은 상태에서 종일제 활성화를 강조한다면 다양한 문제들이 발생할 뿐 아니라 종일제 프로그램이 부실하게 운영될 우려가 높아진다. 따라서 외국의 사례에서 볼 수 있는 바와 같이 국가적 차원에서 시설·설비, 교사 처우 등에 대한 행·재정적 지원 체계를 구축하는 것이 향후 종일제 프로그램을 안정적으로 정착시키는 데 결정적 역할을 하게 될 것이다.

04 장애아 통합교육

최근 장애에 대한 인식이 변화하면서 장애 유아 통합교육에 대한 관심이 증가하고 있다. 장애아 통합교육의 중요성에 대해서는 특수교육계뿐만 아니라 유아교육에서도 널리 인식되어 가고 있다. 통합교육을 받기 원하는 장애 유아의 수도 증가하고 있으나 실제적으로 유아교육 현장에서 통합교육을 실천하는 기관은 극소수에 불과하며 구체적인 통합교육 적용에 대한 논의도 부족한 실정이다. 장애아 통합교육은 장애 유아를 같은 연령의 일반 유아와 함께 생활하며 배울 수 있도록 일반 유아교육기관에 수용하여 이들에게 적합한 교육과정을 제공하고 개별적 요구에 적합한 교육적 지원을 제공하는 것을 의미한다.

최근 세계적 추세는 장애 유무에 관계없이 모든 유아들에게 평등한 교육 기회를 제공함과 동시에 이러한 교육이 조기에 이루어져야 한다는 인식이 두드러져 장애 통합 프로그램이 증가하고 있다. 미국에서는 이미 1960년대부터 통합에 대한 논의가 활발해져 1972년부터는 대표적 유아교육 프로그램의 하나인 '헤드스타트'를 중심으로 장애 유아를 10% 이상 수용하도록 규정하였다.

우리나라에서는 1994년 「특수교육진흥법」이 개정되면서 통합교육에 대한 관심이 법적 보장을 받게 되었고, 1996년에 '장애아 교육 활성화 방안'이 마련되었으며, 「특수교육진흥법」을 대신하는 「장애인 등에 대한 특수교육법」이 2007년에 제정되어 2008년부터 시행됨에 따라 장애아 교육에 대한 제도적·행정적 지원은 점점 확대되고 있다. 보육에서도 2012년도 「영유아보육법 시행규칙」 제28조에 의거하여 장애아 보육을 제공하도록 하고 있으며 이는 「장애인복지법」 제32조에 따라 장애인으로 등록된 영유아 등에게 보육 서비스를 제공하는 것을 말한다.

장애아 통합교육은 법적·윤리적·경제적·발달적 측면에서 중요한 것으로 나타나고 있다. 통합교육이 유아교육 현장에 실현되기 위해서는 교사들의 노력과 준비가 필요하다. 따라서 본 절에서는 장애아 통합교육의 의미, 통합교육의 중요성과 효과를 살펴보고 장애아 통합교육의 발전 방향에 대해 알아보고자 한다.

1) 장애아 통합교육의 의미

장애아 통합교육은 장애 유아를 일반 유아의 교실에 교육적 목적을 위해 배치하는 것을 말한다. 일반적으로 장애 유아의 교육에서 가장 중요한 목표는 장애 유아가 정상적인 환경에서 성공적으로 행동하고 적응하는 것이다(이소현·박은혜, 2011). 우리나라 「장애인 등에 대한 특수교육법」에서도 장애 통합교육을 "특수교육 대상자가 일반학교에서 장애 유형·장애 정도에 따라 차별을 받지 아니하고 또래와 함께 개개인의 교육적 요구에 적합한 교육을 받는 것"으로 정의하고 있다.

그동안 장애 통합 개념은 장애 유아들이 일반 유아들과 분리된 환경에서의 교육으로부터 비분리 완전 통합의 개념으로 발전해 왔음을 알 수 있다. 즉, 장애 통합교육의 개념은 정상화(normalization), 주류화(mainstreaming), 최소제한 환경(least restrictive environment), 완전 통합(inclusion) 등 여러 가지 용어로 혼용되어 왔다.

(1) 정상화

정상화란 한 사회의 모든 구성원들이 동등한 권리와 기회를 가지고 삶을 영위해야 한다는 윤리적 원칙을 의미한다. 즉, 장애인도 그들의 생활이 제한되거나 분리되지 않고 일반 유아들과 동등한 사회 구성원으로 존중되어야 한다는 견해로서 가능한 한 정상의 교육 환경과 생활 환경을 가져야 한다는 개념이다(김광웅, 1990).

(2) 주류화

주류화는 단순히 장애 유아를 일반 학급에 배치하는 것만을 의미하는 것이 아니라 이들이 일반 유아와 사회적 상호작용이나 학습 활동까지 함께 하는 것을 포함한다. 즉, 장애 유아들이 시간적으로 일반 유아들과 같은 공간에 배치되는 것에서, 교수 활동적으로 일반 학급의 학습 활동에 의미 있게 참여하는 것뿐만 아니라 일반 학급의 교사나 또래들로부터 구성원으로 수용되는 데까지 나아가야 함을 말한다(Kaufman, Gottlieb, Agard, & Kukic, 1975).

주류화의 최대 목표는 장애아와 일반 유아 간의 긍정적 사회관계 형성과 공통의 교육과정 구성 및 실행이라고 볼 수 있다. 주류화된 학급에서 어떤 장애 유아는 모든 시간을 일반 학급에서 보낼 수 있고, 또 다른 장애 유아들은 시간의 일부만을 보내거나 장애가 심한 경우 일반 학급에 전혀 참여하지 않을 수도 있다.

(3) 최소제한 환경

최소제한 환경이란 미국의 장애인교육법(IDEA)에 명시된 법적 용어로서 장애아를 일반 유아, 가정, 지역사회로부터 격리시키거나 분리시키지 않고 최대한 장애 유아의 요구에 적합한 교육을 시키자는 의미이다. 장애아의 발달적 요구에 따라 최대한의 자극을 제공하여 능력과 기술을 발달시키며 일반 학급에서 유아들과 긍정적 관계를 맺도록 한다는 점에서는 주류화 개념과 유사하나 최소제한 환경은 반드시 일반 학급의 정규 교육 프로그램만을 의미하지는 않는다는 점에서 주류화 개념과 다소 차이가 있다.

(4) 완전 통합

최근 통합에서 가장 활발하게 논의되고 있는 개념이 완전 통합이다. 완전 통합은 장애아를 완전한 통합교육에 포함시키기 위해서 일반교육과 특수교육을 병합하려는 움직임으로 간주되고 있다. 완전 통합을 주장하는 입장에서는 경도 장애 유아뿐 아니라 중도 장애 유아를 포함하는 모든 장애 유아들이 일반 유아들과 함께 일반 교실에서 함께 교육받는 것이 가장 바람직한 교육 환경이라 강조한다. 완전 통합의 개념은 장애아가 일반 유아 집단으로 들어가서 교육받는다는 의미와 달리 모든 유아가 개인 능력, 장애 유무, 문화적 배경에 상관없이 일반 교육과정 내에 최대한 받아들여져야 한다는 의미를 포함하고 있다.

하지만 많은 특수교육 전문가들은 완전 통합이 장애아 교육을 위한 단 하나의 대안이라는 주장에 동의하지 않는다. 이들은 통합교육은 궁극적으로 성취해야 할 의미 있는 목표이고 장애아는 가능한 한 일반학급과 지역사회에 통합되어야 하지만, 다양한 종류의 특수교육 서비스도 필요함을 주장하고 있다.

2) 장애아 통합교육의 필요성과 효과

장애아 통합교육을 강조하는 연구들은 법적·사회윤리적·경제적·발달적 측면에서 통합교육의 중요성에 대해 강조하고 있다.

법적 측면에서 살펴보면, 미국의 경우 1975년 공법 94-142의 명시로 장애 유아에게 최소제한 환경을 제공해야 한다는 통합교육의 법적 지지를 받기 시작했으며 1986년 공법 99-457로 개정되면서 3~5세 장애 유아들에게 법적 요구가 적용되기 시작했다. 우리나라 「장애인 등에 대한 특수교육법」에서도 장애 유아 통합교육에 대해 규정하고 있다.

사회윤리적 측면에서 살펴보면, 통합교육을 통해 장애 유아에 대한 사회적 태도를 긍정적으로 변화시킬 수 있으며, 분리교육이 장애 유아에게 미칠 수 있는 부정적 영향을 막을 수 있다는 점을 들 수 있다. 통합교육을 통해 장애 유아들도 권리를 인정받고 사회에서 통합되어 살 수 있는 교육의 기회를 제공받게 되며 일반 유아들도 장애 유아에 대한 긍정적 인식과 태도를 가지게 되어 건전한 사회 구성원으로서 성장할 수 있게 된다.

경제적 측면에서 살펴보면, 장애 유아들을 따로 분리하여 교육하는 경우 특수교육시설을 새로 만들어야 하지만 일반 유아교육기관에 통합하여 교육하는 경우 기존의 시설을 그대로 사용할 수 있어 경제적이다.

발달적 측면에서 살펴보면, 통합이 장애 유아와 일반 유아의 발달에 긍정적 영향을 미칠 수 있다는 것이다. 김광웅(1990)은 장애 유아가 특수교육시설에서 분리된 형태의 교육을 받게 된다면 배치의 낙인(Stigma of placement)을 찍는 것이며 발달의 가소성을 최소화하게 된다고 지적한다. 통합 환경에서 제공되는 교육과정은 최근 유아교육에서 강조하고 있는 구체적 경험과 놀이 중심으로 구성되어 있어 일반 유아와 장애 유아 모두의 발달과 상호작용에 효과적인 것으로 나타나고 있다.

그동안 많은 연구들에서(구대회, 1997; 김미경, 1996, 2001; 서현아, 2000; Strain, 1990) 장애 유아 통합교육이 장애 유아뿐 아니라 일반 유아 들에게도 긍정적 효과가 있으며 이러한 결과는 교사나 부모의 통합교육에 대한 태도 변화에도 긍정적 영향을 미치는 것으로 나타나고 있다.

통합교육이 장애 유아들에게 미치는 가장 효과적인 측면은 사회성 발달을 촉진한다는 것이다. 정상적 발달을 보이는 또래 집단의 유아들과 상호작용하는 기회를 가짐으로써 장애 유아들은 의사소통 능력을 기르고 연령에 적합한 행동 모방과 관찰을 통해 적절한 행동을 하게 된다. 놀이행동에서 부적절한 놀이행동이 줄어들고 자유놀이시간에 교사 주도의 행동보다 또래와의 놀이행동이 현격하게 증가하는 특징도 나타났다(Kaufman et al., 1975). 또한 다양한 인간관계 체험을 통해 자신감 증진학습에 대한 동기 유발, 언어 및 인지발달에도 긍정적 효과가 나타났다.

그러나 단순한 물리적 통합 환경에서 이러한 효과를 기대하는 것은 어려우며 장애 유아가 학급의 구성원으로서 소속감을 느끼고 서로 유의미한 상호작용을 할 수 있는 프로그램이 제공되고 장애 정도에 적합한 개별화 교육이 함께 지원될 때 통합교육이 장애 유아의 발달을 촉진하는 데 기여할 수 있다.

통합교육이 일반 유아에게 미치는 영향에 대한 연구는 상대적으로 부족하지만 그동안의 연구 결과들을 살펴볼 때 일반 유아에게 부정적 영향을 미치지는 않는 것으로 나타나고 있다. 장애 유아와 함께 교육받은 일반 유아가 얻을 수 있는 가장 큰 혜택은 장애 유아에 대한 태도와 인식의 변화이다. 장애를 차이로 볼 수 있는 시각이 형성되고 장애 유아와 상호작용하는 가운데 다른 사람을 배려하는 태도와 수용하는 자세를 배우게 된다. 유아기부터 자연스럽게 장애 유아와 함께하는 경험을 쌓으므로써 앞으로 함께 살아가야 할 공동체의 일원으로서의 사회적 역할과 책임감을 형성하게 된다.

교사들을 대상으로 조사한 연구에서 일반 유아교사들은 장애 통합에 대해 대체적으로 긍정적 생각을 하는 것으로 나타났다. 유아교사는 통합교육을 통해 다양한 집단으로 구성된 유아들을 교육함으로써 교수 전략 개발에 도움이 되고, 장애 유아에 대한 편견을 줄이고 장애에 대한 이해가 증가한다는 점에서 장점이 있다.

통합 프로그램에 자녀를 보내고 있는 부모들의 경우 분리된 유아교육 프로그램에 자녀를 보내는 부모들보다 통합에 대해 긍정적 사고를 가지고 있는 것으로 밝혀지고 있다. 일반 유아 부모들은 자녀가 통합교육 프로그램에 다니는 것에 대한 가치를 인식하고 있었으며 장애 유아 부모는 통합 프로그램이 자녀의 발달에 도움을 주고 있다는 인식을 하고 있었다. 그러나 장애 유아 부모들은 통합교육이 자신의 자녀들의 발달에 적합한 교육을 제공하고 있는지 여부와 일반 유아 부모들이 장애 유아와 그 부모에 대해 관심이 부족하고 장애 유아를 거부하거나 낙인화하여 상처를 줄 것으로 염려하는 면을 보여 주고 있었다. 반면 일반 유아 부모들은 자녀가 장애 유아의 부적합한 행동을 배우거나 교사가 장애 유아에게 너무 많은 시간을 할애하지 않을까 하는 점에서 염려를 하고 있었다.

3) 장애아 통합교육의 발전 방향

장애아 통합교육은 단순히 장애 유아와 일반 유아를 한 교실에 배치하는 것으로 실현되는 것이 아니라 신중하고도 전문적인 사전 계획과 교육과정상의 변화가 있어야 하기 때문에 바람직한 장애아 통합교육 실천을 위해서는 여러 가지 준비가 반드시 뒤따라야 한다.

(1) 통합교육 프로그램의 방향

효율적인 통합 프로그램 운영을 위한 기본 방향을 제시하면 다음과 같다(보건복지부, 2000).

첫째, 일과 운영 중에 다양한 통합의 기회가 제공되도록 한다. 장애 유아가 일반 학급의 다양한 일과 속에서 사회 적응 훈련을 할 수 있도록 한다는 점에서 자유놀이, 그룹 활동, 식사시간, 바깥놀이 등과 같은 일과 과정을 활용하는 것이 효과적이다.

둘째, 통합 프로그램에서는 장애 유아들의 발달 수준을 생활연령(CA)보다는 정신연령(MA)을 기준으로 해서 배치하는 것이 중요하다.

셋째, 특수교사와 일반교사, 치료사, 그리고 가족 간의 긴밀한 협력관계가 필요하다. 특수교육과 유아교육에서의 통합교육에 대한 관점을 교환하여 효율적인 통합 교육과정을 구성하고 운영하도록 한다.

넷째, 최소제한 환경을 제공한다. 장애 유아의 활동이나 참여를 제한하는 환경을 최소화함으로써 그들이 일반 교육 환경에서 생활하는 데 불편함이 없도록 배려해 주는 것이 필요하다.

다섯째, 최근 연구에서 장애 유아들의 교육도 일반 유아들과 마찬가지로 교사 주도적인 구조화된 수업 방식보다는 놀이와 상호작용과 같은 비구조화된 학습 환경이 보다 바람직한 교육 형태인 것으로 나타나고 있다(김유정 · 정정희, 2003; 정계숙 · 고지민, 2001). 따라서 장애 유아들의 특성을 고려하여 발달에 적합한 통합 프로그램을 제공해야 한다. 또한 통합교육에 참여하는 유아들의 장애 정도가 다양하기 때문에 이들의 개별적 특성을 고려하여 적절한 프로그램으로 수정하거나 새로운 프로그램을 구성하여 교수 활동이 진행되어야 한다.

(2) 통합 환경에서의 교수-학습 활동

통합교육을 실행하기 위해서는 교육과정의 질적인 내용 측면에서 지원이 필요한데 현재 내용적 지침이 마련되어 있지 않아 교사들에게 어려운 과제로 받아들여지고 있다. 질적인 통합교육 프로그램이란 학습 장소와 교재교구 등의 물리적 환경의 배치와 함께 장애 유아와 일반 유아 모두의 욕구를 고려하는 교육 프로그램의 체계를 갖추는 것이라고 할 수 있다(File & Kontos, 1993). 이를 위해 현재 유아교육과정 내에서 장애 유아의 욕구를 고려하는 교육과정 개발이 시급함을 알 수 있다.

통합 환경에서 사용될 수 있는 교육 프로그램과 교수-학습 활동은 다음과 같은 점을 유의하여 준비해야 한다.

첫째, 통합이라는 상황은 장애 유아를 위한 별도의 교육 프로그램을 개발하기보다 일반 유아와 장애 유아 모두에게 적용되는 기본 프로그램을 전제로 해야 한다. 이를 위해서는 현재 사용되고 있는 유아교육 프로그램 중심으로 교육과정을 준비할 수 있다(〈표 9-1〉).

둘째, 장애 유아의 발달 특성에 따라 교육과정을 수정하여 제공하는 전략이 필요하다(〈표 9-2〉).

셋째, 통합교육에서 일반 유아와 장애 유아 모두의 발달을 촉진하기 위해서는 일반 유아교육 프로그램의 질이 우선적으로 확보되어야 한다. 즉, 통합교육의 효과도 질 높은 유아교육의 바탕 위에서 나타날 수 있다는 것이다. 발달 특성이 차이가 나는 유아들에게 발달적으로 적합하고 다양성에 부응할 수 있는 교육과정이 제공되는 것이 중요하다.

넷째, 교실 내의 다양한 공간, 융통성 있는 시간 조정, 다양한 활동 집단을 활용하는 것이 필요하다. 장애 유아와 일반 유아 모두의 발달적 특성을 고려해서 교육과정의 운영과 물리적 공간의 활용, 개별 특성을 고려한 시간 배정, 그리고 소집단 활동을 적극적으로 활용하도록 한다.

표 9-1 유아를 위한 발달에 적합한 실제와 장애아 교육 내용: NAEYC 지침

교육과정의 원리	장애아를 위한 적용
① 교육과정은 통합적 접근으로 모든 발달 영역(신체, 정서, 사회, 인지)을 포함한다.	모든 통합 활동에 참여하는 것을 기본 전제로 하되 장애아 개별 특성에 맞게 수정된 접근-교육목표, 교수활동 과정 수정-을 적용한다.
② 교육과정은 유아의 흥미와 진전에 대한 교사의 관찰에 근거한다.	조기 중재 교육과정 전략도 결과보다는 과정을 중시한다.
③ 상호작용적 학습에 강조를 두고, 환경의 모든 측면에 대해 적극적 탐색, 상호작용이 촉진되도록 환경을 구성한다.	동기가 부여되는 활동을 제공하고 적극적인 참여를 격려한다.
④ 활동은 구체적이고 유아의 생활에 관련된 것이다.	새로운 상황, 장소, 사람에게 새롭게 학습한 행동의 일반화가 보장되도록 실제적으로 적용할 수 있는 많은 다른 예, 자료, 장면이 제공되어야 한다.
⑤ 활동과 프로그램에는 발달 수준에 관계없이 모든 유아의 요구를 조정하도록 광범위한 범위의 흥미와 능력을 포함한다.	특정 장애 영역이 전반적 발달을 방해하는 것을 최소화하도록 각 발달 영역의 통합적 활동을 제공하며 장애아의 요구를 수용하도록 한다.
⑥ 다양한 활동과 자료는 유아의 탐색과 학습에 도전을 제공한다.	적극적 경험을 제공하여 학습의 효과를 거두게 한다.
⑦ 유아가 활동을 선택할 수 있는 기회가 주어지고 활동에 적극적으로 참여할 수 있도록 촉진되어야 한다.	두 가지 이상의 물건이나 상황에서 고를 수 있도록, 일방적인 강요나 지시가 되지 않도록 유의한다.
⑧ 자료와 활동은 복합적 문화와 성적 차별이 없는 경험을 반영하도록 한다.	장애를 염두에 두어 제한적이거나 차별적인 단순한 정보에 머무르지 않도록 한다.
⑨ 휴식과 적극적 움직임의 균형을 위한 기회가 제공되도록 한다.	충분한 휴식을 제공하여 일과가 무리가 되지 않도록 한다. 장애아가 능동적으로 개입할 수 있는 활동을 제공한다.
⑩ 실외 경험을 제공한다.	바람직한 행동을 학습할 수 있도록 적절한 경험으로써 자연적으로 발생되는 활동과 사건에 관심의 초점을 둔다. 다양한 자극에 반응할 수 있도록 여러 형태의 활동과 상호작용할 수 있는 사람을 한정시키지 않는다.

출처: NAEYC(1991).

표 9-2 교육과정 수정 유형

수정 유형	정의	전략
환경적 지원	참여와 학습을 촉진하기 위해서 물리적·사회적·시간적 환경을 변화한다.	• 물리적 환경을 변화한다. • 사회적 환경을 변화한다. • 시간적 환경을 변화한다.
자료 수정	아동이 가능하면 독립적으로 참여할 수 있도록 자료를 수정한다.	• 적절한 위치(예: 높이 조절 등)에 자료나 설비를 놓는다. • 자료가 움직이지 않도록 고정시킨다. • 반응을 수정한다. • 자료를 더 크게 혹은 더 색이 선명하게 만든다.
활동을 단순화하기	작은 단계로 나누거나 단계들의 수를 줄임으로써 복잡한 과제를 단순화한다.	• 활동을 작은 단계로 나눈다. • 과제의 단계별 수를 변화시키거나 줄인다. • 성공적으로 과제 수행이 되도록 한다.
아동의 선호도 사용하기	아동의 제공되는 학습 기회로 진전을 보이지 않을 경우 아동의 선호도를 판별하여서 과제와 통합시킨다.	• 좋아하는 장난감을 가지고 한다. • 좋아하는 활동을 사용한다. • 좋아하는 사람을 사용한다.
특수한 설비	아동이 참여하고 자신의 참여 수준을 증가시키도록 도와주는 특수한 장비나 수정된 설비	• 접근을 증가시킬 특수한 설비를 사용한다. • 참여를 증가시킬 특수한 설비를 사용한다.
성인의 지원	아동의 참여와 학습을 지원하도록 성인이 중재한다.	• 시범을 보여 준다. • 도우미 역할을 한다. • 징잔과 격려를 사용한다.
또래 지원	아동이 중요한 목표를 학습하도록 또래를 사용한다.	• 시범을 보여 준다. • 도우미 역할을 한다. • 칭찬과 격려를 사용한다.
보이지 않는 지원	하나의 활동 내에서 자연스럽게 사건들이 일어나도록 의도적으로 계획한다.	• 주고받기를 연계적으로 순서화한다. • 한 교육과정 영역 내에서 활동들을 순서화한다.

출처: 조윤경(2005).

(3) 통합교육을 위한 교사 교육

통합교육의 실시를 위해서는 유아교육과 유아특수교육이라는 분리된 프로그램이 아니라 두 분야를 통합한 교사 교육 프로그램을 구성하여 유아통합교육 전문가를 배출해야 함을 주장하고 있다(Miller, 1992). 그리고 최근 연구에서는 유아통합교육 전문가를 배출하는 교사 양성 프로그램을 소개하는 연구와 함께 이들 프로그램을 통해 배출된 통합 교사들이 분리된 교육 프로그램의 졸업생에 비해 유아통합교육에 더 잘 준비되어 있음을 보여 주는 연구가 발표되었다.

따라서 유아교사 양성 대학 교육과정에 통합교육을 전제로 한 교사 준비과정이 마련되어야 한다. 예를 들면, 모든 예비 유아교사를 대상으로 장애아 교육과 관련된 과목을 일정 학점 이상 이수하고 현장 교사로 나가도록 한다든지, 예비 특수교사들의 경우에도 통합 환경에서 일반 유아교사와 함께 지도하기 위해 유아교육 전공과목을 수강하도록 해야 할 것이다. 뿐만 아니라 좀 더 질적인 통합교육 실시를 위해 대학원과정을 활용하여 전문 통합교육 교사 양성이라는 해결 방안도 고려해 볼 필요가 있다.

(4) 장애아 통합교육의 과제

지금까지의 통합교육에 대한 고찰을 통해 우리나라 통합교육이 해결해야 할 과제들을 살펴보면 다음과 같다.

첫째, 통합교육은 피할 수 없는 시대적·사회적·학문적 요청이다. 따라서 바람직한 통합교육의 방향에 대한 개념 정립이 필요하다. 많은 연구자들이 부분 통합보다는 완전 통합이 장애 유아와 일반 유아 발달에 바람직한 교육 환경임을 주장하고 있다. 따라서 통합의 진정한 의미를 부각시키고 효과를 극대화할 수 있는 질적인 통합교육의 개념 모형이 개발될 필요가 있다고 본다.

둘째, 통합교육의 성공을 위해서는 통합교육에 필요한 교사의 자질과 역할에 대한 개념 정립과 예비교사 및 현직교사 교육을 통한 우수교사 확보가 중요하다. 교사 양성 프로그램이 통합교육을 실행하는 데 실제적인 도움을 줄 수 있도록 심도 있게 검토되고 질적으로 운영되어야 한다. 또한 통합교육을 위한 교사 보수교육이나 워크숍 프로그램 개발이 필요하다.

셋째, 유아 통합교육 관련 전문가들의 협조가 필요하다. 장애 유아 통합교육은 유아교육, 특수교육, 아동 발달, 가족학, 상담학, 복지학 등과 같은 다양한 분야에서 학제적 접근이 필요하다. 현재 우리나라의 통합교육은 한 장소에서 장애 유아와 일반 유아가 함께 교육받는다는 물리적 통합에만 그치고 있어 교육과 치료 서비스가 분리된 형태로 다른 전문가들에게 받고 있다. 앞으로는 이러한 전문가들이 팀원으로 상호 협력하여 통합교육을 이끌어 가도록 해야 할 것이다.

넷째, 통합교육 실천을 위한 법적·제도적 지원이 필요하다. 현재 통합교육의 필요성에 대한 인식은 증가하고 있으나 구체적으로 실천하기 위한 행정적·재정적 측면의 지원이 뒤따르지 않아 어려움을 겪고 있다. 따라서 국가적인 차원에서의 지원이 필요하다고 본다.

05 유·초 연계교육

유치원과 초등학교는 각각 독립적인 교육기관으로서 역할을 수행하고 있다. 그러나 교육의 목적 및 발달적 측면에서 유치원과 초등학교 교육은 밀접한 연관성을 가지고 있으므로 상호 이해하고 협력적 관계를 유지할 필요가 있다. 유·초 연계교육은 교육제도, 교육과정, 교수 방법, 그리고 교육 환경 측면 등에서 유기적으로 연계가 이루어지기 위해 다양한 방안을 모색해야 한다. 따라서 이 절에서 유·초 연계의 개념, 유·초 연계의 필요성, 유치원과 초등학교 교육의 특성 및 연계교육의 방향에 대해 논의해 보고자 한다.

1) 유·초 연계의 개념

연계성(continuity)은 '한 부분과 다른 부분 사이의 적절한 연결 관계' 라는 의미로 사용된다. 따라서 유·초 연계란 유치원과 초등학교라는 독립적인 기능을 가진 교육기관 사이에 교육적 연계성을 유지한다라는 차원에서 논의되고 그 해결 방안이 모색되어야 하는 것이다.

교육학 용어사전(서울대학교 사범대학 교육연구소, 1994)에서도 연계성이란 학년 사이나 학교 수준 사이의 교육 내용이 서로 연결되어 적절한 관련성이 있다는 뜻으로 풀이하고 있다. 이는 학년 사이나 학교 수준 사이의 교육 내용이 계속성과 연결성을 유지하도록 조직된 상태를 가리킨다고 볼 수 있다. 이영석(2004)은 유·초 교육의 연계성 논의를 광의와 협의의 개념으로 나누어 살펴보았다. 광의의 개념은 교육 풍토, 행·재정적 지원체계, 교사 양성제도, 시설 및 설비 문제, 대중의 인식 등과 관련되어 있으며, 협의의 개념은 교육과정상의 연계성을 의미하고 있다.

교육의 연계성 문제는 궁극적으로 교육의 목적인 전인적 성장과 발달의 달성을 위해 각 교육 수준에서 최대한의 노력을 기울이되 연속성의 차원에서 협력하는 것이 중요하다는 점을 알 수 있다.

2) 유·초 연계의 필요성

일반적으로 유아교육 학자들에 의해 정의되는 유아교육의 대상은 0세에서 만 8세까지로 영아, 유아, 초등 저학년 아동을 포함하고 있다. 이는 유아와 초등학교 저학년 간의 발달적 측면에서 밀접한 연관성이 있다는 점을 알려주는 것이다. 인간 발달이 계속적이고 연계성을 가지고 일어난다는 점을 살펴볼 때 인간 교육의 초기 발달을 담당하는 유치원과 초등학교 시기는 인생에서 중요한 시기일 뿐 아니라 서로 분리되어 독립적으로 기능하기보다 연계성을 가지고 협력하는 것이 필요하다.

유·초 연계의 당위성은 발달의 여러 측면에서 논의할 수 있다.

인지발달 측면에서 살펴볼 때 피아제가 제시한 인지발달 단계를 살펴보면 유치원과 초등학교 저학년 시기는 전조작기에 해당하며, 초등학교 고학년은 구체적 조작기에 해당한다. 전조작기 유아는 자기중심적이고 비가역적인 사고 특성 때문에 객관적 사고가 어려우며 구체적 조작기로 이행하면서 점차 가역적 사고가 가능해지고 논리적 판단 능력이 발달하게 된다. 따라서 유아와 초등 저학년은 발달적으로 밀접한 관련성을 가지고 있으므로 교육의 연계성을 유지하는 것이 중요하다.

신체운동기능의 발달적 측면에서 만 2세부터 7세까지는 기본적 동작기이며 이후 스포츠와 관련된 동작이 발달한다는 측면에서 이 시기가 중요하다. 이때에는 안정적 동작, 이동적 동작, 대근육 조작 동작 세 가지 측면에서 기본적 능력을 갖추게 된다.

성격발달 측면에서는 인간의 성격발달이 누적적으로 이루어지며 유아기의 성격발달이 후속되는 인간 발달과 인격 형성의 중요한 기초라는 점에서 연계성의 중요성이 강조된다. 에릭슨은 유치원과 초등 1학년 시기를 주도성 대 죄책감이 발달하는 시기로 보았으며 이때 놀이와 같은 교육과정을 통해 또래집단과의 적극적 상호작용을 제공하는 것이 중요하다고 보았다.

언어발달 측면에서도 유아기의 구어 발달과 문어 발달은 초등학교 시기의 언어발달에 중요한 영향을 미친다는 점에서 유치원과 초등학교 간에 일관성 있는 연계를 이루어야 된다는 점을 나타내는 것이다.

3) 유치원과 초등학교 교육의 특성

유치원과 초등학교는 각각 독자적 특성을 가지고 있다. 유치원은 만 3~5세 유아를, 초등학교는 만 6~12세 아동을 교육하는 것이 가장 큰 특징이라 볼 수 있다. 교육 대상의 차이는 교육 제반 현상의 여러 측면에서 차이를 나타낼 수 있다. 그러나 교육 목적의 효율적 달성을 위해 양 교육기관은 상호 연관성 있는 체제를 통해 연계성을 이루는 것이 바람직하다.

(1) 유치원과 초등 교육의 특징

유아교육의 본질은 자연주의적 사상, 인본주의적 교육관, 아동 중심 철학과 같은 교육사상적 맥락에 근거하고 있다. 이러한 교육사상은 코메니우스, 루소, 페스탈로치 등에 의해 17세기 이후부터 구체화되기 시작하였으며 이후 몬테소리, 듀이, 피아제와 같은 학자들이 현대 유아교육의 이론적·실제적 발전에 큰 영향을 미치게 되었다(이연섭 외, 1996).

유치원 교육의 주요 목적은 유아들의 전인적 성장을 최대한 도와주는 것이다. 즉 유아를 교육하고 바람직한 환경을 제공하여 심신의 발육을 조장하는 것이라 할 수 있다. 1997년에 제정된 우리나라 「교육기본법」 제9조에는 "유아교육을 하기 위하여 학교를 둔다"는 규정이 있어 유치원을 설립·운영하도록 되어 있다. 또한, 유치원은 2004년 1월 제정된 「유아교육법」 제1장 제2조에 따라 '만 3세부터 초등학교 취학 전까지의 어린이를 교육하기 위해 설립·운영되는 학교'를 의미한다.

유치원 교육과정은 기본적으로 통합적, 과정 지향적 접근을 강조하고 있다. 유치원에서는 교과별 분리 학습보다는 놀이나 프로젝트 중심으로 지식, 기술, 태도가 통합적으로 발전하는 것에 교육의 중점을 두고 있다. 또한 유아기는 생활 습관이 형성되는 중요한 시기이므로 개인적 생활 습관과 집단생활 적응을 위한 기술 습득이 특히 강조된다.

이에 반해 초등학교는 의무교육에 포함되는 시기로서 국민생활에 필요한 기본 자질을 기르는 데 중점을 두고 있다. 2012년 개정된 「초·중등교육법」 제4절 제38조에서는 "초등학교는 국민생활에 필요한 기초적인 초등교육을 하는 것을 목적으로 한다"로 명시하고 있다.

초등 시기는 이후의 모든 학교 교육의 기초 교육으로서의 기능이 중요하며 이를 위해 기본 학습 능력 교육, 즉 읽기, 쓰기, 셈하기 등이 교육 내용의 중심이 된다. 이와 함께 탐구 능력, 학습 방법 및 태도 습득을 강조하고 있다. 또한 초등학교 아동은 아직까지 가치관이 확고하게 정립되지 못해 환경의 영향을 받기 쉬우므로 바람직한 태도 습관 형성 및 기본적 가치관 교육을 제공하고 있다.

(2) 유치원과 초등학교 교육의 차이

유치원과 초등학교는 위에서 진술한 교육의 본질, 목적, 기능 등과 같은 측면뿐만 아니라 교육 신념, 교육과정, 교수 방법, 교육 풍토적 측면에서 독자적 특성을 지니고 있는 가운데 연계성을 유지하도록 하고 있다. 예를 들면, 현재 국가 수준의 유·초등 교육과정은 각각의 특성을 유지하되 일관성 있게 운영하도록 연계성에 대해 고려하고 있다. 그러나 실제 교육과정 운영의 측면에서 유치원 교육과정은 교육과학기술부에서 제공하는 유아교육 지도 자료집을 활용하나 초등학교와 같은 교과서와 달라 개별교사에게 상당한 자율권이 주어지고 있다. 따라서 유치원 교육에서는 교육과정의 개념이 고정적, 획일적인 것으로 여기지 않으며 다양하고 융통성 있게 만들어 가는 교육과정으로 인식하는 경향이 많다. 즉, 교사가 교육 활동을 미리 계획하고 준비하지만 유아의 흥미, 요구, 관심에 따라 융통성 있게 실행하는 것을 중시 한다.

초등학교의 경우, 일반적으로 교과서 중심의 교육과정이 이루어져 교사의 자율성이 제한되는 경우가 많았다. 그러나 최근 교육과정 개정 이후 각급 학교 수준의 교육과정 편성이 가능해져 각 교사별로 교육과정 재구성이 이루어지고 있는 실정이다. 따라서 초등교육에서도 교육과정의 개념 변화가 이루어지고 있다고 볼 수 있다.

교수-학습 방법 측면에서 살펴보면 하루 일과 운영, 물리적 환경 구성, 집단 구성, 상호작용 및 교수 전략 측면에서 유치원과 초등교육이 다른 접근을 취하고 있다.

유치원은 주로 아동 중심 교수 방법을 초등교육에서는 교사 중심 접근 방법을 취하는 경우가 대부분이다. 유치원에서는 다양한 교재교구 및 물리적 환경을 중시하며 유아-유아, 유아-교구, 유아-교사와의 적극적 상호작용을 강조하는 반면 초등학교에서는 대부분 아동-교과서, 아동-교사와의 상호작용을 중심으로 수업이 진행되는 경우가 많다. 유치원과 초등학교의 조직 풍토 측면에서도 유치원이 초등학교에 비해 규모가 작으며 국·공립보다 사립의 비율이 훨씬 높다. 또한 아직까지 유치원은 의무교육이 아니기 때문에 정부의 행·재정적 지원이 미흡하며 인간관계를 중시하는 수평적 조직의 특성을 나타낸다. 그러나 초등학교는 그 규모가 유치원에 비해 훨씬 크며 인간관계 중심보다는 일 중심의 사회적 관계 및 수직적 조직 특성을 보인다.

4) 유·초 연계교육의 방향

지금까지 살펴본 것처럼 유치원과 초등학교는 독자적 특성을 지니면서 동시에 수직적으로 서로 연결되고 있다는 점에서 교육의 연계성을 지니는 것이 필수적이라 볼 수 있다. 따라서, 우리나라 유·초 연계교육을 위한 방향에 대해 살펴보고자 한다(지성애, 2010; 지성애 외, 2007; 한국교육개발원, 1997).

첫째, 유치원과 초등교육의 연계에서 중요한 것 가운데 하나는 바로 교사 양성체계와 같은 교사 교육제도의 정비이다. 현재 유치원과 초등 교사 양성체계는 분리 운영되고 있다. 이러한 분리 운영은 유치원과 초등학교 간에 상호 이해나 협력이 도모되지 않고 교육의 단절 현상을 가져오는 원인이 될 수 있으므로 개선되어야 할 필요가 있다. 이를 위한 대안으로는 양 기관 교사 교육에서 직전교육, 현직교육, 자격 연수 내용에 상호 이해를 도모할 수 있는 교육 내용을 반드시 포함하도록 하는 것이다.

뿐만 아니라 교원 양성제도의 통합 방안도 제시되고 있는데 여기에는 교사 양성체계 통합, 복수 자격증제도, 보수체계 및 신분 처리의 균형성 추진 등과 같은 정책들이 제안되고 있다. 교사 자격증 제도를 변화시켜 K-2 또는 K-3학년을 한 단위로 하여 자격증을 발급하는 것이 유초 연계성 강화를 위해 바람직하다는 주장도 제기되고 있다. 따라서 상호 간의 적극적 연구를 통해 국가적 차원에서 바람직한 제도적 장치를 재정비하는 노력이 이루어져야 할 것이다.

둘째, 교육과정의 개발, 편성과 운영 측면에서의 연계를 위한 노력이 필요하다.

유치원과 초등 교육과정 개발 시 교육의 연계성을 위해 교육과정 개발 일원화에 대한 제안이 꾸준히 이루어지고 있으며 현재 이루어지고 있는 교육과정 개정에는 연계성이 어느 정도 반영되고 있다. 특히 유치원 교육이 공교육화되어 전체적인 학교 교육의 맥락에서 교육과정 개발이 이루어졌다는 점이 바람직하다고 볼 수 있다. 최근 유치원과 어린이집 공통과정으로 3, 4, 5세 누리과정이 제정되면서 초등학교 교육과정과의 연계성은 지속적으로 고려되고 있다.

교육과정 편성에서 유치원 교육과정은 유아의 발달과 생활 경험을 통합적으로 고려하여 신체운동·건강 영역, 의사소통 영역, 사회관계 영역, 예술경험 영역, 자연탐구 영역의 5가지 영역으로 편성되어 있다. 초등학교 교육과정은 크게 교과(군)와 창의적 체험활동으로 나누어져 있다. 교과는 2009 개정 교육과정부터 기존 10개 교과에서 7개 교과로 줄어들어 국어, 사회/도덕, 수학, 과학/실과, 체육, 예술(음악/미술), 영어로 되었다. 그 대신 자율활동, 동아리활동, 봉사활동, 진로활동을 하는 창의적 체험활동을 더 늘려 실시하도록 하였다. 초등 1~2학년의 경우 아동의 발달 특성을 고려하여 교과는 국어, 수학과 부분적 통합을 실시하는 바른 생활, 슬기로운 생활, 즐거운 생활로 하고 있으며 창의적 체험활동을 포함하고 있다. 발달적 특성이 유사한 유치원과 초등학교 1~2학년 아동들을 위해 유·초 교육과정 편성의 연계는 앞으로도 지속적으로 관심을 기울이고 노력해야 할 부분이다.

교육과정 운영의 측면에서도 유아교육과정 운영에서는 유아 중심, 놀이 중심, 활동 중심의 통합적 운영을 중심으로 이루어지고 있는 반면 초등교육과정에서는 아직까지도 교과 영역이 분리되어 가르쳐지는 분과 중심의 교육이 이루어지는 경우가 많아 초등 저학년의 경우 특히 아동 발달 특성을 고려하여 활동 중심의 통합 교육과정을 중심으로 해서 운영하는 것이 강조되어야 한다.

:: 참고문헌

교육과학기술부(2008). 유치원교육과정 해설(I) 총론. 서울: 장애우권익문제연구소.

교육부(2000). 유치원 교육활동 지도자료 1–총론.

구대회(1997). 발달장애유아의 유치원 통합교육 연구. 정서·학습 장애연구, 13(2), 97-121.

권대도 · 김수영 · 임영심 · 정정희 · 임춘금(2005). 보육학개론. 서울: 양서원.

김광웅(1990). 정신지체유아의 통합교육에 관한 연구. 단국대학교 대학원 박사학위 청구논문.

김미경(1996). 장애아 통합교육을 위한 유치원 프로그램 모델. 총신 유아교육 학술대회 자료, 총신대학교 유아교육과, 53-75.

김유정 · 정정희(2003). 통합과 분리학급 장애유아의 놀이 유형에 관한 연구. 아동학회지, 24(2), 51-62.

배지희 · 이봉선 · 탁옥경(2005). 공사립 유치원 종일반운영의 실제에 대한 문화기술적 탐구: 교사의 경험과 인식을 중심으로. 유아교육연구, 25(1). 237-258.

보건복지부(2000). 보육프로그램.

서울대학교 사범대학 교육연구소(1994). 교육학용어사전. 서울: 삼성출판사

서현아(2000). 효율적인 통합교육을 위한 유치원 교육과정의 운영에 관한 연구. 발달장애 학회지, 4, 133-159.

양옥승(1996). 영유아를 위한 종일제 프로그램의 방향. 대한 유치원교육협회 하계강습회 자료집.

이기숙(1990). 유아교육과정. 서울: 교문사.

이기숙 · 장영희 · 정미라 · 엄정애(2002). 유아교육개론. 서울: 양서원.

이소현 · 박은혜(2011). 특수아동교육. 서울: 학지사.

이연섭 외 14인(1996). 유아교육개론. 서울: 정민사.

이영석(2004). 현대유아교육론. 서울: 형설출판사.

이영자(1995). 유치원 종일제 프로그램의 운영. 「교육개방화에 대비한 유치원 종일제 프로그램」 한국유아교육학회. 서울: 양서원.

이화여자대학교 교육과학연구소(2004). 영아를 위한 프로그램의 이론과 실제. 서울: 창지사.

장영희(1997). 유아를 위한 다문화 교육의 개념 및 교수방법에 대한 이론적 고찰. 성신여대 연구논문집. 제35집, 295-314.

정계숙 · 고지민(2001). 교사의 통합교육에 대한 태도에 따른 장애유아와의 상호작용행동연구. 유아교육논총(10), 211-237.

정미라 · 홍용희 · 엄정애 · 이순영(2004). 유아를 위한 종일제 프로그램의 운영. 서울: 양서원.

조윤경(2005). 장애유아 통합교육의 이해와 효과적인 교수 방법. 누리 현장중심 교사역할 워크숍.

지성애(2010). 유치원-초등학교 연계교육에 대한 유치원 초등학교 교사의 인식 및 실태비교. 유아교육연구(30), 283-308.

지성애 · 정대현 · 이승임 · 조은정 · 박유영 · 홍현이(2007). 유치원 초등학교 연계교육의 연구동향. 열린유아교육연구, 12(1), 207-222.

한국교육개발원(1997). 유아교육과 초등교육 연계방안 연구. 서울: 박문각

한국유아교육학회(1996). 유아교육사전. 한국사전연구사.

Baker(1994). *Planning and Organizing for Multicultural Instruction*. Addison-Wesley.

Banks, J. A.(1993). Multicultural education for young children: Racial and ethnic attitudes and their modification. In B. Spodek(Ed.). *Handbook of research on the education of young children*(pp. 236-250). NY: Macmillan Publishing Company.

Boutle, G. (1999). *Multicultural education: Raising consciousness*. Belmont, CA: Wadsworth Publishing Company.

Caldwell, B.(1989). All-day Kindergarten-assumptions, precaution and over generalization. *Early Childhood Research Quarterly, 4*(2), 261-262.

DeCasper, A., & Fifer, W. P.(1980). Of human bonding: Newborns prefer their mothers' voices. *Science, 208*, 1174-1176.

Elicker, J. (2000). *Full-day kindergarten: Exploring the research from inquiry to practice*. ED 463 885.

File, N., & Kontos, S.(1993). The relationships of program quality to children's play in integrated early intervention settings. *Topics in Early Childhood Special Education, 13*(1), 1-18.

Field, T.(1990). *Infancy*. Harvard University Press.

Fromberg, D. P.(1995). 종일제 유치원 교육과정의 계획에서 실천까지(*The full-day kindergarten: Planning and practical a dynamic themes curriculum*. 이기숙 · 전선옥 역, 1999). 서울: 이화여자대학교 출판부.

Gullo, D. F. (1990). The Changing family context: Implication for the development of all-day kindergarten. *Young Children, 45*(4), 35-39.

Hall, N. S., & Rhomberg, V.(1995). *The affective curriculum*. Nelson: Canada. International Thomson Pub.

Harman, D.(1982). *Extended-day kindergarten vs half-day kindergarten achievement differences*. Unpublished Master's Thesis. Kean College of New Jersy. ED 215 784.

Housden, T. & Kam, R.(1992). *Full-day kindergarten: A summary of research*. Carmichael, CA: San Juan Unified School District. ED 345 868

Johns, E., Derman-Sparks, L.(1992). Meeting the challenge of diversity. *Young Children, 47*(2), 12-18.

Kaufman, M. J., Gottlieb, J., Agard, J. A., & Kukic, M. D.(1975). Mainstreaming: Toward and explication of the construct. In E. L. Meyen, G. A. Vergason & R. J. Whelan(Eds.). *Alternatives for teaching exceptional children*(pp. 35-54). Denver: Love.

Miller, P. S.(1992). Segregated programs of teacher education in early childhood: Immoral and inefficient practice. *Topics in Early Childhood Special Education,*

14(4), 39-52.

Morrison, G. S.(1997). *Early Childhood Education Today*(3rd ed.). Columbus: A Bell & Howell Company.

NAEYC(1991). *Guidelines for Appropriate curriculum content and assessment in programs serving children ages 3 through 8*. A position statement of the NAEYC.

Rothenberg, D.(1995). *Full-day kindergarten programs.* ERIC Clearinghouse on Elementary and Early childhood education Urbana IL. ED 382 410.

Scarr, S., Eisenberg, M., & Deater-Deckard, K.(1994). Measurement of quality in child care centers. *Early Childhood Research Quarterly, 9*, 131-151.

Sparks, L. D.(1992). *Reaching potentials through antibias*. Multicultural curriculum. In S. Bredekamp & Rosegrant(Eds.). Reaching potentials. NAEYC.

Strain, P. S.(1990). LRE for preschool children with handicaps: What we know, what we should be doing. *Journal of Early Intervention, 14*, 291-296.

제 10 장

우리나라 유아교육의 변천 과정

학습목표

1. 우리나라 유치원 교육의 변천 과정을 안다.
2. 우리나라 어린이집 보육의 변천 과정을 안다.

우리나라에서 형식적 유아교육의 역사는 120년을 조금 넘긴 정도이다. 이 기간 동안 우리나라 유아교육계는 국내·외의 정치, 경제, 사회적 변화 등과 맞물리면서 큰 폭으로 변화해 왔다. 이런 변화 과정을 몇 단락[1]으로 나누어 살펴보고자 한다.

01 유치원

1) 초기 형성기: 1897~1945년[2]

(1) 초창기 유치원 및 유아교사 양성 기관 설립

유아교육기관이 생기기 전 유아교육은 주로 가정에서 이루어졌다. 일부 유아들의 경우는 서당([사진 1] 왼쪽)에 이른 나이부터 다니기도 하였다. 1900년을 전후해서는 기독교계 초등교육기관인 Day School(주일학교와 대비된다는 의미에서 '주간 학교' 라고 불림)에서 유아까지 교육하기도 하였다. 주로 선교사들이 설립한 '주간학교' 에서는 미국 공립학교 체제처럼 유치과(일종의 K Grade)를 소학교 1학년과 구분하여 운영하였다.

정식 유아교육기관이 생긴 것은 1897년으로, 부산에 세워진 사립부산유치원이다. 이 유치원은 일본 거류민단에 의해 세워지고 일본인 자녀만 입학할 수 있었다. 뿐만 아니라 일본인 교사에 의해 교육이 이루어졌기 때문에 단지 지역적으로 우리나라에 세워졌다 뿐이지, 우리나라 유치원의 효시라고는 볼 수 없다. 유치원 초기 형성기에 우리나라 유아들을 위해 세워진 유치원으로는 1909년의 나남유치원, 1911년 충무의

---

1) 유치원, 어린이집 관련 역사적 변천 과정은 이옥 외(2006)의 분류 준거를 기본 틀로 하되, 필자가 여러 관련 자료를 수집, 보완하였다.

2) '광복 이전의 한국 유아교육사' 에 대한 내용은 이상금(1987)의 『한국근대유치원 교육사』의 내용을 주로 인용하였다.

진명유치원, 1913년 경성(현재 서울)의 경성유치원, 1914년 이화유치원([사진 10-1] 오른쪽) 및 1916년의 중앙유치원(*최초로 한국인이 세운 유치원) 등을 들 수 있다.

사진 10-1 조선시대 서당의 어린이/이화유치원의 1910년대 어린이(이상금, 1987: 3, 5)

한편, 우리나라 유아교육 초창기 발전에 큰 몫을 한 사람은 미국인 선교사 브라운리(Brownlee: 한국명으로 부래운)[3]이다. 그녀는 당시 이화학당의 프라이(Frey, 1868~1921) 당장과 한 약속대로 한국에 와서 1914년에 이화유치원을 세웠다. 기록에 의하면 첫해에 브라운리와 한국인 조수 조아리스는 16명의 어린이에게 다양한 경험을 제공함으로써 지적인 발달의 기초를 쌓고 놀이를 중심으로 한 교육을 실시하고자 하였다(팽영일, 2000). 브라운리는 유치원뿐만 아니라 1915년에 우리나라 최초의 유치원 교사 양성 기관인 이화유치원 사범과(*첫해 3명 입학)에서 실무를 담당하면서 유아교사 양성교육의 첫 장도 열었다. 이화유치원 사범과의 교육 방식은 이화유치원에서 직접 보고 듣고 경험하는 도제 양성의 형태로 이루어졌다. 그런 방식은 당시 미국의 교사 양성교육이었던 도제훈련 방식을 본뜬 것이었다(이은화 · 배소연 · 조부

3) 이화유치원은 "다양한 경험을 통해서 지적 기초(읽기, 쓰기, 셈, 지리, 음악, 수기, 도화, 자연 등)를 닦고, 특히 활발하고 주저하지 않는 말하기의 지도, 집중력 기르기, 질서 지키기 및 양보하는 태도 지도 등에 주력하였다. 또한 한국에서 당장 실현하기는 어렵지만 유치원과 소학교의 연계성을 고려해야 한다고 강조하였다." 이와 같은 브라운리의 유아교육에 대한 견해는 당시 변혁기를 맞이하였던 미국 유치원 교육의 진보적 경향을 반영하는 것이다(이상금, 1987: 67).

경, 1995).

창설 당시 이화유치원 사범과의 교육과정은 브라운리의 출신 학교인 미국 신시내티 유치원 훈련학교(Cincinnati Kindergarten Training School)의 교육과정과 거의 유사하게 운영되었다. 체조, 음악(성악, 기악), 도서, 점토, 자연학, 문학 및 동화, 아동연구, 심리학, 게임, 은물, 수공(手工), 유치원 프로그램, 어머니의 유희, 인지교육(人之教育), 교육학, 교육사(이상금, 1987, 238)로 구성되어 있었다. '은물', '어머니의 유희', '게임' 등과 같은 교과목명들만 봐도 그 당시 이화유치원 사범과의 교사 양성 교육과정이 프뢰벨의 영향을 많이 받고 있었다는 사실을 알 수 있다. 이렇게 우리나라 최초의 유아교사 양성 기관으로 출발한 이화유치원 사범과는 1922년에 설립된 중앙유치원 사범과, 1927년 설립된 숭의 보육과 등과 함께 우리나라 초기 유아교사 양성에 중요한 역할을 담당하였다.

(2) 초기 유치원 규정 및 유아교육 내용

우리나라에서 유치원에 관한 최초의 명문화된 규정은 1908년 4월 2일에 공포된 「고등여학교령」이다. 이를 보면 입학 연령, 보육 항목, 보육 시간, 교사 1인당 보육 유아 수 등 기본적인 사항이 밝혀져 있다(팽영일, 2000: 325).

「관립 한성고등여학교 학칙」 중 유치원 관련

제4장. 부속유치원

제18조: 유아의 연령은 만 4세부터 보통학교 입학하기 전까지로 함.

제19조: 유아의 정원은 80인으로 함.

제20조: 보육의 종목은 유희(遊戲), 창가(唱歌), 담화(談話) 및 수기(手技)로 함.

제21조: 보육 시간은 1일 5시간 이내로 함.

제22조: 보모 1인의 보육하는 유아 수는 40인 이하로 함.

제23조: 보육료는 징수치 아니함.

제24조: 휴업일 및 입원, 퇴원하는 절차는 본교 규정을 준용함.

「고등여학교령」은 유치원에 관한 간단한 규정이었지만 이후 1922년 2월 16일에 공포된 「제2차 조선교육령」의 유치원 규정 작업에 직접적인 영향을 주었다. 그 결과 「조선교육령」에서도 「고등여학교령」과 동일하게 유아의 입학 연령, 보모 1인당 보육 유아 수, 보육 종목 등을 제시하고 있는 것을 볼 수 있다. 그런데 「조선교육령」은 「고등여학교령」에서 더 나아가서 취원 연령, 설립 요건 및 절차, 보육 요지, 보육 항목, 보육 유아 수, 설비, 폐원 절차 등 보다 상세한 유치원 규정(총 13조)을 제시하였다. 이 「조선교육령」은 해방 후 우리나라 교육법이 제정되기 전까지 유치원의 유일한 법적 근거가 되었으며, 해방 후 유치원 관계 법령 제정 시에도 중요한 참고자료가 되었다. 「조선교육령」에서 유아교육과 관계되는 것을 일부 발췌해 보면 다음과 같다(팽영일, 2000: 325-326).

1922년 「조선교육령」 중 유치원 관련[4)]

제1조: 유치원은 연령 3세부터 7세까지의 유아의 보육을 목적으로 한다.

제2조: 유치원은 부(府)학교조합 또는 학교비의 부담 또는 사인(개인)의 부담으로 이를 설립할 수 있다. 부학교조합 또는 학교비의 부담으로 설립하는 것을 공립유치원이라 하고, 개인의 비용으로 설립하는 것을 사립유치원이라 한다.

제5조: 유아를 보육할 때는 그 심신의 건전한 발달과 선량한 습관을 얻게 하고, 그러므로 가정교육을 보충할 것을 요한다. 유아의 보육은 그 심신 발달의 정도에 적응하도록 습득하기 곤란한 사물을 주거나 혹은 과업의 일을 하게 하거나 강요해서 시켜서는 안 된다. 항상 유아의 심정(心情), 행의(行義)에 주의하여 이를 고쳐 주어야 한다. 또 유아는 대단히 모방을 좋아하는 고로 항상 선량한 사례를 가르쳐 주어야 한다.

제6조: 유아보육의 항목은 유희, 창가, 담화와 수기이다.

제7조: 유아 수는 약 120명 이하로 한다. 특별한 사정이 있을 때는 약 200명까지 증가할 수 있다.

제8조: 보모 1인의 보육하는 수는 약 40인 이하이다.

4) 제3조: 유치원 설립, 제4조: 유치원 폐지, 유아의 제명, 제10조: 보육료 징수, 제12조: 유아의 출석 정지, 제13조: 임시 휴업에 관한 것은 상식적인 내용이라 따로 인용하지 않았다.

이 시대의 유치원 교육 내용은 유치원 규정에 명시되어 있는 바와 같이 유희, 창가, 담화 및 수기 등이었다. 여기서 유희는 주로 곡에 맞추어 하였으며 심정을 쾌활하게 하고 신체를 건전하게 함이 목적이었다. 창가는 쉬운 곡을 부르게 하여 발성기, 호흡기, 청각기를 운동시켜 그 반응을 돕고 덕성을 함양함이 목적이었다. 그런가 하면 담화는 흥미 있는 사실이나 우화 등에 대해 이야기를 나누고 덕성을 함양시켜 관찰력을 기르고 반응을 정확하게 함이 목적이었고, 수기는 손과 눈의 활동을 연습시켜 그 발달을 도모함이 목적이었다(박재환, 1989: 22).

2) 기반 형성기: 1945~1968년

감격적인 광복 후 1949년에 비로소 대한민국의 「교육법」이 공포되었다. 유치원에 관한 내용은 제146조(유치원의 교육 목적), 제147조(유치원 교육 목표 명시), 제148조(취원 연령)에 규정되어 있었다. 이를 살펴보면 다음과 같다(이기숙, 2000: 91-92).

1949년 「교육법」 중 유치원 관련 조항

제146조: 유치원은 유아를 보육하고 적당한 환경을 주어 심신의 발육을 조장함을 목적으로 한다.

제147조: 유치원 교육은 전조의 목적을 달성하기 위하여 다음 각 호의 목표를 달성하도록 노력하여야 한다.

1. 건전하고 즐거운 생활을 하기에 필요한 일상의 습관을 기르고 신체의 모든 기능의 조화적 발달을 도모한다.
2. 집단 생활을 경험시켜 즐겨 이에 참여하는 태도를 기르며, 협동, 자주와 자율의 정신을 싹트게 한다.
3. 신변의 사회생활과 환경에 대한 바른 이해와 태도를 싹트게 한다.
4. 말을 바르게 쓰도록 인도하고 동화, 그림책 등에 대한 흥미를 기른다.
5. 음악, 유희, 회화, 수기, 기타 방법에 의하여 창작적 표현에 대한 흥미를 기른다.

제148조: 유치원에 입학할 수 있는 자는 만 4세부터 국민학교 취학 시기에 달하기까지의 유아로 한다.

위의 「교육법」에는 유치원 제반 사항에 관한 구체적인 법이나 시행규칙은 없었으며, 1952년 「교육법 시행령」이 제정될 때에 유치원 설립인가와 원아 수, 보육 과목, 보육 일수 등이 구체적으로 정해졌다. 이 역시 「한성고등여학교령」, 「조선교육령」의 영향을 받고 있는 것을 볼 수 있는데, 그런 사실을 다음[5]과 같은 부분에서 확인할 수 있다(팽영일, 2000: 332).

1952년 「교육법 시행령」 중 유아교육 관련

제185조: 유치원 1반당 원아 수는 40인 이하로 한다.
제186조: 유치원의 보육 과목은 음악, 유희, 담화, 회화, 수기로 한다.
제187조: 유치원의 보육 일수는 매해 200일 이상으로 한다.

이 시기의 유치원 교육은 정부 수준의 행·재정적인 지원 및 지도 감독이 없었으며 교육 활동에 대해 장학, 지도할 수 있는 체제도 없었다. 그런 상황이었기 때문에 유치원 현장에서의 교육과정 운영은 교육법에 명시된 교육 목적과는 무관하게 운영되었다. 그 결과 유치원은 잘사는 집 아이들을 모아 놓고 춤추고 노래하기, 그림 그리기나 하는 곳 정도로 생각하는 사람들이 많았다. 더불어 유아교육은 재능교육 내지는 남에게 보이기 위한 특기교육으로 인식되었다(박재환, 1989). 그러다 보니 유아교사의 전문성을 중요하게 취급하지도 않았으며, 유치원은 의자나 피아노, 그네, 미끄럼틀만 있으면 누구나 할 수 있는 곳으로 인식되었다.

이 와중에도 정부는 1950년에 국립유치원을 어디에 몇 개나 설치할지 등 구체적인 계획을 갖고 있었다. 이를 증명하는 예로 동아일보 1950년 5월 8일자에는 "유치원이 전국에 169곳 이상 있는데, 아직 국립 혹은 공립은 하나도 없다. 그래 문교부

5) 제182조 유치원 설립, 제183조 보육연한, 반편제 등에 관한 사항, 제184조 유치원 폐지 관련 사항은 따로 옮기지 않았다.

에서는 앞으로 국립유치원을 설치하여… 서울 29개소(원아 수 2,196명), 제주 2개소(279명)를 설치할 예정이다"라는 내용의 기사를 실었다. 그러나 이런 모든 계획은 6·25 전쟁으로 수포로 돌아갔다.

전쟁 후에는 법 체제나 운영 등 모든 면에서 불완전했는데 유치원도 예외는 아니어서, 시설 설치 등에 대한 특별한 기준 없이 무질서하게 설치·운영되는 곳들이 많았다. 이에 당시 문교부(현재 명칭 교육부)는 1962년 8월 「유치원 시설기준령」을 공포하여 1963년부터 시행에 들어갔다. 이 시설기준령의 공포는 유치원 시설설비의 법적 근거를 마련하였다는 점에서 큰 의미가 있었다(팽영일, 2000).

3) 질적 수준 향상기: 1969~1980년

1969년은 우리나라 유아교육사에서 매우 중요한 해였다. 국가 수준의 유치원 교육과정이 비로소 제정 공포(문교부령 제207호)되고, 처음으로 유아교육 발전을 위한 장기종합계획이 수립된 해였기 때문이다. 국가 수준 유치원 교육과정은 1969년 1차 제정 후 1979년(2차), 1981년(3차), 1987년(4차), 1992년(5차: 취원 연령이 3~5세로 되면서 이때부터 교육 내용이 Ⅰ, Ⅱ수준으로 됨), 1998년(6차), 2007년(7차)에 각각 개정되었고, 2011년에 만 5세아를 위한 누리과정, 2012년에 3~5세 누리과정, 2015년에 2015 개정 유치원 교육과정(3~5세 연령별 누리과정), 2019년에 개정 누리과정이 각각 공포되었다. 여기서 보면 유치원 교육과정 개정 간격이 보통 5~10년 정도인 것을 알 수 있다. 그런데 2차 교육과정에서 3차 교육과정으로 넘어갈 때만 그 간격이 2년에 불과하다. 이렇게 된 이유는 2차 유치원 교육과정까지는 다른 각급 학교 교육과정과 별도로 유치원 교육과정만 따로 독자적 작업이 이루어졌기 때문이다. 그러다가 3차 교육과정때 비로소 초등학교, 중학교, 고등학교 교육과정과 함께 개정 작업이 이루어지게 된 것이다.

여기서 다른 각급 학교 교육과정 역사에 대해 잠시 살펴보자. 1955년 문교부령 제44호, 제45호, 제46호로 각각 초등학교, 중학교, 고등학교 교육과정이 광복 후 처음으로 공포되었으며, 1963년에 2차, 1973년에 3차, 1981년에는 4차 교육과정 등의 순으로 나오게 되었다. 이렇게 각급 학교 교육과정 제정은 유치원 교육과정이 처음 제정된 1969년보다 무려 14년이나 앞서 있었으며 그로부터 7~10년 간격을 두고 계속적 개정이 이루어지고 있었다. 1981년에 공포된 다른 각급 학교 교육과정은 4차 교육과정으로서 8년 만에 개정이 이루어졌던 것인 데 비해 유치원 교육과정은 제3차 교육과정으로서 다른 각급 학교 교육과정 개정과 개정 시기를 함께 하려다 보니 불과 2년 만에 개정을 하게 된 것이다.

그런 맥락에서, 1981년 개정부터 유치원 교육과정과 초등학교 교육과정 간의 연계성 문제가 심도 있게 논의되기 시작하였다. 교육과정 연계를 고려하며 개정에 임했다는 사실은 국가적으로 유치원 교육을 전체 교육의 연계된 장 안에서 함께 보기 시작했다는 사실을 반영하는 것으로서 중요한 의미를 갖는다. 다시 말해 그 전에는 유치원 교육에 대해 '해서 나쁠 것이야 없지만, 안 해도 별 문제 없는 별도의 영역' 정도로 인식했다면, 이제 교육의 제일 첫 단계로 인식하게 되었다는 것을 의미한다.

그런 분위기와 함께 이 기간 중 유아교육의 공교육화를 위한 정책 추진 및 실행도 이루어졌다. "잘살아 보세~ 잘살아 보세~ 우리도 한번 잘살아 보세"를 외치던 1970년대는 경제발전과 함께 산업화, 도시화가 급격하게 진행되었으며, 여성 노동력도 대거 필요하게 되었다. 여성의 사회 진출 비율이 늘어나는 만큼 가정의 자녀 양육 및 교육 기능은 약화되어 갔다. 동시에 가족구조도 대가족제에서 핵가족제로 빠르게 변화하기 시작하였다. 자연히 유아들을 가정 대신 키우고 교육시킬 곳이 필요하게 되었다. 이런 요구 등을 반영하여 우리나라 최초로 1976년에 부산에 1곳, 서울에 4곳의 공립유치원이 세워졌다. 공립유치원은 이후 1980년에 80개소, 1983년에 2,562개소가 될 만큼 엄청난 속도로 급증하였다(이기숙 · 장영희 · 정미라 · 엄정애, 2002). 연계하여 1980년에 국립대학으로는 처음으로 부산대학교와 전남대학교에 유아교육과가 신설된 바 있다.

4) 확장 발전기: 1981~1996년

'나는 새도 떨어뜨린다'는 말이 실감날 정도로 막강한 힘을 행사하던 제5공화국에서는 유아교육을 개혁의 주요 시책 중 하나로 삼았다. 그 당시 전두환 대통령은 연두 교서에서 유아교육의 중요성을 언급하는 등 국가적인 관심을 높였다. 그런 관심은 즉각적인 실행으로 나타나 1981년에 218개소의 '새마을협동유아원'이 전격 신설되었다.[6] 그리고 다른 한편으로는 1981년에 유아교육의 종합적이고 체계적인 추진과 발전을 목적으로 한 새세대육영회(5공 이후 '어린이육영회'→현재 '아이코리아'로 개명)가 설립되었다. 이런 이유로 1981년 우리나라의 유아교육은 [그림 10-1]과 같이 여러 유형의 기관에서 다양한 모습으로 행해지고 있었다. 현실적으로 행·재정적 비효율성을 초래하였고 변화가 모색될 수 밖에 없었다.

문교부 산하의 유치원	내무부 산하의 새마을협동유아원
농촌진흥청 산하의 농번기 탁아소	보건사회부 산하의 어린이집

그림 10-1 1981년 당시의 유아교육기관 및 행정 주무부서

6) 유아교육기관이 갑자기 늘어나게 되자 연이어 유아교사 양성기관이 급격하게 증가하게 되었다. 1982년경부터 몇 년 동안 전국의 전문대학들, 예를 들면 간호전문대학, 공업전문대학 등에도 2년제 유아교육과가 많이 신설되었다. 일예로 공립 청주간호전문대학에도 1982년 유아교육과가 신설되면서 국립 청주전문대학으로 전환된 바 있다.

이에 정부에서는 1982년 3월 26일에 '유아교육진흥종합계획'을 마련하고 12월 30일에 「유아교육진흥법」을 제정, 공포하였다. 그리고 그 당시 보건사회부 관할 어린이집 691개소, 농촌진흥청 관할 농번기 탁아소 382개소, 내무부 관할 새마을협동유아원 263개소 및 38개소의 민간 유아원 등 1,374개소의 보육 관련 시설을 모두 새마을유아원으로 통합하였다(김연진 · 조덕건 · 유경량 · 강명덕, 2007: 26). 이런 정리 과정을 거쳐 우리나라 유아교육기관은 문교부가 주관하는 유치원과 내무부가 주관하는 새마을유아원으로 이원화되었다. 그런데 새마을유아원은 이렇게 정리된 지 채 10년이 못 되어 정치적 상황 변화와 함께 종지부를 찍게 된다. 1990년 11월에 유아교육 관련 부처인 내무부, 문교부, 보건사회부가 함께 모여 합의한 바, 새마을유아원을 1993년까지 문교부 관할 유치원이나 보건사회부 관할 어린이집(*2004년에는 여성부로, 2008년 다시 보건복지부로 보육 업무 이관)으로 전환하도록 하였기 때문이다.

한편, 유아교육에 대한 국가적 관심은 행정조직의 확충과 법체제의 정비로도 나타났다. 그 구체적 증거가 1983년 문교부에 신설된 유아교육 행정 전담 부서이다. 동시에 시도 교육위원회에도 유아교육 담당 장학사들이 배치됨으로써 유아교육은 국가적으로 교육의 전체 장 안에서 인식되고, 행정의 효율성도 기할 수 있게 되었다.

1991년 12월 31일에는 「교육법」 제146조 및 제148조가 개정되면서 '보육'이란 용어가 '교육'으로, 유치원 취원 연령이 만 4세에서 만 3세로 하향 조정(*1992년 3월부터 만 3세의 유치원 입학 합법화)되었다. 이것이 제5차 교육과정부터 교육 내용을 Ⅰ, Ⅱ수준으로 나누게 된 주요 원인이다.

1990년대 들어 한국의 유아교육계는 1980년대의 급격한 성장에서 야기되는 질적인 문제들을 검토하기 시작하였다. 유아교육 전문가들은 1980년대 유아교육의 양적 성장 이면에 본질과 가치 면에서는 다분히 소홀한 점이 있었다고 지적하였다. 그 당시 문교부에서도 1980년대가 유아교육의 양적 발전기였다면 1990년대는 질적인 발전기가 되어야 한다는 점을 인식하고 유아교육의 발전을 위한 정책 방향과 추진 과제를 선정하여 장기 계획을 수립해 나가려 노력하였다. 보다 구체적으로 교육부는 1993년에 '2000년대를 향한 유아교육 장·단기 발전 방안'을 발표하였다. 이 안은 단기안(1994~1998)과 장기안(1999~2005)으로 구분하여 유아교육 체계, 교육과정 및 교육 환경 개선, 교원의 전문성, 행·재정 및 법규의 개선 방향 등을 제시하고 있다. 그 주요 내용을 보면 단기 계획안에는 유치원의 기간 학제화, 종일반 운영의 활성화, 초등학교와의 연계교육 강화, 교육과정 개발기구의 설치, 지역사회 중심의 부모교육, 유아교사 자격기준 강화 등이 들어 있다. 그런가 하면 장기 계획안에는 5세아 100% 취원 무상교육, 3세아 교육 정착, 학급당 인원의 감축, 교사 인건비 국가지원, 유아교육국의 설치, 공립화 75% 달성, 유아교육법 특별법 제정 등을 제시하고 있었다(팽영일, 2000).

5) 공교육화 모색기: 1997~2003년

이 시기는 유아교육의 공교육화를 모색했던 중요한 시기이다. 1997년 대통령자문위원회의 '신교육 체제 수립을 위한 교육개혁방안(Ⅳ)' 에서 공교육체제 확립을 위한 유아교육 개혁안을 제시하였고, 1998년에는 유아교육진흥법 개정으로 취학 전 1년간의 유치원 무상교육을 명시함으로써 유치원 공교육화의 근거를 마련하였기 때문이다.

이후 2003년은 공립유치원에서 교육과 보육을 통합한 에듀 케어(edu-care)의 시범운영을 실시한 해였다. 유치원에서도 '종일제' 를 실시해야 한다는 사회적 요구가 매우 높아졌기 때문이다. 구체적인 사례로 에듀 케어 시범운영이 있던 해로부터 불과 2년 후인 2005년 충청북도 교육청 통계를 보면 충청북도 공립유치원 59.6%, 사립유치원 70%가 종일제를 운영했음을 확인할 수 있다(충청북도 교육청 홈페이지: http://www.cbe.go.kr). 유치원의 학기 중 종일제 운영뿐 아니라 방학 중 종일제 운영에 대한 요구도 늘어 갔다. 직장에 다니는 어머니들이 방학만 되면 아이들을 맡길 곳이 막연해지기 때문이었다. 이에 공립유치원 중 방학 중에도 에듀 케어를 실시하는 곳(예: 청주 산성유치원)이 점차 늘어나게 되었으며 사립유치원들도 방학 기간을 점점 줄여 나가게 되었다.

그런 사회적 요구를 반영하는 또 다른 증거가 각 시도별로 방학 중 종일제 프로그램을 개발하거나 관련 홈페이지 운영 활성화 도모이다. 예를 들어, 당시 충청북도 교육청의 2005년 정책과제 중 하나는 '방학 중 유치원생 Edu-care 운영 프로그램 개발' (지옥정 · 최일선, 2005)이었다. 그런가 하면 경기도 교육청에서는 유치원의 원활한 에듀 케어를 돕기 위해 '에듀 케어 119' (http://edu-care119.go.kr)를 운영하였다. 시대의 요구를 반영하는 좋은 사례라 보고 경기도 교육청 제2청의 '에듀 케어 뱅크' 소개 글을 그대로 발췌해 보면 다음과 같다.

> **에듀 케어 뱅크란**
>
> 경기도 교육청 제2청 에듀 케어를 방문하시면 새로운 세계가 펼쳐집니다.
>
> - Edu-care 119는 Edu-care 프로그램 뱅크로서의 역할을 수행하고자 정선된 우수한 자료를 개발, 탑재해서 양질의 교육 자료를 제공하고자 노력하고 있습니다.
> - Edu-care 119는 Edu-care 교수-학습 방법 연구 및 교육, 보육 활동 자료 제공으로 종일반 교사의 교수 활동을 지원하는 맞춤 서비스 공간으로 거듭날 것입니다.
> - Edu-care 119는 경기도 전 종일반 교사와 학부모가 유아의 전인교육이 이루어질 수 있도록 온라인, 오프라인으로 정보를 공유하며 교수-학습 방법을 연구할 수 있도록 사이버 교육에 선도할 것입니다.

6) 유아교육법 제정 및 초기 적용기: 2004~2007년

2004년은 「유아교육법」이 제정된 뜻 깊은 해였다. 법 제정 논의를 공론화하기 시작한 지 무려 7년 만인 2004년 1월 29일에 「영유아보육법 개정 법률안」과 함께 우여곡절 끝에 공포된 것이다.

그 당시 유치원과 어린이집 중 어디에 취직하고 있는가에 따라 어린이집 교사는 「유아교육법」 제정 반대 데모에, 유치원 교사는 「유아교육법」 제정 찬성 데모에 참석하여 목청을 높이는 웃지 못할 상황이 벌어지기도 하였다. [사진 10-2]는 여의도

한나라당(현재 '국민의 힘') 사옥 앞에서 같은 날, 같은 시각에 유치원 쪽은 '유아교육법 제정 촉구'를, 보육계 쪽은 '유아교육법 제정 절대 반대'를 있는 목청껏 외치며 데모하고 있는 모습이다. 후일담에 의하면 그날 한나라당사에 있던 의원들은 그 데모 소리가 하도 요란하여 모두 다른 곳으로 피신하였었다고 한다.

사진 10-2 「유아교육법」 국회 처리를 코앞에 두고 2004년 1월 6일 한나라당사 앞에서 데모하는 모습

출처: 2004년 1월 7일자 중앙일보에 게재된 김성룡의 사진.

이런 어려운 과정을 거친 「유아교육법」 국회 통과는 우리나라 유아교육 역사에 일대 기념비적인 사건이 아닐 수 없었다. 「유아교육법」이 제정됨으로써 국가적으로는 유아 단계부터 체계화된 교육법을 적용받을 수 있게 되었으며 결과적으로 유아들은 양질의 교육을 받을 수 있는 기회를 갖게 되었기 때문이다. 유아교육법 제정 전과 제정 후의 변화 및 교육법 체계에 대해 당시 교육인적자원부 유아교육지원과에서 국민에게 홍보한 내용 중 일부는 다음과 같다.

〈유아교육법은 이런 법입니다〉 중 일부 발췌

지난 2004년 1월 8일 제244회 임시국회 제6차 본회의에서 통과된 유아교육법이 대통령의 재가를 거쳐 공포(법률 제7120호, 2004. 1. 29)되었으며 시행일은 2005년 1월 30일입니다. 유아교육법에 관한 국민 여러분들의 이해를 돕고자 입법 취지 및 주요 내용 등을 게재하오니 참고하시기 바랍니다.

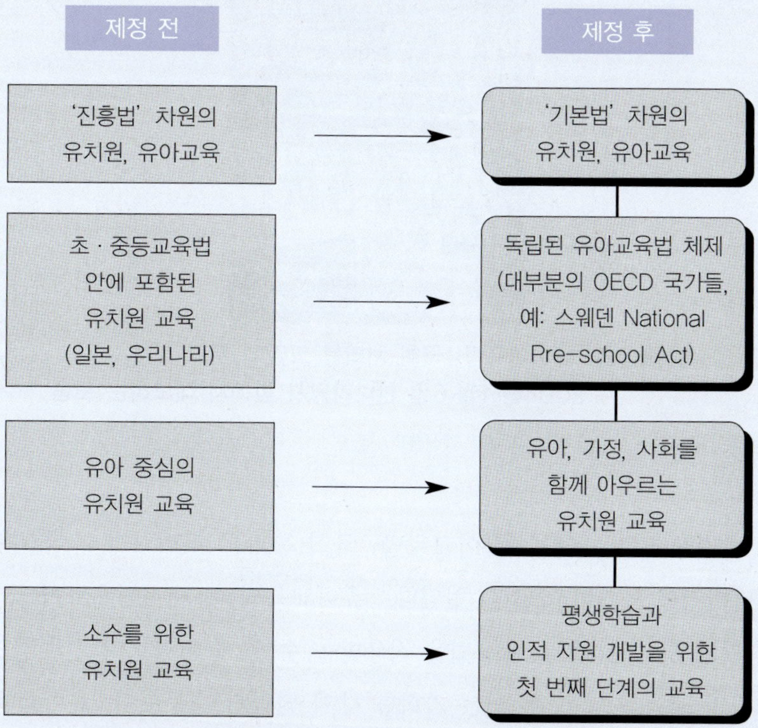

그림 10-2 유아교육법 제정 전과 제정 후의 변화

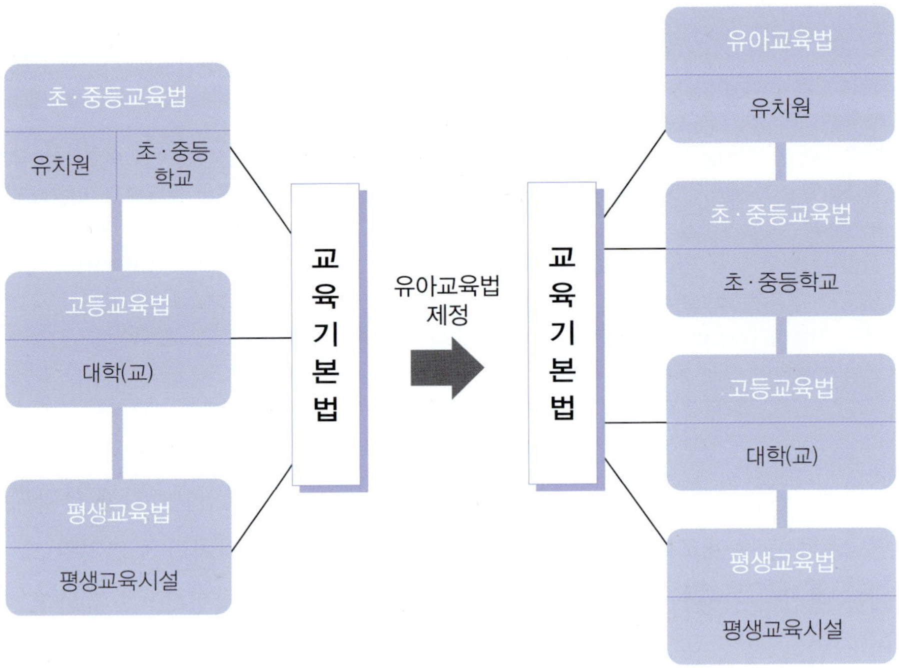

그림 10-3 **유아교육법 제정 이후 달라진 법체계**

그러나 유아교육법이 통과되었다고 해서 유아교육 관련 문제가 일시에 해결된 것은 물론 아니었다. 이와 관련하여 '유아교육법 제정의 의의와 문제점'에 대해 이일주(2004)는 다음과 같이 정리한 바 있다.

제정의 의의	문제점
1) 그동안 초·중등교육법과 유아교육진흥법에 분산되어 있던 유아교육에 관한 규정을 '유아교육법'에 통합하여 우리나라 교육법 체계를 유아교육 단계부터 제대로 확립할 수 있게 되었다. 2) 만 5세아 무상교육 지원 확대, 저소득층 자녀에 대한 유아교육비 지원을 통한 교육 기회 균등 실현으로 유아교육의 계층 간, 지역 간 불평등 요인을 해소할 수 있게 되었다.	1. 유아교육법이 영유아보육법 개정 법률안과 함께 통과됨으로써 만 3~5세의 동일 연령대에 서로 다른 법령의 적용을 받게 되어 여러 조항에서 중복을 초래할 수 있다.

제정의 의의	문제점
3) 유치원 종일반(*2004년 유아교육법 제정으로 공·사립유치원에서 종일제 프로그램 실시 명문화함) 운영 지원이 확대됨으로써 학부모들과 유아들에게는 유아교육의 선택권이 확대되었고 도서벽지 등 낙후 지역의 유아교육 기회 또한 보장받을 수 있게 되었다. 4) 사립유치원의 교사 인건비와 운영비를 지원할 수 있는 법적 근거가 마련됨으로써 유아교육에 대한 사립유치원의 공교육 기능이 강화될 수 있게 된 한편, 학부모들에게는 사교육비 부담이 크게 줄어들게 되었다.	2. 동일 연령대의 유아교육이 유치원 교육과 보육으로 이원화되어 있다. 유아교육 체제를 국가 차원에서 함께 풀어 나가야 할 과제를 남겼다.

이렇게 같은 날 「유아교육법」과 「영유아보육법 개정 법률안」이 함께 통과되어 표면상으로는 유아교육계나 보육계의 문제가 일단 해결된 것처럼 보였지만 그 이면에는 여전히 갈등과 긴장, 본질적인 문제 등이 내재되어 있었다. 그 증거로 '연령별 이원화' 와 같은 의견이 제시되면 각각 자기 입장에서 민감하게 다른 반응들을 보이곤 하였다. 여기서 본질적 문제란 '과연 한 나라에서 동일 연령대 유아들을 놓고 각기 다른 두 개의 법, 두 개의 교육과정, 두 개의 교사 교육 등이 필요한 것인가?' 하는 문제였다. 그런 문제점 인식 확산과 해결 방안 모색으로 '유·보 통합' 문제가 공개적으로 거론되기 시작하였다. 육아정책을 종합적으로 연구하면서 유아교육과 보육 관련 업무를 함께 행하는 국책연구기관인 육아정책개발센터(현재 육아정책연구소, http://www.kicce.re.kr)가 2005년 12월에 설립된 것도 이런 흐름 상에 있다. 이후 육아정책개발센터에서는 영유아 교육 및 보육에 관한 연구들을 활발하게 주도하고 있다. 참고로 거기서 나온 발행물 중 하나인 '유치원의 교육정책 안내' 중 일부를 보면 [사진 10-3]과 같다.

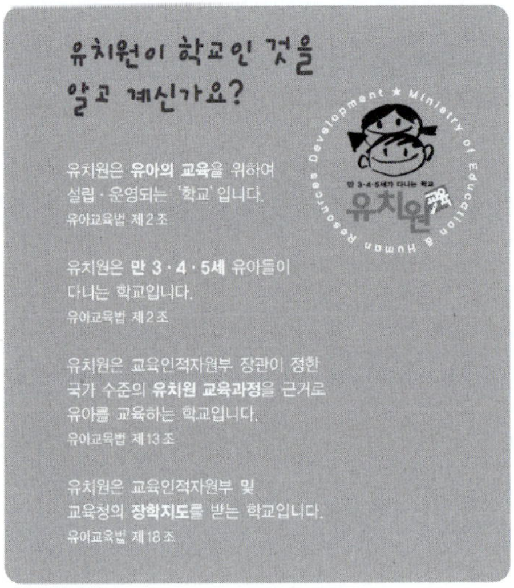

사진 10-3 **'유치원 교육정책 안내 책자' 중**

출처: 문무경 · 나정 · 장명림 · 김은영 · 이세원(2006: 10).

7) 공공성 확보 및 누리과정의 정착, 발전기: 2008~현재까지

한편, 「유아교육법」 제정 이후 유치원의 공공성 확보가 중요한 문제로 대두되었다. 「유아교육법」 제19조에서도 유치원 평가를 명시하고 있다. 이와 관련하여 유치원 질의 일정한 수준 확보를 위해 전국 유치원을 대상으로 하는 평가인증이 2008년부터 이루어졌다. 그렇게 하여 2008~2010년에 1차, 2011~2013년에 2차, 2014~2016년에 3차 평가시기를 거쳐 2017~2019년까지는 제4주기 유치원 평가 시기였다. 이때 평가영역은 교육과정, 교육환경 및 운영 관리, 건강 · 안전 교직원까지 4영역(총 20개 지표 77개 항목)이었다. 이제 2020~2022년까지는 제5주기 유치원 평가시기로, 평가 영역이나 명칭은 4차 때와 대동소이하나 평가 지표와 항목 수가 많이 줄어들었다. 예를 들어 충북의 경우 4차 때와 같이 4개 평가 영역('교육과정' 영역만 '교육과정 등'으로 바꿈)을 제시(자체 평가 영역 별도)하였으나 평가 지표 수는 17개 지표, 47개 항목으로 크게 줄었다(충청북도유아교육진흥원, 2020. 3.25.). 제5차 유치원 평가에서 두드러진 특징은 유치원 자체 평가를 중시하는 한편, 평가 절차를 간소화하였으며, 평가의 주 목적을 유치원 현장 지원에 두는 것으로 변화되었다는 점이다.

그런가 하면 우리정부는 2012년 누리과정 도입을 통하여 유아교육과 보육에 대한 획기적인 재정 투자와 양질의 서비스 제공을 위하여 정책적 노력을 경주하였다. 그 결과 중 하나로 2013년 3월부터 유치원과 어린이집에 다니는 모든 유아에게 공통교육과정을 적용하고, 보호자의 소득에 관계없이 유아학비를 지원하게 된 것이다. 특히, 「유아교육법」이 2013년 개정됨에 따라 5년마다 유아교육발전기본계획을 수립하면서 유아교육의 중장기적 발전을 도모하고 있다. 관련사항으로 유아교육법 제3조2항을 보면 다음과 같다.

> 제3조의2(유아교육발전기본계획) ① 교육부장관은 유아교육의 발전을 위하여 유아교육에 관한 중장기 정책 목표 및 방향을 설정하고, 유아교육발전기본계획(이하 "기본계획"이라 한다)을 수립하여 추진하여야 한다.〈개정 2013. 3. 23.〉
> ② 교육부장관은 제5조 제1항에 따른 중앙유아교육위원회의 심의를 거쳐 5년마다 기본계획을 수립하여야 한다.〈개정 2013. 3. 23.〉
> …하략

이런 맥락에서 교육부는 '제1차 유아교육 5개년(2013~2017) 발전 기본계획'을 수립(교육과학기술부, 2013. 2. 22.)하여 유아교육 선진화정책(2009~2012)에서 완료하지 못한 정책과제를 보완 실행하고 누리 과정의 현장 안착을 도모하였으며, 이후 '제2차 유아교육 5개년(2018~2022) 발전 기본계획–공공성 강화를 통한 유아교육 혁신방안'도 수립하였다. 여기서 밝힌 주요 추진 과제만 살펴보면 다음과 같다.

1. 유아교육 공공성 강화를 통한 교육의 희망사다리 복원
   가. 국공립 유치원 확대를 통한 국가책임 확대
   나. 희망사다리 복원을 통한 실질적 교육기회 확보
   다. 건전한 사립유치원 육성‧지원을 통한 공공성 확보
2. 교실혁명을 통한 유아중심의 교육문화 조성
   가. 유아가 중심이 되는 교육패러다임 전환
   나. 영유아 대상 과도한 사교육 문화 개선
3. 교육공동체와 함께 유아의 건강한 발달 지원
   가. 학부모가 안심할 수 있는 유아 교육환경 조성
   나. 학부모 참여 강화로 유아의 건전한 발달 지원
   다. 교원 업무부담 완화를 통해 유아와의 상호작용 강화
4. 유아교육 혁신을 위한 행정시스템 구축
   가. 현장에 적합한 평가체계 마련
   나. 사립유치원 행정지원 체계 정비

2019 개정 누리과정에서 유아중심, 놀이중심을 내세운 것도 이와 같은 유아교육 혁신 방안과 맥을 같이 하는 것이다.

02 어린이집

1) 탁아사업기: 1979년 이전

우리나라 탁아사업은 1921년 서울에 있는 태화기독사회관에서 빈민 아동을 위한 구제사업 프로그램으로 시작되었다. 이때는 어떤 법적 근거가 없는 민간 주도의 탁아사업이었다. 첫 관련 규정은 1952년 공포된 '후생시설 운영 요령' 인데, 여기서 탁

아시설의 기능을 '직장을 가진 부모의 자녀를 일시 또는 일정 기간 동안 위탁, 보호할 수 있는 시설' 로 규정하고 있다.

본격적으로 탁아사업이 시작된 것은 1961년 아동복리법 제정에 의해 탁아시설 설치 기준, 직원 배치 기준, 보육 시간, 보육 내용 등이 규정되고 보건사회부[7]가 관장하면서부터였다. 이때 세부 지침이 마련됨으로써 제도적 보육이 시작되었고, 탁아소는 정부의 지도·감독을 받게 되었다. 한편, 1968년에는 아동복리법 시행령에 의해 '미인가 탁아시설 임시 조치 요령' 을 공포하여 모든 탁아시설을 인가, 갱신시켰으며 탁아소의 명칭을 '어린이집' 으로 고쳐 부르도록 권장하고 시설 설치비, 인건비, 운영비 등을 지원하였다.

2) 국가 수준의 보육정책 약화와 민간부문 탁아운동기: 1980~1989년

1981년 4월 보건사회부는 「아동복리법」을 「아동복지법」으로 개정하여 새로운 아동복지 이념의 확립과 실시 기초를 마련하였다. 그러나 전술한 바와 같이 1982년 「유아교육진흥법」 제정에 따라 보건사회부 주관의 어린이집이 새마을유아원으로 흡수되고 주무 부처가 내무부로 바뀌면서 한동안 보건사회부는 탁아업무에서 손을 놓게 되었다. 이로부터 몇 년 후인 1989년 9월 19일에 보건사회부는 다시 「아동복지법 시행령」을 개정하여 1982년에 삭제된 탁아시설의 설치·운영 근거를 부활시켰다.

3) 보육제도의 정착과 보육시설 확장기: 1991~1999년

1991년 1월 14일 독립법의 체제로 「영유아보육법」이 제정 공포되어 아동복지법

---

7) 1948년 신설된 사회부와 1949년 실설된 보건부가 1955년 보건사회부로 통합된 것이다. 보건사회부는 1994년 12월 정부조직법 개정에 따라 보건복지부로 명칭이 변경되었다가 2008년 2월 29일부터 보건복지가족부로 확대 개편되었다. 현재 명칭은 보건복지부이다.

(보건사회부), 유아교육진흥법(내무부, 교육부), 남녀고용평등법(노동부)으로 분산, 다원화되어 있던 법체계와 주관부서를 통합 일원화하였다. 이어 1991년 8월 1일 「영유아보육법 시행령」을, 1991년 8월 8일 「영유아보육법 시행규칙」을 공포함으로써 영유아 보육사업을 위한 법령을 체계화하였다. 영유아보육법 제정의 의의는 보육이 독립된 영역으로 제도화된 점, 영유아보육법상의 공식 용어로서 '보육'이 사용되게 된 점, 법적 근거가 없었던 민간 개인시설과 놀이방을 제도화하게 되었다는 점이다(이옥 외, 2006, 14).

4) 공보육 모색과 보육의 질 제고기: 2000년~현재

2001년에는 보육발전기획단을 구성, 보육의 질적 수준을 향상하고, 공적 보육을 확대하며 소외계층을 위한 특수보육 기회의 확대 방안을 모색하였다. 이어 참여정부는 보육을 주요 국정 과제로 인정하고, 범정부 차원에서 보육 문제를 다루기 시작하였다. 출산율 저하가 국가적 문제로 떠오르면서 육아를 개인에게만 떠맡길 문제가 아님이 분명해졌기 때문이다. 그런 맥락에서 2004년 공보육 실현과 보육의 질 제고를 위한 영유아보육법 개정이 이루어진 것이다. 소관 부처 또한 2004년 6월 12일에 보건복지부에서 여성부로 이관(다시 2008년 보건복지가족부로 이관)되었으며, 국가가 보육을 책임져야 한다는 정부 의지도 여러 차례 표명되었다. 이와 관련하여 SBS TV에서는 2004년 6월 11일에 '보육, 국가가 책임진다'라는 제목하에 "보육 업무가 여성부로 넘어감에 따라 지금까지 부모들만 떠맡아 온 보육 책임이 앞으로는 나라의 책임으로 전환됩니다"라는 정부의 육아 방침을 보도한 바 있다(SBS TV. 2004년 6월 11일 8시 뉴스 김수현 기자 보도 내용 중).

이렇게 보육이 자녀를 둔 각 가정의 문제만이 아닌 공보육의 개념으로 인식되기 시작하면서 어린이집의 질에 대한 문제가 중요하게 대두되기 시작하였다. 영유아들이 기관에 머무는 시간이 길어질수록, 질 높은 보육과 교육의 의미 또한 그만큼 커지기 때문이다. 2008년 1월 29일에 용산의 한 어린이집에서 친구와 싸웠다는 이유로 발가벗겨진 채 추운 바깥에서 벌은 받은 5세 여아에 대한 이야기로 온 나라가 떠들썩했던 것도 보육에 대한 사회적 관심이 그만큼 높아졌음을 반영하는 측면으로 해석해 볼 수 있다.

이런 점을 전제해 놓고 현재 영유아들이 다니고 있는 어린이집 유형에 대해 살펴보자. 현재 우리나라 어린이집은 설립 주체(영유아보육법[8] 제10조)에 따라 국공립어린이집, 사회복지법인어린이집, 법인·단체 등 어린이집, 직장어린이집, 가정어린이집, 협동어린이집, 민간어린이집으로 나누어진다. 내용은 〈표 10-1〉과 같다.

표 10-1 영유아보육법 제10조에 의한 어린이집의 종류

어린이집 유형	유형 설명
1. 국 · 공립어린이집	국가나 지방자치단체가 설치·운영하는 어린이집
2. 사회복지법인어린이집	「사회복지사업법」에 따른 사회복지법인(이하 "사회복지법인"이라 한다)이 설치·운영하는 어린이집
3. 법인단체 등 어린이집	각종 법인(사회복지법인을 제외한 비영리법인)이나 단체 등이 설치·운영하는 어린이집으로서 대통령령으로 정하는 어린이집
4. 직장어린이집	사업주가 사업장의 근로자를 위하여 설치·운영하는 어린이집(국가나 지방자치단체의 장이 소속 공무원 및 국가나 지방자치단체의 장과 근로계약을 체결한 자로서 공무원이 아닌 자를 위하여 설치·운영하는 어린이집을 포함한다.)
5. 가정어린이집	개인이 가정이나 그에 준하는 곳에 설치·운영하는 어린이집
6. 협동어린이집	보호자 또는 보호자와 보육교직원이 조합(영리를 목적으로 하지 아니하는 조합에 한정한다)을 결성하여 설치 · 운영하는 어린이집
7. 민간어린이집	제1호부터 제6호까지의 규정에 해당하지 아니하는 어린이집

*제2조에서 밝히고 있는 용어 정의는 다음과 같다.
- "영유아"란 6세 미만의 취학 전 아동을 말한다.
- "보육"이란 영유아를 건강하고 안전하게 보호 · 양육하고 영유아의 발달 특성에 맞는 교육을 제공하는 어린이집 및 가정양육 지원에 관한 사회복지서비스를 말한다.
- "어린이집"이란 보호자의 위탁을 받아 영유아를 보육하는 시설을 말한다.

8) [시행 2021. 12. 9.] [법률 제18217호, 2021. 6. 8., 일부개정]

이와 같이 다양한 설립 주체로 운영되고 있는 어린이집의 질적 측면을 확보하기 위해서 우리나라에서 우선 한 일은 제도적인 접근이었다. 즉, 2005년부터 어린이집 신설 시 인가(처음에는 인가였다가 신고제로, 다시 2005년부터 인가제로 바뀜)를 받도록 하여 어린이집의 난립을 막고자 하였다. 그래서 그 당시 어린이집을 운용해 볼 의사를 가지고 있던 사람들은 2005년이 되기 전에 서둘러 어린이집 개원 신고를 마치기도 하였다.

어린이집의 질적 점검을 위한 또 다른 접근은 영유아보육법 제30조에 근거한 '어린이집 평가인증'이다. 어린이집 평가인증이란 영유아에게 안전한 보호와 질 높은 보육 서비스를 제공하기 위하여 평가인증지표를 기준으로 어린이집의 현재 수준을 점검하고 개선하도록 한 후 객관적인 평가를 통해 일정 수준 이상의 기관에 대하여 국가가 인증을 부여하는 제도이다. 평가 인증은 2005년 어린이집 평가인증 시범운영 실시 후 2006년에 1차, 2010년에 2차, 2017년에 3차 평가인증 시행을 거쳐 2019년 6월부터는 어린이집 평가제가 시행되고 있다. 평가 영역은 3차 평가 인증 지표 때와 같이 보육과정 및 상호작용 영역, 보육환경 및 운영관리 영역, 건강 · 안전 영역, 교직원 영역과 같이 4영역이나 항목 개수는 유치원 평가의 경우와 같이 줄어들었다. 평가 결과는 A, B, C, D의 4등급으로 나뉘는데 A, B등급을 받는 경우 3년, C, D등급을 받는 경우 2년의 평가 주기가 부여된다(보건복지부, 한국보육진흥원, 2019. 5.).

한편, 유치원이고 어린이집이고 할 것 없이 2019 개정 누리과정 공포 이후 유아교육 현장은 어떻게 하면 2019 개정 누리과정에서 강조하는 유아중심 · 놀이중심의 교육과정을 보다 더 잘 실행해 나갈 것인지 고심하고 있다. 지금까지도 유아중심 · 놀이중심으로 한다고 해 왔지만, 교사의 사전 교육계획 비율을 더 낮추면서 유아의 자유로운 놀이를 충분히 보장해 주어야 한다고 보기 때문이다. 그런 맥락에서 유아교사에게는 사전에 상세한 주간 교육계획안이나 일일 교육계획안 구성이 아닌, 유아의 놀이를 관찰하고, 그로부터 다음 활동을 확장시켜 나갈 것이 기대되고 있다.

이와 관련하여 경기도 교육청에서 2019년 자료로 내 놓은 〈놀이 2019-놀이로 유아의 삶을 담다〉에서는 유아의 놀이 관찰로부터 다음 활동이 전개되는 예를 다음 〈그림 10-4〉와 같이 제시하고 있다.

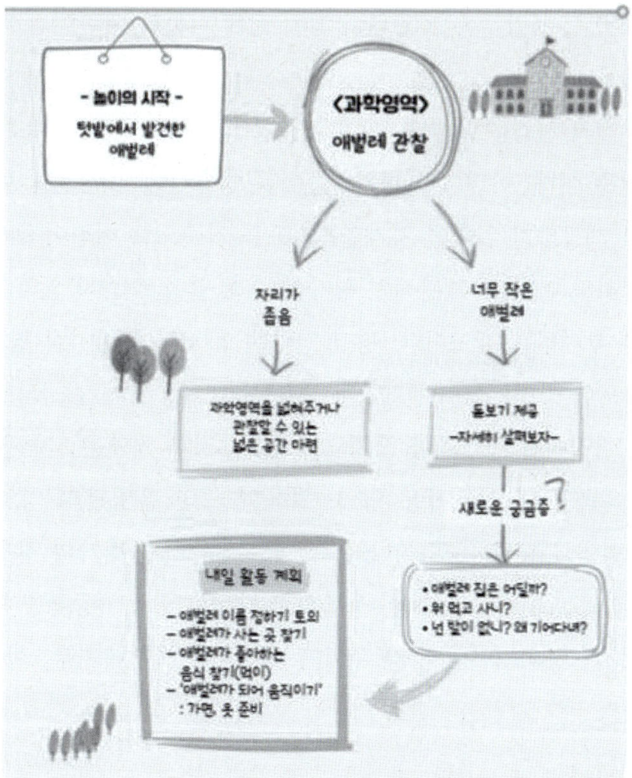

그림 10-4 텃밭에서 발견한 애벌레로부터 내일 활동 계획까지

출처: 경기도 교육청(2019: 27).

이상에서 살펴본 것처럼 한국의 형식적 유아교육은 정치적 · 사회적 상황과 맞물리면서 양적 · 질적으로 많은 변화와 성장을 해 왔다. 그리고 지금도 유아교육의 공공성 확보와 질적 향상을 위한 몸부림을 하고 있다. 특히 4차 산업혁명시대와 지속가능발전이 중요 키워드로 등장하는 이 시대에 올바른 유아교육은 국가의 미래가 달린 문제이기 때문이다. 그런 관점에서 마지막으로 향후 우리나라 유아교육의 지향 방향이 되어야 한다고 보는 점을 크게 네 가지로 제시하고자 한다.

첫째, 4차 산업혁명시대로 대변되는 미래 사회의 주역이 될 수 있도록 유아 창의성 교육에 더욱 주의를 기울여야 할 것이다. '서울대학교 창의성 교육을 위한 교수모임' (2018)에서는 '4차 산업 혁명 시대' 를 이끌어 나갈 인재상으로 '창조형 인재' 를 제시한 바 있다. 미래 시대에 요구되는 인간상의 중심 역량을 '창의성' 으로 본 것이다. 동일 맥락에서 류태호(2017)도 『4차 산업혁명, 교육이 희망이다』라는 그의 저서에서 지식의 반감기[9]가 갈수록 짧아지는 4차 산업혁명 시대에서는 매일 새로운 지식과 정보를 습득해야 할 것이라고 하였다. 그러면서 이런 시대에는 창의성(Creativity)을 위시하여 협업능력(Collaboration), 비판적 사고 능력(Critical Thinking), 의사소통 능력(Communication)과 같은 4C 핵심 역량을 길러주는 것이 필수적이라고 하였다.

둘째, 세상이 기계화, 현대화되면 될수록 유아기부터 남을 배려하고 더불어 살아가는 태도, 서로를 존중하는 태도를 길러주어야 할 것이다. 어떤 면에서는 인간의 능력을 능가하는 인공지능이 우리 삶 구석구석에 포진하고, 스마트폰 사용 연령이 점차 낮아지면서 자기 일 아닌 다른 사람의 형편에 관심을 기울이거나, 다른 사람들과의 진정한 관계 맺기에 대해 오히려 점점 더 소원해지는 경향이 있다. 비슷한 맥락에서 세계경제포럼(일명 '다보스포럼')의 창립자이자 회장인 Schwab(2018)은 그의 저서 *Shaping the Fourth Industrial Revolution*에서 기술이 고도로 발전되면서 자칫 인간 존재를 하찮게 취급하는 일이 있을 수 있다는 점을 크게 우려하였다. 그러면서 그는 기술이 발전하면 할수록 '가치를 심는 윤리교육' 이 중요하다고 언급한 바 있다.

9) Arbesman(2014, 61)의 『지식의 반감기(*The Half-Life of Facts: Why Everything We Know Has an Expiration Date*)』에 의하면, 절대불변의 지식은 없으며, 새로운 지식은 점점 더 빨리 만들어지고 더 빨리 퍼져 나간다. 예를 들면, 물리학의 반감기는 13.07년, 경제학은 9,38년, 수학은 9.17년, 심리학은 7.15년 등이다.

셋째, 가능한 한 자연에서 놀이하고, 또 다양하게 자연을 접할 기회가 많이 주어져야 할 것이다. 이때 유아교사는 유아들이 자연 속에서 자유롭게 놀이하도록 안내할 뿐 아니라, 자연에 대한 민감성, 친환경적 태도를 증진시키고 생태계 구성원 간의 상호연결성 이해를 해 나갈 수 있도록 도와야 할 것이다. 이와 관련하여 Inoue(2015)는 유아기 자연 놀이의 중요성을 전제한 후에, 지속가능한 사회가 되도록 하기 위해서는 유아기부터 생태계 구성원들 간의 상호연결성을 이해하도록 유아교사들이 의도적인 노력을 기울일 필요가 있다는 점을 강조한 바 있다.

넷째, 지속가능발전교육이 유아기부터 필히 시작되어야 한다. 20세기 후반부터 지구온난화, 환경파괴, 생태계 멸종 속도 가속 등 지구와 생태계에 대한 우려가 높아지고 있고, 이에 따라 UN은 UNESCO를 선도기관으로 하면서 유아기부터의 지속가능발전교육에 큰 노력을 경주하고 있다. 이와 관련하여 유엔은 2016~2030년까지 전 세계가 노력해야 할 과제로 제시한 SDGs(Sustainable Development Goals)에서 '교육'을 17개 목표 중 4번째 독립적인 목표로 제시하는 동시에 모든 SDGs를 달성하기 위한 핵심 요소로 간주(임현묵, 박환보, 2018)하고 있다. 따라서 우리나라 유아교육에서도 앞으로 유아기부터의 지속가능발전교육에 더욱 관심과 노력을 기울여야 할 것이다.

이상과 같이 제10장에서는 우리나라 유아교육의 변천 과정을 짚어본 후, 더 나아가 앞으로의 지향방향까지를 제시해 보았다. 최근에는 미세먼지 문제, 코로나 상황 등이 우리나라 유아교육에 부정적 영향을 미치는 중요 요인으로 부각되고 있다. 그럴수록 각계 각층에서 질높은 유아교육이 이루어지도록 다각적 노력을 경주해야 할 것이다. 우리도 그 한몫을 담당해야 한다고 다짐하며 글을 맺는다.

:: 참고문헌

경기도교육청(2019). 놀이 2019-놀이로 유아의 삶을 담다.

교육과학기술부(2013. 2. 22.). 유아교육발전 5개년 계획(안).

교육부(2017. 5. 2.). 유치원 평가 중앙 요원 연수 자료집. www.moe.go.kr/boardCnts/view.do?boardID=314&lev=0&statusYN=W&s=moe&m=030103&opType=N&boardSeq=71252.

교육부(2018.2.). 제2차 유아교육 5개년(2018~2022) 발전 기본계획-공공성강화를 통한 유아교육 혁신방안.

교육통계 서비스(http://cesi.kedi.re.kr/index.jsp).

김경동(1997). 21세기 사회의 전망과 미래교육. 한국교육의 신세기적 구상-2000년대 한국 교육의 방향과 과제. 한국교육개발원 창립 25주년 기념학술대회 자료집. 1-28.

김연진 · 조덕건 · 유경량 · 강명덕(2007). 보육과정. 서울: 태영출판사.

김종서(1997). 21세기를 지향한 현장교육개혁. 제1회 교육개혁 연구발표 · 토론모임 자료. 한국교원대학교 교육과학연구소 교육과정연구소.

류태호(2017). 4차 산업혁명, 교육이 희망이다. 서울: 경희대학교 출판문화원.

문무경(2010). 유아교육과 보육 협력모델 시범적용 연구. 육아정책포럼 18호, 6-15.

문무경 · 나정 · 장명임 · 김은영 · 이세원(2006). 2006 수시과제:유치원 교육정책 안내 책자. 육아정책개발센타.

박재환(1989). 우리나라 유치원 교육과정의 탐구. 서울: 창지사.

보건복지부 홈페이지(http://www.mw.go.kr/).

보건복지부 · 한국보육진흥원(2019.5.). 2019 어린이집 평가메뉴얼. 서울: 한국보육진흥원.
https://central.childcare.go.kr/ccef/community/data/DataImgSl.jsp?flag=Sl&BBSGB=42&BID=347712&clsfccode=&offset=

한국보육진흥원(2019. 7. 29). 2019 어린이집 평가 교육자료.
http://www.kcpi.or.kr/site/hp3/contents/data_n/reference02_1.jsp

서울대학교 창의성 교육을 위한 교수 모임(2018). 창의혁명. 서울: KOREA.COM.

신화식 · 양옥승 · 신혁옥 · 이상화 · 김명희 · 김향자 · 곽노의 · 이희경 · 오은순 · 김영숙 · 이성희 · 배지희(2004). 영유아교육 프로그램. 서울: 교문사.

이기숙(2000). 개정 2판 유아교육과정. 서울: 교문사.

이기숙 · 장영희 · 정미라 · 엄정애(2002). 유아교육개론. 서울: 양서원.

이돈희(1996). 한국교육 비전 2020-세기의 대전환. 한국교육개발원 연구보고 RR-96-4.

임현묵, 박환보(2018). 한국사회와 지속가능발전목표 4: 지속가능한 사회를 꿈꾸는 교육. 서울: 유네스코 한국위원회.

충청북도유아교육진흥원(2020. 3. 25.). 제5주기(2020~2022) 유치원 평가계획.
http://www.cbiedu.go.kr/home/sub.php?menukey=69&mod=&page=1&scode=00000004

Arbesman, S. (2014). 지식의 반감기 (원제: *The Half-Life of Facts: Why Everything We Know Has and Expiration Date*). (이창희 역). 서울: 책읽는 수요일 (원저 2013년 출판)

Inoue, M. (2015). 일본의 유아기 환경교육에 대한 관점: 지속가능한 사회를 위한 제고, In Davis, J. & Elliott, S.(Eds.), 지속가능성을 위한 유아교육연구. [원제: *Research in Early Childhood Education for Sustainability*](pp. 118-137). (지옥정, 허미화, 정미라, 백은주 역). 서울: 창지사. (원저 2014 출판).

Schwab, K.(2018). 클라우스 슈밥의 제 4차 산업혁명 [원제: *Shaping the Fourth Industrial Revolution*] (김민주 · 이엽 역) 서울: 새로운 현재. (원저 2017년).

부 록

학습목표

1. 유치원 교원의 자격 기준
2. 어린이집 교원의 자격 기준

01 유치원 교원의 자격 기준

구분	자격 기준
원장	1. 유치원 원감자격증을 가지고 3년 이상의 교육경력과 소정의 재교육을 받은 자 2. 학식·덕망이 높은 자로서 대통령령이 정하는 기준에 해당한다고 교육부장관의 인정을 받은 자
원감	1. 유치원 정교사(1급) 자격증을 가지고 3년 이상의 교육경력과 소정의 재교육을 받은 자 2. 유치원 정교사(2급) 자격증을 가지고 6년 이상이 교육경력과 소정의 재교육을 받은 자
수석 교사	1. 유치원 정교사 자격증을 소지한 자로서 15년 이상의 교육경력을 가지고 교수 · 연구에 우수한 자질과 능력을 가진 사람 중에서 대통령령으로 정하는 바에 따라 교육부장관이 정하는 연수 이수 결과를 바탕으로 검정 · 수여하는 자격증을 받은 자
1급 정교사	1. 유치원 정교사(2급) 자격증을 가진 자로서 3년 이상의 교육경력을 가지고 소정의 재교육을 받은 자 2. 유치원 정교사(2급) 자격증을 가지고 교육대학원 또는 교육부장관이 지정하는 대학원의 교육과에서 유치원 교육과정을 전공하여 석사학위를 받은 자로서 1년 이상의 교육경력이 있는 자
2급 정교사	1. 대학에 설치하는 유아교육과 졸업자 2. 대학(전문대학 및 이와 동등 이상의 각종 학교와 「평생교육법」 제31조 제4항에 따른 전문대학학력인정 평생교육시설을 포함한다) 졸업자로서 재학 중 소정의 보육과 교직 학점을 취득한 자 3. 교육대학원 또는 교육부장관이 지정하는 대학원의 교육과에서 유치원교육과정을 전공하고 석사학위를 받은 자 4. 유치원 준교사 자격증을 가진 자로서 2년 이상의 교육경력을 가지고 소정의 재교육을 받은 자
준교사	1. 유치원 준교사 자격검정에 합격한 자

출처: 영유아보육법[시행 2020. 11. 27.] [법률 제17311호, 2020. 5. 26., 타법개정] 제22조 제1, 2, 3항 관련 별표 1, 2.

02 어린이집 교원의 자격 기준

원장	가. 일반기준 (1) 보육교사 1급 자격을 취득한 후 3년 이상의 보육 등 아동복지업무 경력이 있는 사람 (2) 「유아교육법」에 따른 유치원 정교사 1급 자격 또는 같은 법에 따른 특수학교(유치원 과정을 말한다)의 정교사 자격을 취득한 후 3년 이상의 보육 등 아동복지업무 경력이 있는 사람 (3) 유치원 원장의 자격을 가진 사람 (4) 「초·중등교육법」에 의한 초등학교 정교사 자격 또는 같은 법에 따른 특수학교(초등학교 과정을 말한다)의 정교사 자격을 취득한 후 5년 이상의 보육 등 아동복지업무 경력이 있는 사람 (5) 「사회복지사업법」에 의한 사회복지사 1급 자격을 취득한 후 5년 이상의 보육 등 아동복지업무 경력이 있는 사람 (6) 「의료법」에 의한 간호사 자격을 취득한 후 7년 이상의 보육 등 아동복지업무 경력이 있는 사람 (7) 국가 또는 지방자치단체에서 7급 이상의 공무원으로 보육 등 아동복지업무에 5년 이상 근무한 경력이 있는 사람
보육교사 1급	1. 보육교사 2급 자격을 취득한 후 3년 이상의 보육업무 경력이 있는 사람으로서 보건복지부장관이 정하는 승급교육을 받은 사람 2. 보육교사 2급 자격을 취득한 후 보육 관련 대학원에서 석사학위를 취득하고 1년 이상의 보육업무 경력이 있는 사람으로서 보건복지부장관이 정하는 승급교육을 받은 사람
보육교사 2급	1. 전문대학 또는 이와 같은 수준 이상의 학교에서 보건복지부령으로 정하는 보육 관련 교과목 및 학점을 이수하고 졸업한 사람 2. 보육교사 3급 자격을 취득한 후 2년 이상의 보육업무 경력이 있는 사람으로서 보건복지부장관이 정하는 승급교육을 받은 사람
보육교사 3급	고등학교 또는 이와 같은 수준 이상의 학교를 졸업한 사람으로서 보건복지부령으로 정하는 교육훈련시설에서 정해진 교육과정을 수료한 사람

출처: 영유아보육법[시행 2020. 7. 8.] [법률 제17209호, 2020. 4. 27., 일부개정] 제21조와 영유아보육법 시행령 제21조 별표 1.

저자소개

지옥정 이화여자대학교 사범대학 교육학과(유아교육전공) 졸업(학사, 석사)
한국교원대학교 대학원 교육학과(교육과정 전공) 졸업(박사)
미국 University of Illinois 방문교수: '프로젝트 접근법' 연구
호주 Queensland University of Technology 방문교수: '지속가능성을 위한 유아교육' 연구
현 한국교통대학교 유아교육과 교수
저서 『유아교육현장에서의 프로젝트 접근법』, 『환경기념일로 풀어본 유아기 지속가능발전교육』 등

김수영 이화여자대학교 대학원 유아교육과 졸업(석사, 박사)
미국 University of North Carolina 방문교수
현 대구가톨릭대학교 유아교육과 교수
저서 『놀이지도』, 『영유아프로그램 이론과 실제』, 『보육학개론』, 『보육과정』 등

정정희 경북대학교 사범대 교육학과 졸업(학사)
미국 남일리노이 주립대 유아교육과 졸업(석사, 박사)
현 경북대학교 아동학과 교수
저서 『영유아 프로그램』, 『아동놀이지도』, 『보육학개론』, 『보육과정』 등

고미애 이화여자대학교 사범대학 교육학과(유아교육전공) 졸업(학사)
이화여자대학교 교육대학원 교육학과(유아교육전공) 졸업(석사)
경성대학교 교육학과 교육철학 박사과정 수료
현 경남정보대학 유아교육과 교수
저서 『동화를 활용한 통합교육 활동 및 교재교구 제작』 등

조혜진 이화여자대학교 사회사업학과 졸업(학사)
이화여자대학교 대학원 유아교육과 졸업(석사, 박사)
현 신라대학교 유아교육과 교수
저서 『보육과정』, 『놀이지도: 아이들을 사로잡는 상호작용』, 『유아교육기관 운영관리』, 『유아기관 멘토로 성장하기』, 『유아교사의 정서역량』 등

제5판

유아교육개론

초　　판 1쇄 발행　2008년 7월 25일
초　　판 3쇄 발행　2010년 1월 20일
제 2 판 1쇄 인쇄　2012년 2월 28일
개　　정 4쇄 발행　2016년 1월 20일
개정증보 1쇄 발행　2017년 2월 10일
제 3 판 3쇄 발행　2019년 1월 20일
제 4 판 1쇄 발행　2020년 1월 6일
제 5 판 5쇄 발행　2025년 2월 5일

지 은 이 | 지옥정 · 김수영 · 정정희 · 고미애 · 조혜진
펴 낸 이 | 김기섭
책임편집 | 태선옥 · 이윤미
펴 낸 곳 | 창지사 www.changjisa.com
08589 서울시 금천구 가산디지털 1로 83 파트너스타워1차 9층
전화 (02) 719-2211~3
팩스 (02) 701-9386
등　　록 | 1977년 4월 28일 · 제1-421호

ISBN 978-89-426-1410-3 (93370)

값 20,000원